本书为浙江省社科联社科普及出版资助项目 17QE05 号全额资助

中国古代学风探略

胡浙平 著

浙江工商大学出版社
ZHEJIANG GONGSHANG UNIVERSITY PRESS

图书在版编目(CIP)数据

中国古代学风探略 / 胡浙平著. —杭州：浙江工商大学出版社，2018.9(2019.9重印)

ISBN 978-7-5178-2871-6

Ⅰ. ①中… Ⅱ. ①胡… Ⅲ. ①学风－研究－中国－古代 Ⅳ. ①G40-092.2

中国版本图书馆 CIP 数据核字(2018)第 172225 号

中国古代学风探略

胡浙平 著

责任编辑	王　耀　白小平	
封面设计	林朦朦	
责任印制	包建辉	
出版发行	浙江工商大学出版社	
	（杭州市教工路 198 号　邮政编码 310012）	
	（E-mail：zjgsupress@163.com）	
	（网址：http://www.zjgsupress.com）	
	电话：0571－88904980,88831806(传真)	
排　　版	杭州朝曦图文设计有限公司	
印　　刷	虎彩印艺股份有限公司	
开　　本	710mm×1000mm　1/16	
印　　张	10.25	
字　　数	180 千	
版 印 次	2018 年 9 月第 1 版　2019 年 9 月第 2 次印刷	
书　　号	ISBN 978-7-5178-2871-6	
定　　价	40.00 元	

目　录

主要参考与引用书目

后　记 / 154

概　述

　　我国历史悠久,文化绵远流长。在我国绵长的古老文化中,教育独具色彩,几千年来,涌现了一大批教育家和学问家。诚然,有教育,就有学习;有教育,就有学风;有学习、学风,就有学习的思想和研究学风的学问。

　　《礼记·学记》有云:"玉不琢,不成器;人不学,不知道。"①人区别于其他动物者,其中非常重要的一个方面就在于能够知书达理,而其途径则唯学而已。《礼记·曲礼》说:"鹦鹉能言,不离飞鸟;猩猩能言,不离禽兽。""是故圣人作,为礼以教人,使人以有礼,知自别于禽兽。"②要"教人",就要有肯学的人——"礼者,不可不学也。"③而学,就有为学的目的、态度、内容、方法、途径、效果等。这些问题,既牵涉到学生的主观方面,也牵涉到时代、社会、学堂、家庭,老师、朋友乃至所用教材以及评价制度等诸多客观方面。所谓学风,其实就应该是主客观条件下这许多方面的总和。

　　学风也是文化。研究学风跟研究文化一样,要研究并总结其特性。归纳起来,学风有着六个方面的特性:第一,学风有群体性,但同时又能从具有代表性的个体身上折射出来,并形成个体的诸多特征。严格意义上说,单个人的作风很难说是"风气",因而我们讲学风,往往是指群体学习的风气,但"群体"又是由个体汇合而成的,风气的好坏也往往是相互作用、相互影响的,所以,研究学风,既要重点关注群体的学风,也要关注个体在学习上表现出来的作风。第二,学风有时代性,一时代总有一时代给予学风的印记。第三,学风有传承性,并不会因为一个时代的完结而中断,而是会在新的一个时代得到延续、更新、扬弃和发展。第四,学风有地域性,一个地方甚至一所学校,学风的表现都会不一样。第五,学风有融合性,只要地域存在沟通,不同地域的学风就会相吸相容,形成一体。第六,学风的形成有综合性,一个时代的政治、经济、文化、科技、社会乃至家庭的状况都会成为影响学风的因素(当然,学风也会反过来对这些方面产生影响),其中,

---

　　①　自任平:《礼记直解》,浙江文艺出版社 2000 年版,第 287 页。

　　②　自任平:《礼记直解》,浙江文艺出版社 2000 年版,第 3 页。

　　③　自任平:《礼记直解》,浙江文艺出版社 2000 年版,第 3 页。

古代的统治阶级,尤其是最高统治者的好尚以及教育与科举制度对学风的影响尤为直接。

思想影响行为。研究学风,必然要研究有关学习思想或关于学习问题的观点。我们是一个非常善于学习的民族,我国古代的学习思想非常丰富,而且它是我国优秀传统文化的重要组成部分。

为了便于研究,我们不得不把学风分为若干个时期进行考察。关于论述所对应的时代问题,这里分为上古与先秦、秦汉、魏晋南北朝、隋唐五代、宋代、金元时期、明代、清代。此种划分,只是为了方便论述,并非对通行的历史分期提出异议。

上古时期,我们的祖先告别蛮荒,从事自觉的劳动,由野居至于构屋,由狩猎至于农耕,教、学与人之生存、发展紧密相连,人们往往在自觉或不自觉的学习中表现出实实在在的勤苦学风。同时,在与自然的抗争之中,人们由未知而入有知,也渐而养成了一种积极探究与躬身实践的学风。

先秦时期,诸国纷争,历史处于大转折的时期,各种思想见于百家之学问,私人举办的学校与教育的兴起,学人伦、学治国成为时尚,苦于学、博于学、长于思、用于行,渐成当时学风之主流。而且,我们民族一开始就看重做人,把做人之德放在首要的位置,恭谨为人是学习的必修课,因而上古、先秦时期,恭谨也就成了学风的重要因素。

秦汉时期,国家归于一统,思想定于一尊,先是严刑酷法为秦所用,烧诗书,燔六艺,法家提倡"以吏为师",重重高压之下,学人不得不以"口耳相传"播扬文化、延续文脉,后是董仲舒提出"罢黜百家,独尊儒术",天下士人以研经、学经为务,当时的学风主要表现为勤记、善辩、多思、践行。

魏晋南北朝时期,国家重入分裂,但文化的进步、思想的活跃远胜于秦汉,学风也跟着别开生面。由于"九品中正制"的实行,"下品"士人的反叛心理明显,除了苦读之外,这一时期问学、释疑的学风也十分突出。

隋唐五代,各种制度有继承,有因革,学风延续前代的基础。由于隋朝科举制度的开创与设立,唐朝政治的开放、经济的发展、文化的繁荣以及唐代科举制度的改革,人们更加重视苦读勤学,更加看重实践和知识的运用,此种风气即便到了五代也未至衰退。

宋代开国,国家重归统一,即便后来南宋偏居一隅,学风仍然打上了其时代的深深印记。赵匡胤虽是一介武夫,"黄袍加身"登上皇位,但比较尊重知识分子,文化政策相对宽松,书院一时大盛,天下士人也敢于发表议论,于是宋代在学风上兼有严谨、广博、思辨、践行和活跃的特点。

　　金元时期,游牧民族或占据北方,或入主中原,也推尊儒学,以示"正统"。虽然不甚看重知识分子,元代则更甚,但是,有一大批坚守儒学的士人群体仍在孜孜不倦地研经讲学,活跃于官方或私家的讲坛,因此,刻苦地读书学习、积极地改变社会风气仍然是那一时代的主流,这在现今保留下来的大批文献中可知。然而,另一方面,学问上似乎已不独看重读经,知识分子也不得不再囿于入仕一途,因而戏文一类的所谓"杂学"由坊间渐而得以一登大雅之堂,求博求用的学风便也凸现。

　　明清两代,文网森严,知识分子稍有不慎就会招致杀身之祸乃至株连九族。当时的整体学风是严谨和实用,明末清初"实学"的兴起与清代"朴学"的兴盛对这种学风的形成也是起了推动作用的。

　　时至近代,一方面国家积贫积弱,后来,帝国主义的炮舰又冲开了民族的大门,摇晃了士人的"书桌";另一方面仁人志士在坚守民族学问的同时,纷纷向西方寻找解救中国的出路。当时学风的主要方面是探求新知,博闻西学。

　　总括起来说,中国古代的学风可以归纳为修身、励志,勤苦、博学,笃行、求真,这在今天仍然是很有意义的。同时,"学而优则仕"的信条贯穿千百年,古代的学风中也表现出了明显的"学习功利主义",死读书、读死书的学风十分突出,以致有人因为读书求仕而死,这实在是传统学风的末流,理应对此加以批评与摒弃。

第一章　上古与先秦时期的学风

第一节　上古时期的学风

远古洪荒,鸿蒙初开。早在几十万年之前,中华民族的土地上就开始有了人类的活动。告别蒙昧以后,中华文明的历史,也可以追溯到六七千年之前。在我国最古老的文字——甲骨文里,"教""学"等字都已经出现。但是限于当时的条件,时人之学风更多的是在学会劳作中培养和体现的。司马迁说黄帝"时播百谷草木,淳化鸟兽虫蛾,旁罗日月、星辰、水波、土石、金玉,劳勤心力耳目,节用水火材物"①。按照这个记载,那时人们的劳动已经是懂得借用自然力了,但是"劳勤心力耳目,节用水火材物"则是人们勤苦用心的写照。相传上古的后稷和神农都是农耕的祖师,后稷"其游戏,好种树麻、菽,麻、菽等。及为成人,遂好耕农,相地之宜,宜谷者稼穑焉,民皆法则之。帝尧闻之,举契(按:即后稷)为农师,天下得其利,有功"②。神农则"教人耒耜""播种百谷",还遍尝百草,教人饮食与治病。同时,原始农耕靠天吃饭,人们日晒雨淋,劳苦恣睢,这是我们都可想象得到的。《尚书·盘庚上》云:"若农服田,力穑,乃也有秋。"③说的就是农人耕地,只有勤勉才会有丰收之意。最初的劳动之学,从模仿到探究,学习以自然和劳动本身为师。因此,除了勤苦与实践,别无他途。国王教臣民、大人教孩子,培养的都是这种学风。而正是这种尚勤苦、崇实践的学风,奠定了我国古代学风的基础,形成了古代学风的主流,历朝历代,向无废弃。

《尚书·皋陶谟》说:"无教逸豫有邦,兢兢业业,一日二日万几。"④相传皋陶是舜帝的重臣谋士,这话虽然是皋陶对于天子治国的要求所言,但其希望舜不要

---

① 司马迁:《史记·五帝本纪第一》,中华书局1982年版,第6页。
② 司马迁:《史记·周本纪第四》,中华书局1982年版,第112页。
③ 张道勤:《书经直解》,浙江文艺出版社1997年版,第54页。
④ 张道勤:《书经直解》,浙江文艺出版社1997年版,第22页。

贪图"逸豫"和倡导"兢兢业业"的精神同样折射出时人的学风。创业维艰,学业维勤。没有兢兢业业的勤苦精神,是不可能取得学习的成就的。当时的皋陶、大禹、伯夷、夔等一批辅佐舜帝的贤臣,在学风上都是勤苦敬业的。

上古之世,既重劳作之学,又重做人之德。学劳动惟勤苦,学做人尚恭谨。司马迁《史记·夏本纪》有这样一段记载,"皋陶作士以理民。帝舜朝,禹、伯夷、皋陶相与语帝前。皋陶述其谋曰:'信其道德,谋明辅和。'禹曰:'然,如何?'皋陶曰:'于!慎其身修,思长,敦序九族,众明高翼,近可远在已'"。[①]讲道德,慎修身,思尊长,和九族,说到底,都是要以恭谨学风作为基础的。在大禹身上,勤苦与恭谨这两种作风也是兼而有之。大禹治水功成之后,大舜与禹、皋陶等议政,舜指名让禹"昌言",禹说:我只是每天孜孜不倦而已。皋陶就故意问禹孜孜不倦是什么意思,禹就说了这么一段话:"鸿水滔天,浩浩怀山襄陵,下民皆服于水。予陆行乘车,水行乘舟,泥行乘橇,山行乘桥,行山栞木。与益予众庶稻、鲜食。以决九川致四海,浚畎浍致之川。与稷予众庶难得之食。食少,调有余补不足,徙居。众民乃定,万国为治。"[②]这一段话,说的就是勤苦治水,恭谨做事与为人,表现的是人禹的勤劳、智慧与爱民。

禹死之后,功及百世,后来的成汤王就曾经以禹之爱民与勤苦来教导"诸侯群后",说:"毋不有功于民,勤力迺事。予乃大罚殛女,毋予怨。"并言:"古禹、皋陶久劳于外,其有功乎民,民乃有安。东为江,北为济,西为河,南为淮,四渎已修,万民乃有居。"[③]在这里,成汤王对于其臣僚近侍所要培养的学风也是"勤力""久劳"。

"天子重英豪,文章教尔曹"。在上古那个"溥天之下,莫非王土。率土之滨,莫非王臣"[④]的时代,君王天子的好尚,对学风的形成,具有极大的影响。所谓"宫中好细腰,天下皆饿死",说的也就是这个道理。至于统治者之所以重视教育、学习,这和他们维系统治的目的是联系在一起的。春秋时郑国的子产就与贵族子皮专门讨论过"学而后入政"的问题,子皮打算让尹何担任一个采邑的长官,理由是尹何为人老实,不会背叛自己,"使夫往而学焉,夫亦愈知治矣",子产认为尹何年少,不能胜任"大官大邑",明确指出:"侨(按:子产之名,此自称)闻学而后入政,未闻以政学者也。若果行此,必有所害。"子皮也采纳了子产的建议。[⑤]今人

① 司马迁:《史记·五帝本纪第一》,中华书局 1982 年版,第 77 页。
② 司马迁:《史记·夏本纪第二》,中华书局 1982 年版,第 79 页。
③ 司马迁:《史记·殷本纪第三》,中华书局 1982 年版,第 97 页。
④ 《诗经·小雅·北山》,引自朱熹:《诗集传》,中华书局 2011 年版,第 199 页。
⑤ 郑天挺:《左传选》,中华书局 1963 年版,第 237 页。

杨荣国先生说过:"在种族奴隶制国家里,'政'与'教'是合一的,行政即所以施教,施教亦即所以行政。殷人既以'孝'来达到某种行政上的目的,亦即以'孝'为'教',因而'教'字也就从'爻(下加子)'。"①

时至商与周,征战乃不已。据《史记·殷本纪》云,商朝开国之帝殷契"封于商","兴于唐、虞、大禹之际,功业著于百姓,百姓以平"。然而到了其末代之纣王,虽然"资辨捷疾,闻见甚敏,材力过人,手格猛兽",但为人"知足以拒谏,言足以饰非,矜人臣以能,高天下以声,以为皆出己之下"。且"好酒淫乐","益收狗马奇物,充仞宫室","大取乐戏于沙丘,以酒为池,悬肉为林,使男女裸相逐其间,为长夜之饮"。在朝中,任用严刑酷法,设"炮格之刑"残害官民,以致"百姓怨望而诸侯有畔者",最后众叛亲离,终至垮台。② 一兴一亡,兴在勤苦,亡在淫逸。不过,由天子好尚以观学风,勤苦之风终究还是当时的主流。

周鉴殷典。朱熹《诗集传》说:"周国本在禹贡庸州境内岐山之阳,后稷十三世孙古公亶甫始居其地。"③又说:"周人之俗,治产业,力工商,逐什二以为务。"④勤劳、智慧是周人性格的一大特点。《诗经·公刘》说:"笃公刘,匪居匪康,迺埸迺疆,迺积迺仓。迺裹糇粮,于橐于囊,思辑用光。弓矢斯张,干戈戚扬,爰方启行。"⑤公刘是后稷的曾孙,周人甚以为敬。这一节诗歌就是赞美公刘的,说他在拓边打仗之时,不敢懈怠,勤奋振作,与民同苦,身先士卒。在西周之时,王室已经十分重视教育,"学者皆有师",而且,统治者也以勤学为臣子与百姓作表率。《史记·周本纪》说西伯文王"笃仁,敬老,慈少。礼下贤者,日中不暇食以待士,士以此多归之"⑥。以礼乐治国教人,"耕者皆让畔,民俗皆让长。"⑦此后武王继位,夙兴夜寐,勤苦治国,偃武修文,使天下得以中兴,民众日渐安宁,学风所及,举国都以勤劳为务,文武周公的业绩也为后来孔夫子所津津乐道。

第二节　先秦时期的学风

公元前 770 年,周平王东迁洛邑,史称春秋战国时期的开始,至公元前 221

---

① 杨荣国:《中国古代思想史》,人民出版社 1973 年版,第 12 页。
② 司马迁:《史记·殷本纪第三》,中华书局 1982 年版,第 91、106 页。
③ 朱熹:《诗集传》,中华书局 2011 年版,第 1 页。
④ 司马迁:《史记·苏秦列传第九》,中华书局 1982 年版,第 2241 页。
⑤ 朱熹:《诗集传》,中华书局 2011 年版,第 260 页。
⑥ 司马迁:《史记·周本纪第四》,中华书局 1982 年版,第 116 页。
⑦ 司马迁:《史记·周本纪第四》,中华书局 1982 年版,第 117 页。

年秦始皇统一中国为止。①

时至春秋,周王朝的天子地位已经动摇,诸侯国之间甚至各国内部,或和或战,纷争不已,天下大乱。奴隶主地位日渐衰微,而新兴贵族阶层则开始登上政治、经济、社会的舞台。以"士"为例,在上古,"士"属于官阶,《左传》里就有记载说:"天子建国,诸侯立家,卿置侧室,大夫有贰宗,士有隶子弟,庶人工商各有分亲,皆有等衰。"②这里的天子、诸侯、卿、大夫、士、庶人、工商,就是当时等次分明的"宝塔型"直至平民百姓的序列,是从上古逐渐形成的,但是到了春秋时期,"士"已经成为社会阶层中的一个群体,"士、农、工、商"的"士",用今天的话来说就是"知识分子"。战国时候,大贵族们更是以"养士"为时尚,司马迁《史记》云:"当是时,魏有信陵君,楚有春申君,赵有平原君,齐有孟尝君,皆下士喜宾客以相倾。"③这"战国四公子"每家"养士"的规模都是数以千计,这在当时已是非常大了。

围绕着如何争取民众、治理国家,士子们极尽自己之所能,摇唇鼓舌,到了战国时期更形成了百家争鸣的局面。司马迁说"是时诸侯多辩士,如荀卿之徒,著书布天下"④。

在教育史上,办学校教育子弟,在很长一段时期,都是官府的事,所谓"学在官府",学校办在官府与贵族家里,能到学校学习的权利也自然是只有贵族的子弟才能享受了,直至到了春秋时期的孔子才开始兴办私学,结束了"学在官府"的时代,使得平民百姓也有了学习的机会。无论是孔子还是后来的战国诸子都开始有意识地研究学习,学风的探究与培养进入了相对自觉的时代。同时,战国时期,我国已经有了一部专门论述学习的著作,这就是《礼记·学记》。而孔子关于学习的思想又尤其具有系统性和深刻性,对后世的影响也最大。

这一时期的学风,可以用勤苦、多知、践行、学思结合这四个方面来概括。

勤苦的学风既是对前代学风的传承,又是多知与践行的前提和基础。苏秦就是当时勤苦学习的典型,尽管他学习的功利性也比较突出,为了出人头地、荣耀一身。

诸子不仅注意到勤苦是学风的要义,而且提出了学习需要持之以恒的观点。荀子的思想就很有代表性。荀子云:"学不可以已。青,出之于蓝,而青于蓝;冰,

① 本文中,先秦指上述时期。
② 郑天挺:《左传选》,中华书局 1963 年版,第 15 页。
③ 司马迁:《史记卷八十五·吕不韦列传第二十五》,中华书局 1982 年版,第 2510 页。
④ 司马迁:《史记卷八十五·吕不韦列传第二十五》,中华书局 1982 年版,第 2510 页。

水为之而寒于水。"①认为学习是不能满足、不能停顿的,这已经可以说是"终身教育、终身学习思想"的萌芽了。"不可以已",就要勤苦,就要持之以恒。后面两个比喻,说的是人要超越自己、胜过别人,其途径就是不停地学习。所谓"持之以恒",换句话说就是要专心致志,这对于学习而言是非常重要的。庄子说庖丁解牛,不用眼睛看就能知道从什么地方下"刀",已经到了炉火纯青的地步,而这种功夫即来自庖丁平时训练时的专注。老子也说:"图难于其易,图大于其细。天下难事必作于易,天下大事必作于细。"②要求重视积累,慎始慎终,指出:"合抱之木生于毫末,九层之台起于累土,千里之行始于足下……慎终如始则无败事。"③即便是孙子谈用兵作战,也说率领军队的人要讲究"静以幽,正以治"④,用今天的话来说就是要静心专注、认真严肃。

多知,就要广泛地学习,丰富地积累。谋臣能打动君主,贵在讲理,而理要深刻,就要建立在"多知"的基础上。庄子主张"多知",鄙薄"井底之蛙"。他的《逍遥游》目光远大,想象联翩,取材丰富,本身就是"多知"的典范。韩非子作《内储说》《外储说》《说林》,为我们提供了一个又一个非常丰富的故事传说,被人称为写作材料的汇集,其中所体现的是韩非涉猎的广博与知识的丰富。韩非"为人口吃",似乎不善言谈,但由于这种"多知"加上文章逻辑的严密性,大大增强了其散文的说服力,秦王嬴政那样的刚愎自用、目中无人,因为看了韩非的《五蠹》《说难》等文章,竟被深深折服,悍然发动了一场对韩国的战争,把韩非抢到了秦国。被称为杂家代作的《吕氏春秋》,不拘于一家之言,以材料丰富而见长,这也是建立在编著者广览群书、广搜材料的"多知"基础之上的。老子虽然也说过"不出户,知天下;不窥牖,见天道"⑤这样的话,这与他一贯的自然无为的思想是一致的,但是他同样提出了"为学日益"的观点⑥,认为学习能使人每天都丰富自己的知识。我国第一个伟大的爱国主义诗人屈原也以多知而著名,他重视修炼自己的各种才能,是"纷吾既有此内美兮,又重之以修能"。"汩余若将不及兮,恐年岁之不与"。⑦ 崇尚珍惜时间,不断学习。在《天问》一诗里,屈原以他的多知与积累,"一口气对天地、神、人等各方面提出了一百七十几个问难,鲜明地表现了作

---

① 梁启雄:《荀子简释》,中华书局 1983 年版,第 1 页。
② 老子:《道德经》,陈忠译注,吉林文史出版社 1999 年版,第 122 页。
③ 老子:《道德经》,陈忠译注,吉林文史出版社 1999 年版,第 122 页。
④ 中国人民解放军军事科学院战争理论研究部《孙子》注释小组:《孙子兵法新注》,中华书局 1977 年版,第 116 页。
⑤ 老子:《道德经》,陈忠译注,吉林文史出版社 1999 年版,第 87 页。
⑥ 老子:《道德经》,陈忠译注,吉林文史出版社 1999 年版,第 89 页。
⑦ 张家英:《屈原赋译释》,黑龙江人民出版社 1982 年版,第 3 页。

者探索事物根源和不屈不挠的战斗精神"①。

践行,是学习的目的。学习和实践能否结合,是判断学风好坏的重要标志。当时的践行,小者是修身、交友、齐家,大者就是帮助君王治国。孟子主张要"为之"则践行之,他在劝说齐宣王行仁义时就明确指出:"今恩足以及禽兽,而功不至于百姓者,独何与?然则一羽之不举,为不用力焉;舆薪之不见,为不用明焉;百姓之不见保,为不用恩焉。故王之不王,不为也,非不能也。""为",就是践行②。庄子也指出过一些学派虽有美言但难以服人的事实,说"饰人之口,易人之心,能胜人之口,不能服人之心,辩者之囿也"③。荀子认为学"知说"要有益于"明理",指出:"凡知说有益于理者为之,无益于理者舍之,夫是之谓中说。事行失中,谓之奸事;知说失中,谓之奸道。奸事奸道,治事之所弃,而乱世之所以服也。"④当时的墨子学说更以讲究"实用"而见长,他反对空言,标榜"取实予名"。他看重地位低微的"贱人",主张"虽在农与工肆之人,有能则举之,高予之爵,重予之禄",强调"士虽有学,而行为本焉"⑤,意思是说,学习要以行为本,在他看来,学习是基础,践行才是根本,而且,他自己就精于工技,擅长实践,遇事亲力亲为,"摩顶放踵利天下,为之"⑥,"日夜不休以自苦为极"⑦。韩非也是讲究实用的,认为"好辩说而不求其用,滥于文丽而不顾其功者,可亡也"⑧。把不讲实用的害处提到了"可能亡国"的极端高度,这固然是为了批评儒家,认为"儒以文乱法",但提出学习要求实用,跟儒家的践行思想又是一致的。

践行的基础是学习与思考,学思结合也是此时学风的一大特点。诸子百家,没有一个不是以学思结合而见长的,甚至可以说,没有学思结合,没有诸子对当时时代的观察、思考,没有他们对发展趋势的把握,就不会有洋洋洒洒的诸子之文,当然也就不会有诸子辉映古今的崇高地位了。

① 陆侃如,龚克昌:《楚辞选译》,上海古籍出版社1981年版,第33页。
② 杨伯峻:《孟子译注》,中华书局1960年版,第15页。
③ 王夫之:《庄子解》,中华书局1964年版,第265页。
④ 梁启雄:《荀子简释·儒效》,中华书局1982年版,第83页。
⑤ 《墨子·修身》,李小龙译注,中华书局2016年版,第10页。
⑥ 杨伯峻:《孟子译注·梁惠王章句上》,中华书局1960年版,第313页。
⑦ 王夫之:《庄子解·天下篇》,中华书局1964年版,第285页。
⑧ 王焕镳:《韩非子选·亡征》,上海人民出版社1974年版,第56页。

第三节　孔子的学习思想与孔门弟子的学风

　　孔子是我国古代最有影响的伟大思想家和教育家。作为思想家,他提出了一系列如修身、齐家、治国、平天下的理论。作为教育家,他具有一整套教育和学习的思想。这些思想,既影响了他的学生们的学习、学风,也影响了他们的做人;既影响了当时的人,也影响了后代的人。关于他的教育思想,前人已经做了许多的探讨,这里主要介绍一下他的学习思想以及他的学生们的学风。

　　作为老师,孔子是很受学生们尊敬的。首先,孔子的知识非常渊博,在当时是个学贯古今的人,对"六艺"即诗、书、礼、乐、易、春秋这被后人所称的"六经"都有精深的研究,对古代的历史文化尤其是西周的历史文化非常娴熟,于是,学高为人师。其次,孔子具有很高的操守,循之以"礼",以身作则,"非礼勿听,非礼勿视,非礼勿行"[1],"己所不欲,勿施于人"[2],因此,身正为人范。学生们尊敬孔子,就是因为他道德学问两相高。其弟子颜渊就这样说过:"仰之弥高,钻之弥坚;瞻之在前,忽焉在后。夫子循循然善诱人,博我以文,约我以礼。欲罢不能,既竭吾才,如有所立卓尔。"[3]在师生关系上,孔子和学生也是比较平等的。这种平等的关系,体现在教学上,往往是互问互答。一部《论语》,在文学上是"语录体"散文,作为教学实录,就不妨看作是"问答体"的实录。

　　由《论语》而知学风,在孔子的言传身教下,孔门弟子的学风归纳起来大体就是崇德,励志,勤学,多问,多知,勤思考,贵实践。

　　崇德。一部《论语》,首先是教导学生做人的,为此,孔子始终把"立德"放在第一位。他说:"德不孤,必有邻。"[4]教育学生勤于修德。《论语》说的"子以四教:文,行,忠,信"[5],从古代文献到社会实践,从对人忠心到为人信实,几乎都牵涉到道德教育的问题。他对学生的要求,归纳起来就是"仁义礼智信",而核心则是"仁德",即"克己复礼为仁,一日克己复礼,则天下归仁焉"[6]。他说是"恭,宽,信,

---

① 杨伯峻:《论语译注·颜渊篇》,中华书局 1980 年版,第 123 页。
② 杨伯峻:《论语译注·卫灵公》,中华书局 1980 年版,第 166 页。
③ 杨伯峻:《论语译注·子罕》,中华书局 1980 年版,第 90 页。
④ 杨伯峻:《论语译注·里仁》,中华书局 1980 年版,第 41 页。
⑤ 杨伯峻:《论语译注·述而》,中华书局 1980 年版,第 73 页。
⑥ 杨伯峻:《论语译注·颜渊篇》,中华书局 1980 年版,第 123 页。

敏,惠","能行(这)五者于天下"就可以称为"仁"了①。他提出"君子以文会友,以友辅仁"②,称赞颜渊"其心三月不违仁"③,要求"当仁,不让于师"④,并对"志士仁人"设定了"无求生以害仁,有杀身以成仁"⑤和"朝闻道,夕死可矣"⑥的"仁道标杆",等等,都是强调尊德崇仁的。即使是面对山水景致,孔子也不忘用来教育学生求仁提智,他的名言就是:"知者乐水,仁者乐山。"⑦

励志。为人为学,贵在立志。孔子说:"三军可夺帅也,匹夫不可夺志也"⑧,在他看来,"志"是大丈夫男子汉立于天地之间的根本。他的学生曾子也说过:"士不可以不弘毅,任重而道远。"⑨"弘毅",换言之,就是要志向远大,胸怀宽广。《论语·先进篇》中有一章题为《冉有曾晳公西华侍座》⑩,记载的就是一次师生讨论立志的课堂实录,其中说到子路的志向是花三年时间把夹杂在大国之间而又有战争、饥饿的"千乘之国"治理得人人知道勇敢和懂道理,冉有的志向是把小国的百姓治理到丰衣足食,公西华的志向是愿意担任国家举行祭祀以及与外国会盟时的司仪。至于受到孔子大加称赏的曾晳,他的志向是把国家治理得和平、安逸,能恢复古道,社会和谐,为此,曾晳所描绘的一幅社会蓝图是:"莫春者,春服既成,冠者五六人,童子六七人,浴乎沂,风乎舞雩,咏而归。"⑪这其实也是孔子所要的理想社会。孔子就是这样通过课堂与平时的交谈来鼓励学生们读书励志的。

勤学。孔子主张要"默而识之,学而不厌"⑫,希望读书要不厌弃、不厌倦。《论语》开篇就说:"学而时习之,不亦说乎?"⑬学了,还要经常去温习,这是很快乐的事。学习要温故知新,这就得花时间以勤为径,故曾子提出:"吾日三省吾身——为人谋而不忠乎?与朋友交而不信乎?传不习乎?"⑭每天都要复习老师

---

① 杨伯峻:《论语译注·阳货篇》,中华书局1980年版,第183页。
② 杨伯峻:《论语译注·颜渊篇》,中华书局1980年版,第132页。
③ 杨伯峻:《论语译注·雍也篇》,中华书局1980年版,第57页。
④ 杨伯峻:《论语译注·卫灵公篇》,中华书局1980年版,第170页。
⑤ 杨伯峻:《论语译注·卫灵公篇》,中华书局1980年版,第163页。
⑥ 杨伯峻:《论语译注·里仁篇第四》,中华书局1980年版,第37页。
⑦ 杨伯峻:《论语译注·雍也篇第六》,中华书局1980年版,第63页。
⑧ 杨伯峻:《论语译注·子罕篇第九》,中华书局1980年版,第95页。
⑨ 杨伯峻:《论语译注·泰伯篇第八》,中华书局1980年版,第80页。
⑩ 杨伯峻:《论语译注·先进篇第十一》,中华书局1980年版,第119页。
⑪ 杨伯峻:《论语译注·先进篇第十一》,中华书局1980年版,第119页。
⑫ 杨伯峻:《论语译注·述而篇第七》,中华书局1980年版,第66页。
⑬ 杨伯峻:《论语译注·学而篇第一》,中华书局1980年版,第1页。
⑭ 杨伯峻:《论语译注·述而篇第七》,中华书局1980年版,第71页。

布置的功课或经传,进而巩固所学的内容。认为只要有时间、有精力就要学习,"发愤忘食,乐以忘忧,不知老之将至云尔"①。勤学又总与抓紧时间联系在一起,而孔子本身就是一个惜时如金的人,所谓"子在川上,曰:'逝者如斯夫!不舍昼夜。'"②感叹的是光阴流逝,岁月沧桑。勤学,是一种坚持和坚守,面对客观困难和自身的惰性,只能奋斗不止。所以,孔子曾以"堆土成山"做比喻,说:"譬如为山,未成一篑,止,吾止也。譬如平地,虽覆一篑,进,吾往也。"③他还以颜回为例,希望学生"语之而不惰"④;希望"先之劳之(按:带头做事,勤劳干事)","无倦"⑤于事,勤谨而不懈怠,而不是"饱食终日,无所用心"⑥。在孔子看来,"士而怀居,不足以为士矣"⑦,如果留恋安逸,就不配做读书人了。

多问。"子入太庙,每事问"⑧,老师不耻下问,也鼓励学生"疑思问"⑨,学生在问中求学。孔子的学生,有的是为理解某个问题而问,比如,孟懿子、孟武伯、子游、子夏提出关于"孝"的问题,子贡关于"君子"的问题,林放问"礼之本",樊迟"问知""问仁",就属于这一类。有的是为实现某个目标而"问",比如,子张关于如何"干禄"的问题,季康子关于如何才能"使民敬、忠以劝"以及关于能否让"仲由从政"的问题,都属于这一方面。⑩

多知。学习与求知紧密相连。博学方能多知。以学《诗》为例。《诗》,后来被人们称为《诗经》,是当时孔门弟子的必修课。孔子说:"兴于诗。立于礼。成于乐。"⑪朱熹对"兴于诗"的解释是:"兴,起也。《诗》本性情,有邪有正。其为言既易知,而吟咏之间,抑扬反复,其感人又易入。故学者之初,所以兴起其好善恶恶之心而不能自已者,必于此而得之。"⑫学诗既是外交应对的需要,也是平时说话的文化涵养的体现。孔子跟他儿子孔鲤就说过:"不学《诗》,无以言。"并进而要求孔鲤"学礼",所谓:"不学礼,无以立。"⑬他跟学生谈诗时更是把诗提到了聚

---

① 杨伯峻:《论语译注·子罕篇第九》,中华书局1980年版,第92页。
② 杨伯峻:《论语译注·子罕篇第九》,中华书局1980年版,第93页。
③ 杨伯峻:《论语译注·子路篇第十三》,中华书局1980年版,第133页。
④ 杨伯峻:《论语译注·阳货篇第十七》,中华书局1980年版,第189页。
⑤ 杨伯峻:《论语译注·宪问篇第十四》,中华书局1980年版,第145页。
⑥ 杨伯峻:《论语译注·八佾篇第三》,中华书局1980年版,第28页。
⑦ 杨伯峻:《论语译注·季氏篇第十六》,中华书局1980年版,第177页。
⑧ 杨伯峻:《论语译注·八佾篇第三》,中华书局1980年版,第28页。
⑨ 杨伯峻:《论语译注·季氏篇第十六》,中华书局1980年版,第177页。
⑩ 杨伯峻:《论语译注·为政篇第二》,中华书局1980年版,第20页。
⑪ 杨伯峻:《论语译注·泰伯篇第八》,中华书局1980年版,第81页。
⑫ 朱熹:《四书集注》,陈成国点校,岳麓书社2004年版,第119页。
⑬ 杨伯峻:《论语译注·季氏篇第十六》,中华书局1980年版,第178页。

人、从政、审美、言情、认知的高度,他说:"小子! 何莫学夫《诗》?《诗》,可以兴,可以观,可以群,可以怨。迩之事父,远之事君。多识于鸟兽草木之名。"①至少,孔子要求学生学《诗》,是为了让学生"多知"的。从《论语》所知,他的学生提问是很广泛的,政治、经济、文化、历史、天文、地理、品德、家庭、交友等,几乎无所不问,无所不学。即使孔子本人是鄙薄农业生产的,学生也还是向他提出了"学稼""学圃"的问题②。

勤思考。孔子是主张"学思结合"的,认为"学而不思则罔,思而不学则殆"③。在他看来,只有这样,才能成为聪明人,则所谓"知者不惑(意思是有知识的聪明人不糊涂)"④。其学生子夏在理解"仁"的含义时也讲到"思考"的重要,是"博学而笃志,切问而近思,仁在其中矣。"⑤子张则把"思"用于连类而联想,以事"思德",说:"士见危致命,见得思义,祭思敬,丧思哀,其可已矣!"⑥孔子认为,"不愤不启,不悱不发",只有多思,才能举一反三,否则,学习就不会有效果⑦。他还提出了著名的"君子九思"之说,"视思明,听思聪,色思温,貌思恭,言思忠,事思敬,疑思问,忿思难,见得思义"⑧。所有这些,都是说明"思想"或者"思考"或者"思虑"在学习中的重要与必要。

贵实践。孔子是非常看重实践的,他在教育学生的过程中讲了许许多多的道理,说到底是要学生像他自己一样"身体力行",主张"先行其言而后从之"⑨。要求学生"讷于言而敏于行"⑩,这话很类似今天的"少说多做"。孔子甚至把实践也上升到为人之品德乃至于修身齐家治国平天下的一种高度,比如,他把"力行"与"仁"并列,说是:"好学近乎知,力行近乎仁,知耻近乎勇。知斯三者则知所以修身,知所以修身则知所以治人,知所以治人则知所以治天下国家矣。"⑪认为"古者言之不出,耻躬之不逮也(意思是说古人所以慎言,是担心说了做不到)"⑫。所

① 杨伯峻:《论语译注·阳货篇第十七》,中华书局 1980 年版,第 185 页。
② 杨伯峻:《论语译注·子路篇第十三》,中华书局 1980 年版,第 135 页。
③ 杨伯峻:《论语译注·为政篇第二》,中华书局 1980 年版,第 18 页。
④ 杨伯峻:《论语译注·子罕篇第九》中华书局 1980 年版,第 95 页。
⑤ 杨伯峻:《论语译注·子张篇第十九》,中华书局 1980 年版,第 200 页。
⑥ 杨伯峻:《论语译注·子张篇第十九》,中华书局 1980 年版,第 198 页。
⑦ 杨伯峻:《论语译注·述而篇第七》,中华书局 1980 年版,第 68 页。
⑧ 杨伯峻:《论语译注·季氏篇第十六》,中华书局 1980 年版,第 177 页。
⑨ 杨伯峻:《论语译注·为政篇第二》,中华书局 1980 年版,第 17 页。
⑩ 杨伯峻:《论语译注·里仁篇第四》,中华书局 1980 年版,第 41 页。
⑪ 任平:《礼记直解·中庸第三十一》,浙江文艺出版社 2000 年版,第 443 页。
⑫ 杨伯峻:《论语译注·里仁篇第四》,中华书局 1980 年版,第 40 页。

以,还提出要"听其言而观其行"。① 在其学生中,子路好问好学,他的长处也是学了就做,《论语》说"子路有闻,未之能行,唯恐有闻"②,担心自己前面学习的东西还没有实践就要学新的东西了。孔子担忧的是"德之不修,学之不讲,闻义不能徙,不善不能改"③,也就是说担忧不去实践。这种重视实践的学风一直延续至今,而且已经大大地被后人发扬光大了。

第四节 《礼记·学记》的学习思想

《学记》是《礼记》中的一篇。现存的《礼记》一般认为是汉代戴圣整理的,共四十九篇。班固《汉书·艺文志》记载:"礼古经五十六卷,经十七篇。后氏、戴氏。"又说:"汉兴,鲁高堂生传士礼十七篇。迄孝宣世,后仓最明。戴德、戴圣、庆普皆其弟子,三家立于学官。"④

《学记》被称为"中国教育史上和世界教育史上一部最早、最完整的教育学专著"⑤。它提出的关于学习与学风的思想也是很丰富的。

它强调了学习的重要性。认为统治者要"化民成俗",非"学"(办学、育人)不可⑥。指出:"玉不琢,不成器。人不学,不知道。是故古之王者,建国君民,教学为先。"⑦把崇尚教育和学习提到了建设国家、管理民众的第一重要的地位。认为人只有经过学习才能懂得天下的道理,说是"虽有嘉肴,弗食,不知其旨也;虽有至道,弗学,不知其善也。"⑧认为人们在学习之后,才能知道自己的"不足",知道"不足",才能自我反省,不断进步。体会《学记》的观点,可以说,办学育人是治国理民的第一需要,而求学明理则是做人的第一要旨。

《学记》不仅指出了学习的重要意义,而且提出了学习需要遵循的规律。这首先是由不同年龄阶段的不同认知水平而决定的,《学记》提出:"一年视离经辨志,三年视敬业乐群,五年视博习亲师,七年视论学取友,谓之小成。九年知类通

---

① 杨伯峻:《论语译注·公冶长篇第五》,中华书局 1980 年版,第 45 页。
② 杨伯峻:《论语译注·公冶长篇第五》,中华书局 1980 年版,第 47 页。
③ 杨伯峻:《论语译注·述而篇第七》,中华书局 1980 年版,第 67 页。
④ 班固:《汉书·艺文志》卷三十,中华书局 1962 年版,第 1709—1710 页。
⑤ 详见王炳照等:《简明中国教育史》(修订本),北京师范大学出版社 1994 年版。
⑥ 任平:《礼记直解·学记第十八》,浙江文艺出版社 2000 年版,第 287 页。
⑦ 任平:《礼记直解·学记第十八》,浙江文艺出版社 2000 年版,第 287 页。
⑧ 任平:《礼记直解·学记第十八》,浙江文艺出版社 2000 年版,第 288 页。

达,强立而不反,谓之大成。"①(视,考察)用今天的话来说,读书、进学校,首先是要学会识字读经、辨志析义,打好进一步学习的基础;接着要专心学业、能与同学和睦相处,这就把学习和道德养成看得同样重要,因此连类而言了;再接着是要博学扩智、主动求师问疑,强调既要学习,又要亲师;然后是要热心于谈论学问,并懂得择取与自己同道的朋友;最后则要会举一反三,触类旁通,形成自己的主张。《学记》还说道:"良冶之子必学为裘,良弓之子必学为箕,始驾马者反之,车在马前。"②《学记》提出的规律,也是由学习的内在要求决定的,也就是说要从"基础"和"基本"的东西学起,所以又提出:"不学操缦,不能安弦;不学博依,不能安诗;不学杂服,不能安礼;不兴其艺,不能乐学。"③说明在学习中培养基础、掌握基本、循序渐进的重要。《学记》的作者还认为,就是交友、静心也都是学习过程中所必须遵循的规律,主张"乐其友而信其道"④,认为"独学而无友,则孤陋而寡闻。燕朋(亵慢朋友)逆其师。燕辟(闲逛不好学)废其学。"⑤强调学习离不开交友,更离不开从师。《学记》既论述了教师对于学习的重要,也对教师之道提出了要求,所谓"安其学而亲其师"⑥,又批评了"使人不由其诚,教人不尽其材,其施之也悖,其求之也佛"⑦的执教之误。认为"择师不可不慎"⑧,只有"既知教之所由兴,又知教之所由废,然后可以为人师也"⑨。《学记》还主张"严师",指出:"凡学之道,严师为难。师严然后道尊,道尊然后民知敬学。"⑩也提出了科学的教学方法,即"道而弗牵,强而弗抑,开而弗达"⑪,"禁于未发之谓'豫',当其可之谓'时',不陵节而施之谓'孙',相观而善之谓'摩'"⑫,也就是说,要能预先知道学生会产生的邪念,能把握住教育的有利时机,按照阶段与顺序进行教学,还要注重观摩,不断提高学生素质并使之进步。

讲到学习方法,《学记》提出要防止"四失":"或失则多,或失则寡,或失则易,

---

①　任平:《礼记直解·学记第十八》,浙江文艺出版社 2000 年版,第 288 页。
②　任平:《礼记直解·学记第十八》,浙江文艺出版社 2000 年版,第 293 页。
③　任平:《礼记直解·学记第十八》,浙江文艺出版社 2000 年版,第 289 页。
④　任平:《礼记直解·学记第十八》,浙江文艺出版社 2000 年版,第 290 页。
⑤　任平:《礼记直解·学记第十八》,浙江文艺出版社 2000 年版,第 291 页。
⑥　任平:《礼记直解·学记第十八》,浙江文艺出版社 2000 年版,第 290 页。
⑦　任平:《礼记直解·学记第十八》,浙江文艺出版社 2000 年版,第 290 页。
⑧　任平:《礼记直解·学记第十八》,浙江文艺出版社 2000 年版,第 292 页。
⑨　任平:《礼记直解·学记第十八》,浙江文艺出版社 2000 年版,第 291 页。
⑩　任平:《礼记直解·学记第十八》,浙江文艺出版社 2000 年版,第 292 页。
⑪　任平:《礼记直解·学记第十八》,浙江文艺出版社 2000 年版,第 291 页。
⑫　任平:《礼记直解·学记第十八》,浙江文艺出版社 2000 年版,第 290 页。

或失则止。"①认为学习既不能贪多,又不能太少,既不能见异思迁,又不能浅尝辄止,换句话说,就是要循序渐进,"比物丑类"②,专心致志,不自满自足。还提出要"善学""善问"的"进学之道",认为"善学者,师逸而功倍","善问者如攻坚木,先其易者,后其节目(树木的节理坚硬之处),及其久也,相说(悦也)以解"③。同时,《学记》认为,学无止境,而学又要达到化境,这就是:"大德不官,大道不器,大信不约,大时不齐。察于此四者,可以有志于学矣。"④大意是:有大德行的人,不会拘于一官之任;有大本事之人,不会偏于一器之用;有大信用之人,不会因为不立盟约而违背;能把握时机的人,不会追求所谓的一切都要整齐划一。能够理解这四点,也就能够立志于学习成人了。

《学记》提出的上述这些观点,都是对学风的要求,这在今天看来,也还是很有意义、很有道理的。

---

① 任平:《礼记直解·学记第十八》,浙江文艺出版社 2000 年版,第 291 页。
② 任平:《礼记直解·学记第十八》,浙江文艺出版社 2000 年版,第 293 页。
③ 任平:《礼记直解·学记第十八》,浙江文艺出版社 2000 年版,第 292 页。
④ 任平:《礼记直解·学记第十八》,浙江文艺出版社 2000 年版,第 293 页。

第二章　秦汉时期的学风

第一节　秦时期的学风

战国之时,各国彼此纷争,或连横或合纵,但目的都是想称霸天下。秦王嬴政率师先后灭了六国,直至公元前 221 年,统一了中国,此为秦朝。嬴政有言:"朕为始皇帝。后世以计数,二世三世至于万世,传之无穷。"①始皇立国后,废分封,立郡县,"分天下以为三十六郡,郡置守、尉、监","一法度衡石丈尺。车同轨。书同文字"②。其统一之功已载入史册,自此之后两千三百多年来,中国历史总是统一的时候多,分裂的时候少,统一始终是主流。然而,秦始皇采用丞相李斯之言,绝"私学",烧诗、书,"请史官非秦记皆烧之。非博士官所职,天下敢有藏《诗》《书》百家语者,悉诣守、尉杂烧之。有敢偶语《诗》《书》者弃市,以古非今者族。吏见知不举者与同罪。令下三十日不烧,黥为城旦。所不去者,医药卜筮种树之书"③。这就是所谓的"焚书"。

此后,秦始皇又以儒生诽谤皇帝、"为妖言以乱黔首"的名义,将所谓"犯禁者""四百六十余人,皆坑之咸阳"④。这就是所谓"坑儒"。

当时,秦王朝虽然还"设三老以掌教化"⑤,但是"焚书坑儒"毕竟形成了极端专制的文化与教育政策。这一政策,一方面使教育、文化遭受了空前的破坏,战国时期形成的"百家争鸣"的文化繁荣局面霎时化为乌有。另一方面又不得不逼着当时冒死而幸存的文化人顽强地走入地下,以非常秘密的状态传诗、书,诵古籍,口耳相传,这就造成了当时特有的尚勤苦而强记忆的学风。班固《汉书·艺文志》言及《尚书》流传时这样说过:"故书之所起远矣。至孔子撰焉,上断于尧,

---

① 司马迁:《史记·秦始皇本纪》,中华书局 1982 年版,第 236 页。
② 司马迁:《史记·秦始皇本纪》,中华书局 1982 年版,第 239 页。
③ 司马迁:《史记·秦始皇本纪》,中华书局 1982 年版,第 255 页。
④ 司马迁:《史记·秦始皇本纪》,中华书局 1982 年版,第 258 页。
⑤ 张守节:《史记正义》,转引自司马迁:《史记卷八·高祖本纪》,中华书局 1982 年版,第 370 页。

下迄于秦,凡百篇,而为之序,言其作意。秦燔书禁学,济南伏生独壁藏之。"①这位济南伏生大概不属于"博士官",所以只能"壁藏之",其处危险之境仍然勇于保存民族文化的大无畏精神则可由此而知了!有史料记载,此人还一直活至汉世,《隋书·经籍志》云:"(书)遭秦灭学,至汉,唯济南伏生,口传二十八篇,又河内女子得《泰誓》一篇,献之。"②《诗经》的流传更是可以作为典型,尽管处在当时的高压环境之下,但毕竟是"天高皇帝远",神州之大,一定是有人还在悄悄传诵《诗经》的,那是典型的"口耳相传",也因此才把《诗经》留传到了后世,这就是班固在《汉书·艺文志》里说的:"(诗)三百五篇,遭秦而全者,以其讽诵,不独在竹帛故也。"③而"讽诵"者如果缺乏勤苦、强记的精神,也就不可能有记忆有留存了。当然,因为靠的是记忆,即便偶有遗忘,也是正常的。清人朱彝尊谈到《诗经》的逸诗时就说过:"然则《诗》何以逸也?曰:一则秦火之后,竹帛无存,而日诵者偶遗忘也。"④《曝书亭集卷五十九·诗论一》中,秦王朝允许"医药卜筮种树之书"的存在,客观上也对于当时民间崇尚"实学"之风带来了一定的推动作用,而要把这些知识真正用于实践,也同样是离不开勤苦的精神的。

顺便还要说,秦时的"书同文字",由于李斯创造了小篆,不仅对书写带来了方便,保存了一些史料,而且为后世的书法学以及人们学习书法提供了重要载体与楷式。

以上对秦代学风的简要叙述,可以使我们体会到,中华文化具有极其顽强的生命力,即使受到致命的摧残,也仍然是"野火烧不尽,春风吹又生",而勤奋学习、长于实践始终是我们民族的可贵精神。

第二节　西汉时期的学风

秦两世而亡,汉继秦而起。经历了抗击残暴的陈胜、吴广"斩木为兵、揭竿为旗"的农民大起义,也经历了攻夺天下的项羽、刘邦"钜鹿之战""垓下之围"等楚汉大相争,中国终于在公元前 206 年由刘邦建立起了继秦之后又一个中央集权制的统一政权——汉朝。

---

① 班固:《汉书·艺文志第十》,中华书局 1962 年版,第 1706 页。
② 魏徵:《隋书·经籍志》,中华书局 2000 年版,第 620 页。
③ 班固:《汉书·艺文志第十》,中华书局 1962 年版,第 1708 页。
④ 见《先秦文学史参考资料》,中华书局 1962 年版,第 126 页。

　　汉王朝深刻汲取秦朝两世而亡的经验、教训,一方面,继续实行具有历史进步意义的郡县制,加强中央集权的统治,同时,拓土开边,扩大版图,形成了历史上少有的强盛局面;另一方面,十分重视农业生产,采取了比较宽松的农业政策,让农民休养生息,以此安定天下。在经济政策上,汉朝实行"盐铁官营",既抑制了少数人的投机经营,也使得国家有了稳定的财政收入来源。在思想文化领域,先是崇尚黄、老思想,如钱穆先生所言:"惟汉室初尚黄、老无为,继主申、韩法律,学问文章非所重,学术尚未到自生自长的地位。"到汉武帝,"以英年即位,即锐意革新,谋兴礼乐"①,并采纳了董仲舒"罢黜百家、独尊儒术"的建议,以思想的大一统来护卫政权和政治的大一统。汉朝的开国皇帝刘邦虽然自己没有读过多少书,而且看不起儒生,但是能够听从谋臣的建议,在用人上也还比较开明,"总揽英雄","文武相配"。班固有云:"汉兴,高祖躬神武之材,行宽仁之厚,总揽英雄,以诛秦、项。任萧、曹之文,用良、平之谋,骋陆、郦之辩,明叔孙通之仪,文武相配,大略举矣。"②这里说到的萧何、曹参、张良、陈平、陆贾、郦食其、叔孙通,都是汉朝开国时的一代重臣,也是刘邦善于用人的重要标志。汉朝重武备而又尚文德,对此,班固也做过概括,指出:"文德者,帝王之利器;威武者,文德之辅助也。夫文之所加者深,则武之所服者大;德者所施者博,则威之所制者广。"③可以说,无论是在天下尚未太平的时候,还是国家政权稳固之时,都是文武相配、缺一不可的,国赖武以强,邦恃文以兴,这就为一个时代好学之风的形成提出了客观的要求,加上当时开始通过考试选拔官员,读书人都可以来应试④,这是统治者的有意推动,因此,崇尚学习也就成了一个时代的主流风气。

　　纵观西汉一代,好学勤学者真是不乏其人。司马迁能够完成前无古人的鸿篇巨制《史记》,本身就是好学勤学的光辉典范。民间广为流传的"悬梁""凿壁"的故事,说的就是汉代孙敬与后汉匡衡勤学苦读的事。一代大儒董仲舒"下帷讲诵","三年不窥园"⑤,颜师古谓其"虽有园圃,不窥视之,言专学也"⑥。陆放翁则称其为"勤苦"⑦。著名辞赋家司马相如"少时好读书,学击剑"⑧,既习文,又习

①　钱穆:《国史大纲》,商务印书馆 1996 年版,第 144 页。
②　班固:《汉书卷·刑法志第三》,中华书局 1962 年版,第 1090 页。
③　班固:《汉书卷·刑法志第三》,中华书局 1962 年版,第 1091 页。
④　可参见冯友兰《中国哲学简史》,生活·读书·新知三联书店 2009 年版。
⑤　班固:《汉书·董仲舒传第二十六》,中华书局 1962 年版,第 2495 页。
⑥　班固:《汉书·董仲舒传第二十六》,中华书局 1962 年版,第 2495 页。
⑦　陆游:《老学庵笔记》,三秦出版社 2003 年版,第 110 页。
⑧　班固:《汉书·司马相如传第二十七上》,中华书局 1962 年版,第 2529 页。

武,这是他后来卓成名家的重要基础。汉代的著名思想家贾谊,"年十八,以能诵诗书属文称于郡中",在其被征召为廷尉时,"廷尉乃言谊年少,颇通诸家之书"①。晁错好学"申、商、刑、名"之术,终成著名法家②。李广所以能够成就一代名将,与他从小酷爱军事,好玩射箭的游戏,"世世受射"是分不开的③。《汉书》说倪宽"治《尚书》","时行赁作,带经而锄,休息辄诵读,其精如此"④。一边劳动,一边读书,勤苦精神可见一斑。再如朱买臣,"家贫,好读书,不治产业,常艾薪樵,卖以给食,担束薪,行且诵书"⑤。以砍柴为生,下山后挑着柴火,边走边诵读,就是如此刻苦。在《汉书》的记载中,这种好学勤学的事例俯拾即是,说是蔚然成风,那是一点都不夸张的。同时,绵延中华民族几千年的"耕读传家"之风的形成,汉代是非常重要的一个时期。吕思勉先生引用前人不少资料来肯定汉朝对教育的重视,说汉朝的"民间传业,亦并非不盛"。⑥

读书贵在能应用。汉代重儒学,而儒家讲究的是修身、齐家、治国、平天下,于己于人,于国于家,学习的意义和作用在那时得到了充分的显示和发挥。当时,许多有识之士强调以学习来行教化,在天下倡导循规守礼之风,并且以身作则,这固然是为了帮助王朝稳固统治,但同时对提高人的素质起了积极作用。班固有过这样评价:"汉兴,言《易》自淄川田生,言《书》自济南伏生;言《诗》,于鲁则申培公,于齐则辕固生,燕则韩太傅;言《礼》,则鲁高堂生;言《春秋》,于齐则胡母生,于赵则董仲舒。及窦太后崩,武安君田蚡为丞相,黜黄老、刑名百家之言,延文学儒者以百数,而公孙弘以治《春秋》为丞相封侯,天下学士靡然向风矣。"⑦公孙弘主张"劝善""惩恶",以儒家学说正人伦、行教化,统朝廷、治天下,"劝学兴礼,崇化厉贤,以风四方",并提出一系列以崇儒尚学为标准来加官晋爵的建议,于是,"自此以来,公卿大夫士吏彬彬多文学之士矣!"⑧

儒家崇尚"学而优则仕",或直接用于治国理政、化民成俗的实践,或以自己的学问来帮助朝廷治国,是当时知识分子的最高追求,也是他们认为最具成就感的事业。这方面,比较有典型意义的事例,是汉朝始元六年(公元前81),皇帝下诏让丞相、御史桑弘羊与贤良、文学征求并讨论民间疾苦,于是,围绕"盐铁、酒

---

① 班固:《汉书·贾谊传第十八》,中华书局1962年版,第2221页。
② 班固:《汉书·袁盎晁错传第十九》,中华书局1962年版,第2276页。
③ 班固:《汉书·李广苏建传第二十四》,中华书局1962年版,第2439页。
④ 班固:《汉书·公孙弘卜式倪宽传第二十八》,中华书局1962年版,第2628页。
⑤ 班固:《汉书·严朱吾丘主父徐严终王贾传第三十四上》,中华书局1962年版,第2791页。
⑥ 吕思勉:《中国文化史》,商务印书馆2015年版,第138页。
⑦ 班固:《汉书·儒林传第五十八》,中华书局1962年版,第3593页。
⑧ 班固:《汉书·儒林传第五十八》,中华书局1962年版,第3593、3596页。

权、均输"这些事关国计民生的大问题,双方展开了唇枪舌剑般的辩论,"贤良、文学"这些知识分子慷慨畅谈,用记录这次讨论的桓宽的话来说,尽管"意指殊路,各有所出",但在贤良、文学旁征博引、侃侃而谈面前,桑弘羊只得"忧然内惭,四据而不言","当此之时,顺风承意之士,如编口张而不歙,举舌而不下,暗然而怀重负而见责"①。这固然掺杂着桓宽自身作为儒者的主观感情以及明显敢于表达儒家的治国理念,比如"非学无以治身,非礼无以辅德"等,也展示了儒家一贯倡导的入世思想和"以天下为己任"的雄风,加上他们饱学历史,细察现实,因此,辩论始终能明显见出义正词严的风格,而这对于后代儒者也是具有深远影响的,不妨称之为读书应用的典范事例。

第三节　司马迁与学习

司马迁,字子长,生于汉景帝中元五年(公元前 145),龙门(今陕西龙门)人,卒年大约在汉昭帝始元元年(公元前 86)之后②。他不惜以生命作代价,穷苦一生,在受了腐刑以后,仍然苟且忍辱,终于完成了《史记》的写作。他的《史记》是我国第一部纪传体通史,其宏大的体制规模,前无古人,后启来者。他的阅历丰富,对史料搜集的广博,写作严谨,用笔的精细,对于书中传主,既秉持客观公正,又深寓褒贬之情。因此,他的《史记》,"究天人之际,通古今之变,成一家之言"③,不仅是一部伟大的历史著作,还是光辉的文学典范,被鲁迅先生称为"史家之绝唱,无韵之离骚"。④ 侯外庐主编的《中国思想史纲》说:"在秦汉时期的哲学史上,司马迁是站在儒家正宗神学对立方面的第一个思想家。"⑤

司马迁之所以能够写成《史记》,一方面是适应了大一统的汉王朝的政治、文化的需要,另一方面是承续了深厚的家学渊源。但是,更为重要的是由于他本人学习的刻苦、广博以及对于文化事业的执着与追求。

司马迁的祖先就是朝廷的史官,其父司马谈是汉王朝"掌天官"的官员。司马迁在《史记·太史公自序》里说:"当周宣王时,失其守而为司马氏。司马氏世

---

①　桓宽:《盐铁论》,上海人民出版社 1974 年版,第 124 页。

②　司马迁的生卒年,可参见北大中文系编《两汉文学史参考资料》,中华书局 1962 年版,第 405—413 页。

③　司马迁:《报任安书》,引自班固:《汉书·司马迁传第三十二》,中华书局 1962 年版,第 2735 页。

④　鲁迅:《汉文学史纲要》,岳麓书社 2013 年版,第 73 页。

⑤　侯外庐:《中国思想史纲》,上海书店出版社 2004 年版,第 128 页。

典周史。"①"（司马）谈为太史公。"②"太史公学天官于唐都，受易于杨何。习道论于黄子。太史公仕于建元、元封之间，愍学者之不达其意而师悖，乃论六家之要旨。……太史公既掌天官，不治民。有子曰迁。"③司马谈是太史令，其主要的职责是跟随参加并记录皇帝的重要活动、整理编写国史等，这样，他就有机会了解朝廷的重大事件、核心机密，能够看到民间所看不到的秘籍、资料，司马迁后来也做了太史令，这是他写作《史记》的有利条件之一。其父把著述历史的任务作为遗命托付给了司马迁，"执迁手而泣曰：'……余死，汝必为太史。为太史，无忘吾所欲论著矣'"④。又说："今汉兴，海内一统，明主贤君忠臣死义之士，余为太史而弗论载，废天下之史文，余甚惧焉，汝其念哉！"⑤司马谈死后三年，司马迁子承父业，被任命为太史令，而先父的嘱托就成了司马迁完成《史记》的一大动力，同时，他也把父亲的史学传统给延续下来了。他自己就这样说道："先人有言：'自周公卒五百岁而有孔子。孔子卒后至于今五百岁，有能绍明世，正《易传》，继《春秋》，本《诗》《书》《礼》《乐》之际？意在斯乎！意在斯乎！小子何敢让焉。'"⑥表现了司马迁当仁不让和承继先人毅然的担当之志。

家学固然重要，而要卓有成就，需要本人付出极大努力才可能成功。司马迁幼年辄学，其自言"年十岁则诵古文"⑦。从小就养成了热爱学习的好习惯。

司马迁不仅早学，而且勤学。有人做过统计，他写作《史记》，仅仅是"引证了而且指明名称的书籍就有八十余种之多，未指出名称的还不计算在内"⑧。这些书籍，他不仅要一一翻阅，还要细细抉择，"绅史记、石室金匮之书。"（石室金匮，是古代皇家收藏天下典籍的地方，戒备森严，一般人是不能进去的。翻译成为现代的话就是：仔细缀集、演绎历史记录、皇家所藏秘籍等书册。）⑨当时的书是刻在竹简之上的，数量又多，读起来十分费时，司马迁学习的勤苦状况可想而知。司马迁后来到了长安以后还"有机会向当时的古文大家孔安国学《古文尚书》，又从当时的今文大师董仲舒学《公羊春秋》"。⑩以此扩充自己的文化涵养。

---

① 司马迁：《史记·太史公自序第七十》，中华书局 1982 年版，第 3285 页。
② 司马迁：《史记·太史公自序第七十》，中华书局 1982 年版，第 3286 页。
③ 司马迁：《史记·太史公自序第七十》，中华书局 1982 年版，第 3288 页。
④ 司马迁：《史记·太史公自序第七十》，中华书局 1982 年版，第 3295 页。
⑤ 司马迁：《史记·太史公自序第七十》，中华书局 1982 年版，第 3295 页。
⑥ 司马迁：《史记·太史公自序第七十》，中华书局 1982 年版，第 3296 页。
⑦ 司马迁：《史记·太史公自序第七十》，中华书局 1982 年版，第 3293 页。
⑧ 胡佩韦：《司马迁和史记》，上海古籍出版社 1979 年版，第 39 页。
⑨ 司马迁：《史记·太史公自序第七十》，中华书局 1982 年版，第 3296 页。
⑩ 详见胡佩韦：《司马迁和史记》，上海古籍出版社 1979 年版。

司马迁主张要发愤为学,他认为历史上大凡卓有建树的,都是身处危厄而百折不挠、认定理想而终于成就的。他在《报任安书》和《史记》的《太史公自序》里都说过:"盖西伯拘而演《周易》;仲尼厄而作《春秋》;屈原放逐,乃赋《离骚》;左丘失明,厥有《国语》;孙子膑脚,《兵法》修列;不韦迁蜀,世传《吕览》;韩非囚秦,《说难》《孤愤》;《诗》三百篇,大抵圣贤发愤之所为作也。此人皆意有所郁结,不得通其道,故述往事,思来者。及如左丘无目,孙子断足,终不可用,退论书策以舒其愤,思垂空文以自见。"①司马迁说这段话,固然是为了说明他之所以处危厄而不顾,非要坚持完成《史记》写作的决心,这种发愤图强的精神同样又是读书学习所必需的。胡小林、袁伯成《中国学习思想通史》把司马迁的这种精神归纳为"弥足珍贵的学习思想:在逆境中发愤",并指出"司马迁坐牢、受腐刑,在逆境中发愤著述,表现出中国传统中优秀知识分子的人格力量"②。

司马迁在重视书本学习的同时,还非常注重向社会、向实践的学习,既读万卷书,又行万里路,以博闻广见,增长阅历。"二十而南游江、淮,上会稽,探禹穴,窥九疑,浮于沅、湘,北涉汶、泗,讲业齐、鲁之都,观孔子之遗风,乡射邹、峄,厄困鄱、薛、彭城,过梁、楚以归。于是迁仕为郎中,奉使西征巴、蜀以南,南略邛、笮、昆明,还报命"③。通过这一段记载,我们不难领略到司马迁的游历之广、所涉之远。作为太史令,他还有机会参与皇帝的封禅泰山、巡行天下等活动,也极大地丰富了他的阅历。为了写作《史记》,他借游学各地之机,深入民间,与普通百姓或当地名流直接交谈,在索取第一手资料的同时,又充壮了自己的怀抱豪情。宋代的著名散文家苏辙就说过:"太史公行天下,周览四海名山大川,与燕、赵间豪俊交游,故其文疏荡,颇有奇气。"④

司马迁十分看重学习,推崇学习,不仅学博见广,还在《史记》中处处体现出他对学习的重视。他在《史记》中有意识地表现笔下人物的学习精神,客观真实地记载了他们的学习经历和学习态度,后来的官修史书也一直沿袭了司马迁的这一传统。他在《游侠列传》的开头引用了韩非关于"儒以文乱法,而侠以武犯禁"的论断后,接着就说:"二者皆讥,而学士多称于世云。"⑤学士即儒生,广义上说也就是"读书人"。为什么他们能够被后世所称道?除了他们讲究做人的应有

---

① 司马迁:《报任安书》,引自班固:《汉书卷六十三·司马迁列传第三十二》,中华书局 1962 年版,第2735 页。

② 胡小林,袁伯成:《中国学习思想通史》,人民出版社 2007 年版,第 272—273 页。

③ 司马迁:《史记·太史公自序第七十》,中华书局 1982 年版,第 3293 页。

④ 苏辙:《上枢密韩太尉书》,引自《古文鉴赏大辞典》,浙江教育出版社 1989 年版,第 1052 页。

⑤ 司马迁:《史记·游侠列传第六十四》,中华书局 1982 年版,第 3181 页。

道德之外,他们的肯学习、肯读书也应该是其中的重要因素。比如,张良的"学'礼'淮阳"和得圯上老人黄石公《太公兵法》之后"因异之,常习诵读之"[1],这种好读书的精神与日后张良的足智多谋是有直接关系的。也正因为是足智多谋,张良大受刘邦的赞许:"夫运筹帷帐之中,决胜于千里之外,子房功也。"[2]再如陈平,"少时家贫,好读书,有田三十亩,独与兄伯居。伯常耕田,纵平使游学"。(按:伯,陈平的哥哥陈伯。纵,放手,不束缚。)[3]在《史记》中,这样的例子是很多的。即使是那些不愿热心于学习读书的人物,司马迁也以"不为尊者讳"的态度作了如实的记录,项羽就是一个很典型的例子。项羽出身于"世世为楚将"的家庭,但他少时不仅不勤于学习,还颇有些心浮气躁,司马迁记载他:"少时,学书不成,去,学剑,又不成。项梁怒之,籍曰:'书,足以记名姓而已。剑,一人敌,不足学。学万人敌。'于是项梁乃教籍兵法,籍大喜;略知其意,又不肯竟学。"[4]但他特别有力气,"长八尺余,力能扛鼎,才气过人,虽吴中子弟皆已惮籍矣"[5]。在反对暴秦统治的义军队伍中,项羽的队伍是十分强大的,盛时"凡六七万人"[6],但是在与刘邦争夺天下的战争中,最后还是兵败乌江,"自刎而死"[7]。项羽的悲剧结局,原因固然是多方面的,但是少读书,"不师古",而一味地迷信"力征",不能不说是其中一大原因,所以,司马迁也是非常惋惜地指出:"自矜功伐,奋其私智而不师古,谓霸王之业,欲以力征经营天下,五年卒亡其国,身死东城,尚不觉悟而不自责,过矣!"[8]

第四节　董仲舒与学习

董仲舒(公元前179—公元前104),"广川人也。少治《春秋》,孝景时为博士"[9]。是西汉的"一代大儒"。他提出"罢黜百家、独尊儒术",指出:"春秋大一统者,天地之常经,古今之通谊也。今师异道,人异论,百家殊方,指意不同,是以上

---

① 司马迁:《史记·留侯世家第二十五》,中华书局1982年版,第2034—2035页。
② 司马迁:《史记·留侯世家第二十五》,中华书局1982年版,第2042页。
③ 司马迁:《史记·陈丞相世家第二十六》,中华书局1982年版,第2051页。
④ 司马迁:《史记·项羽本纪第七》,中华书局1982年版,第295—296页。
⑤ 司马迁:《史记·项羽本纪第七》,中华书局1982年版,第296页。
⑥ 司马迁:《史记·项羽本纪第七》,中华书局1982年版,第298页。
⑦ 司马迁:《史记·项羽本纪第七》,中华书局1982年版,第336页。
⑧ 司马迁:《史记·项羽本纪第七》,中华书局1982年版,第338页。
⑨ 班固:《汉书·董仲舒传第二十六》,中华书局1962年版,第2495页。

亡以持一统,法制数变,下不知所守。臣愚以为诸不在六艺之科、孔子之术者,皆绝其道,勿使并进。邪辟之说灭息,然后统纪可一,而法度可明,民知所从矣。"①这既是对秦王朝"焚书坑儒"政策的"反其道而行之",又为西汉大一统的中央集权的国家提供了思想文化的有力保证,虽然也存有禁锢人们思想、破坏百家争鸣局面的不利影响,但对于提高儒学和读书人的地位、形成社会勤奋读书的风气无疑是起到了极大作用的。《史记》有言:"及今上(按:指汉武帝)即位,赵绾、王臧之属明儒学,而上亦向之,于是招方正贤良文学之士……及窦太后崩,武安侯田蚡为丞相,绌黄老、刑名百家之言,延文学儒者数百人,而公孙弘以《春秋》白衣为天子三公,封以平津侯。天下之学士靡然向风矣。"②

董仲舒认为,人是必须学习的。他说:"臣闻良玉不瑑,资质润美,不待刻瑑,此无异于达巷党人不学而自知也。然则常玉不瑑,不成文章;君子不学,不成其德。"③这里的"达巷党人",指的是项橐,相传项橐七岁做了孔子的老师,虽然早慧,但成就远远不及孔子,说明人不可能"不学而自知"④,而是必须学习。在董仲舒看来,一个圣明的君主一定是鼓励人们从小就要学习的,所谓"圣王之治天下也,少则习之学,长则材诸位,爵禄以养其德,刑罚以威其恶,故民晓于礼谊而耻犯其上"⑤。

对待学习,董仲舒主张"强勉",也就是说要自强努力。他跟汉武帝说:"自非大亡道之世者,天尽欲扶持而全安之,事在强勉而已。强勉学问,则闻见博而知益明;强勉行道,则德日起而大有功:此皆可使还至而(立)有效者也。"⑥他还说:"诗曰'夙夜匪解',书云'茂哉茂哉',皆强勉之谓也。"⑦他希望汉武帝"强勉",根本目的在于治国,但是,就读书学习而言,也只有强勉,才能博知闻、广见识,知书而达礼,这是很有道理的。同时,如前所说,董仲舒自己就是一个勤勉学习的人,即便离官去职归居家里,也"终不问家产业,以修学著书为事"⑧。

学习有多种途径,要使学习蔚然成风,董仲舒提出要办学校,行教化,并把儒学作为根本教材,以此辅君立国治天下,教民行善安本家,以达举国安宁。他提议国君"求贤""养士",同时认为"养士之大者,莫大乎太学;太学者,贤士之所关

① 班固:《汉书·董仲舒传第二十六》,中华书局 1962 年版,第 2523 页。
② 司马迁:《史记·儒林列传第六十一》,中华书局 1962 年版,第 3118 页。
③ 班固:《汉书·董仲舒传第二十六》,中华书局 1962 年版,第 2510 页。
④ 郑天挺:《汉书选注》,中华书局 1962 年版,第 183 页。
⑤ 班固:《汉书·董仲舒传第二十六》,中华书局 1962 年版,第 2510 页。
⑥ 班固:《汉书·董仲舒传第二十六》,中华书局 1962 年版,第 2498 页。
⑦ 班固:《汉书·董仲舒传第二十六》,中华书局 1962 年版,第 2498 页。
⑧ 班固:《汉书·董仲舒传第二十六》,中华书局 1962 年版,第 2525 页。

也,教化之本原也。"①他向汉武帝陈言:"立太学以教于国,设庠序以化于邑,渐民以仁,摩民以谊,节民以礼,故其刑罚甚轻而禁不犯者,教化行而习俗美也。"②尽管他和孔子一样,是把普通老百姓看作天生就是愚蠢的人,只有教化才能使他们走正路。但是,他重视学习和教育的态度,确实是正确的。为了强化学习、教化的地位,他还以"周之末世"和秦立国而速亡的事实为例,希望汉武帝"继乱世"而"复修教化",从而达到天下"善治"。③ 董仲舒对兴学和教化的提倡,加之他所处的地位,有力地促进了汉代教育和学习风气的兴盛。

第五节 东汉时期的学风

西汉末年,刘家王朝统治衰微,王室内部纷争不已,作为外戚的王莽一度称皇改制,号曰"新朝",但是,由于历史、文化和当时社会现实的原因,王莽称帝的时间并不长,很快就被刘秀率领的义军所推翻,建立起了以刘秀为皇帝的王朝,定都洛阳,开启了近两百年的东汉历史,史称"光武中兴"。史书说刘秀"性勤于稼穑","王莽天凤中,乃之长安,受《尚书》,略通大义(按:略,完全的意思)"④。可见,刘秀和当年刘邦不一样,尽管也是率人举义,他却是一个具有文化修养的人。因为自身读过书,对待读书人的态度自然也是不一样的。

在经历了天下战乱以后,刘秀王朝一方面减轻赋税,重视农业,让人们得以生息,另一方面重视恢复教育,天下还没有完全平定之时,他就下诏重立太学,并亲自视察太学,赏赐师生。史书云:"(冬十月)初起太学。车驾还宫,幸太学,赐博士弟子各有差。"⑤由于有刘秀的奠定,整个东汉时期总体来说,是比较重视儒学和儒生的,至东汉"末年,游学诸生,遂至三万余人,为至今未曾再有的盛况"⑥。

即使后来佛教东渐,也没有改变儒学在东汉思想统治中的主要地位。钱穆先生在《国史大纲》中指出:"在东汉政治上占有地位的,一面是代表'王室'的外戚和宦官;另一面则是代表'政府'的新兴士族,便是当时之所谓'名士'。"⑦而"名

---

① 班固:《汉书·董仲舒传第二十六》,中华书局 1962 年版,第 2512 页。
② 班固:《汉书·董仲舒传第二十六》,中华书局 1962 年版,第 2503—2504 页。
③ 班固:《汉书·董仲舒传第二十六》,中华书局 1962 年版,第 2505 页。
④ 范晔:《后汉书·光武帝纪第一上》,张道勤点校,浙江古籍出版社 2000 年版,第 1 页。
⑤ 范晔:《后汉书·光武帝纪第一上》,张道勤点校,浙江古籍出版社 2000 年版,第 10 页。
⑥ 吕思勉:《中国文化史》,商务印书馆 2005 年版,第 137 页。
⑦ 钱穆:《国史大纲》,商务印书馆 1996 年版,第 169 页。

士"不仅要品行好,而且要博通"经书",用今天的话来说就是"饱学之士"了,因此,士人与民间的学习风气一直得以保持。同时,当时的文禁比较松弛,儒学独尊的局面并没有人们想象的那样森严,即使有过严酷的"党锢之狱",士人和民间的思想都还有较大的自由度。因此,收徒讲学也是常事,比如,颍川阳翟人郭躬,字仲孙,"家世衣冠",父亲郭弘精明法律,"断狱至三十年,用法平。诸为弘所决者,退无怨情,郡内比之东海于公。"到了郭躬,"少传父业,讲授徒众常数百人"①。当时,无论是身处高位的士人,还是居于下寮的寒酸之子,在"勤奋好学"这一点上都是共同的。

东汉还建立了有利于读书人的"察举制度",这也促进了社会学习风气的养成。汉王朝早在汉文帝以及汉武帝建元元年(公元前140)都有过下诏征举"贤良方正"或"贤良方正、直言极谏之士"的举措②,此后一直有所沿袭。到了东汉,更形成了察贤良、举孝廉的制度,褒扬那些品德端方、好学上进的孝子、廉吏和士子、学人,且与朝廷的征召、提拔互为作用,"使布衣下吏皆有政治上的出路,可以奖拔人才,鼓舞风气"③,极大地唤起了读书人的学习欲望。

正是由于上述这些主要的因素,跟西汉在农民起义的风起云涌中建立政权时较多看重武人不同,东汉政权的为官者往往从小就有读书学习的经历,家庭教育的传统也很浓厚,翻开史书,所见皆是。比如,南阳宛城人朱晖,字文季,父亲朱岑曾与早年的刘秀一起问学长安,与刘秀"有旧故",待到刘秀当了皇帝,朱岑已经作古,刘秀"乃召晖拜为郎。晖寻以病去,卒业于太学。性矜严,进止必以礼,诸儒称其高"。其子朱颉,"修儒术"。朱颉的儿子朱穆,字文叔,"年五岁,便有孝称。父母有病,辄不饮食,差乃复常。及壮耽学,锐意讲诵,或时思至,不自知亡失衣冠,颠坠阬岸。其父常以为专愚,几不知数马足。穆愈更精笃。"人们也称其曰"朱文叔兼资文武,海内奇士"④,"禄仕数十年,蔬食布衣,家无余财"⑤,"所著论、策、奏、教、书、诗、记、嘲,凡二十篇。"⑥朱穆的儿子朱野,"少有名节,仕至河南尹"⑦。一家五代,世世为学,在当时虽然不可能是家家所同、户户为一,但也实在可以见出东汉时期的学习之风了。非独文臣好学,武将亦然,被称为投笔

① 范晔:《后汉书·郭陈列传第三十六》,张道勤点校,浙江古籍出版社2000年版,第1543页。
② 可参见《史记》《汉书》,此不另注。
③ 钱穆:《国史大纲》,商务印书馆1996年版,第175页。
④ 范晔:《后汉书·朱乐何列传第三十三》,张道勤点校,浙江古籍出版社2000年版,第409页。
⑤ 范晔:《后汉书·朱乐何列传第三十三》,张道勤点校,浙江古籍出版社2000年版,第410页。
⑥ 范晔:《后汉书·朱乐何列传第三十三》,张道勤点校,浙江古籍出版社2000年版,第413页。
⑦ 范晔:《后汉书·朱乐何列传第三十三》,张道勤点校,浙江古籍出版社2000年版,第414页。

从戎的"一代名将"班超就是如此。《后汉书》本传称班超"为人有大志,不修细节。然内孝谨,居家常执勤苦,不耻劳辱。有口辩,而涉猎书传"。后与母亲跟随其兄班固到洛阳,"家贫,常为官佣书以供养。"他转战西域三十一年,身经百战,立大小战功无数,实现了"大丈夫当万里封侯"的志向,想来与他当年"居家常执勤苦""涉猎书传"和"为官佣书"的经历是不无关系的。①

读书学习与科学技术的发展同样具有密切的关系。如果说西汉科学技术的发明创造主要表现在农业、建筑、医药和天文、历法这些方面,那么,东汉时期的测天、防震、数学、造纸、医药等,都有了新的更高水平的发展,其有卓越贡献者,如张衡、蔡伦、张仲景、华佗等,他们都是学有钻研、术有专攻的。《后汉书》称蔡伦"有才学,尽心敦慎",在制作技艺方面尤其富有造诣,"永元九年,监作秘剑及诸器械,莫不精工坚密,为后世法"②。(其在造纸技术方面,更是开世界之先河,《后汉书》说:"自古书契多编以竹简,其用缣帛者谓之为纸。缣贵而简重,并不便于人。伦乃造意,用树肤、麻头及敝布、鱼网以为纸。元兴元年奏上之,帝善其能,自是莫不从用焉,故天下咸称蔡侯纸。"③同时,他还受派在东观"监典"过"雠校汉家法"事。④)

至于华佗,曾经"游学徐土,兼通数经……晓养性之术,时人以为年且百岁,而犹有壮容,时人以为仙"。又"精于方药,处齐不过数种,心识分铢,不假称量"⑤。他发明的全身麻醉剂——麻沸散,是世界上最早的医学麻醉药。华佗之所以取得享誉天下的成就,也是以勤奋学习为基础的。他的"通数经"和"精方药",具有内在的联系,归纳起来,就是:读书打基础,实践出真知。而当时另一位著名医学家张仲景则主张"精究方术,上以疗君亲之疾,下以救贫贱之厄,中以保身长全,以养其生",反对"竞逐荣势,企踵权豪,孜孜汲汲,惟名利是务,崇饰其末,忽弃其本,华其外而悴其内"。他指出:"天布五行,以运万类;人禀五常,以有五脏。经络府俞,阴阳会通,玄冥幽微,变化难极,自非才高识妙,岂能探其理致哉!"⑥他所告诉人们关于学习的道理,其实就是要精研穷究,扎扎实实,摈弃虚华,培养高才妙识,探求理致。因此,他还以自己的行医实践,开导人们牢记孔子

---

① 范晔:《后汉书·班梁列传第三十七》,张道勤点校,浙江古籍出版社 2000 年版,第 441 页。
② 范晔:《后汉书·宦者列传第六十八》,张道勤点校,浙江古籍出版社 2000 年版,第 712 页。
③ 范晔:《后汉书·宦者列传第六十八》,张道勤点校,浙江古籍出版社 2000 年版,第 712 页。
④ 范晔:《后汉书·宦者列传第六十八》,张道勤点校,浙江古籍出版社 2000 年版,第 713 页。
⑤ 范晔:《后汉书·方术列传第七十二下》,张道勤点校,浙江古籍出版社 2000 年版,第 789 页。
⑥ 张仲景:《伤寒论伤寒卒病论集》,钱超尘,郝万山整理,人民卫生出版社 2005 年版,第 13—14 页。

的嘱咐:"生而知之者上,学则亚之,多闻博识,知之次也。"①

东汉时期隐然已见学派之风,虽然没有也不可能再出现战国时期那样繁荣的百家争鸣的局面,但却激起了当时学者的质疑之慨,最著名的当数王充对于孔、孟之道以及当时一些现象的问难了(容待后专门叙述)。学贵有疑,问贵在责。不问青红皂白乱说一气,自然是有悖科学、于学无补的,但建立在自身深思熟虑的基础上而提出的质疑,对于良好学风的形成,却又是非常有益的,从中也可以看出中国知识分子的良知。风气所及,也染于坊间,汉乐府诗歌以及古诗十九首对当时社会不公、官场与民间存在的黑暗现象的大胆揭露,等等,都可以看作是这一方面的有力印证。

需要指出的是,两汉时期,也出现了一股"谶纬"之风,到了东汉更为兴盛。尽管它的出现有着许多历史和现实的原因,但是也离不开统治阶级的大力推行,而东汉以强大的统治力来做倡导的正是刘秀。《后汉书》称刘秀在其去世前一年,于中元元年(56)冬十一月"宣布图谶于天下"②。对此,侯外庐先生等指出:"统治阶级愈是面临现实危机,就愈企救于亡灵,并在它上面涂上一层神秘主义色彩,谶纬这种思想就是在这个时期发生的。它大约在西汉的哀、平之际(公元前1世纪的最后几年)盛行起来,很快就成为统治阶级的支配思想,到了东汉王朝更把它宣布为'国宪'。"③然而,对于这一种神秘的、教育潮流性的东西,即使是由皇帝下令推行而跟随者众,并不是人人都随波逐流的,同样还有一部分知识分子仍然保持着自己的清醒与良知,并且以大无畏的精神给予严肃的批判,王充和张衡就是这一方面的代表,这确实是非常难能可贵的。

第六节　王充与学习

王充(27—104?),字仲任,会稽上虞(今浙江上虞)人。《后汉书》本传云:"其先自魏郡元城徙焉。"④王充自言出身"细族孤门",这在崇尚"名士"和"望族"的东汉时期,实在是要被打入"另册"的,但王充偏是在逆境之中自强奋起,以一部《论衡》就奠定了自己在中国古代思想史、哲学史和文学批评史上的不朽地位。

---

① 张仲景:《伤寒论伤寒卒病论集》,钱超尘、郝万山整理,人民卫生出版社2005年版,第13—14页。
② 范晔:《后汉书·光武帝纪第一下》,张道勤点校,浙江古籍出版社2000年版,第21页。
③ 侯外庐:《中国思想史纲》,上海书店出版社2004年版,第132页。
④ 范晔:《后汉书·王充王符仲长统列传第三十九》,张道勤点校,浙江古籍出版社2000年版,第460页。

成就本自读书始,学习方能成大家。仅以文学思想而言,王充的"文学思想表现出鲜明的特色,具有很大的开创意义,代表着汉代文学思想的高峰,也对后世文学思想产生了深远的影响"①。他能够取得这样的成就和地位,一方面是东汉时期"崇经重儒"的氛围,另一方面则得益于王充本人的勤奋读书、博学多才和精思极研。

《后汉书》本传称王充"好博览而不守章句。家贫无书,常游洛阳市肆,阅所卖书,一见辄能诵忆,遂博通众流百家之言"②。说他"不守章句",学术界尚存见仁见智,但说他"好博览"大概是没有争议的。他少年辄学,记忆力极强,"一见辄能诵忆",所读的书内容较杂,数量又多,所以能够"博通众流百家之言"。同时,本传又称其"好论说,始若诡异,终有理实。以为俗儒守文,多失其真,乃闭门潜思,绝庆吊之礼,户牖墙壁各置刀笔。著《论衡》八十五篇,二十余万言,释物类同异,正时俗嫌疑"③。大体表现了他写作《论衡》的动机、专注与艰苦。

王充自己在《论衡·自纪篇》里也说:"六岁教书,恭愿仁顺,礼敬具备,矜庄寂寥,有巨人之志。父未尝笞,母未尝非,闾里未尝让(按:让,责备)。八岁出于书馆,书馆小童百人以上,皆以过失袒谪,或以书丑得鞭。充书日进,又无过失。手书既成,辞师受《论语》《尚书》,日讽千字。经明德就,谢师而专门,援笔而众奇。"④从这段话可以看出,王充从小就喜欢读书,且为人有德行,很受父母、邻里的喜爱,在书馆里进步很显著,此后又苦读经典,才华日见,写出来的文章也得到众人的称奇。

王充身处"崇经重儒"的时代,也是偏爱儒生的。他在《论衡·程才篇》里对于当时存在的一种抬举文吏而鄙薄儒生的现象就认为不公平,因而做出了如下的论述:"论者多谓儒生不及彼文吏,见文吏利便,而儒生陆落,则诋訾儒生以为浅短,称誉文吏谓之深长。是不知儒生,亦不知文吏也。儒生、文吏皆有材智,非文吏材高而儒生智下也;文吏更事、儒生不习也。谓文吏更事、儒生不习,可也;谓文吏深长、儒生浅短,知妄矣!"⑤

汉时,文禁日疏,统治者以倾听儒生的建议而标榜"开明",而读书人则以好发议论显示"饱学"与"入世",因此,所谓"清议",便成了当时"士人在政治、社会

① 王慧玉:《王充文学思想研究》,岳麓书社2007年版,第1页。
② 范晔:《后汉书·王充王符仲长统列传第三十九》,张道勤点校,浙江古籍出版社2000年版,第460页。
③ 范晔:《后汉书·王充王符仲长统列传第三十九》,张道勤点校,浙江古籍出版社2000年版,第460页。
④ 王充:《论衡校注》,张宗祥,郑绍昌点校,上海古籍出版社2013年版,第575页。
⑤ 王充:《论衡校注》,张宗祥,郑绍昌点校,上海古籍出版社2013年版,第244页。

上势力之表现"①。且士人又向来看重名声与品行,渐而渐之,"东汉士风,竞以名行相高,而郡国之察举,中央之征辟,亦随一时清议为转移,直至东汉末叶,此风弗衰"②。也许,比起每天忙于公干的文史,"儒生"可能确实有些书呆子气,因此被人称为"不习""不更事",但是,在王充看来,这种"不习""不更事"决不是评判才智高下、识见深浅的标准,字里行间,显然是为儒生鸣不平的。至于要做一个真正的儒生,王充认为,既要有良好的道德,又需要有丰富的学问,所以他说:"夫儒生之所以过文吏者,学问日多,简练其性,雕琢其材也。故夫学者所以反情治性,尽材成德也。材尽德成,其比于文吏,亦雕琢者,程量多矣。"③同时,他还注意到了"学习"与"学问"之间的必然联系,指出:"人有知学,则有力矣。文吏以理事为力,而儒生以学问为力。"且说:"能学文,有力之验也。"④什么算"有学问"?当时的一个标准就是要通晓经典,博学五经——诗、书、礼、易、春秋,正如王充所说:"夫儒生之业,五经也,南面为师,旦夕讲授章句,滑习义理,究备于五经可也。"⑤而儒生所以可贵,也是因为"吏事易知,而经学难见也"⑥。这也是王充对于学习的一种推崇。

王充批评了儒生知识的狭窄,要求儒生要更加广博地学习和掌握相关的知识,指出:"五经之后,秦、汉之事,无不能知者,短也。夫知古不知今,谓之陆沉,然则儒生,所谓陆沉者也。五经之前,至于天地始开,帝王初立者,主名为谁,儒生又不知也。夫知今不知古,谓之盲瞽。五经比于上古,犹为今也。徒能说经,不晓上古,然则儒生所谓盲瞽者也。"⑦又说:"夫儒生不览古今,何知一永?不过守信经文,滑习章句,解剥互错,分明乖异。"⑧而要不"陆沉"、不"盲瞽"、不"乖异",在王充看来,关键在于能够"颇博览"、不拘泥于古书,所以,他又指出:"夫总问儒生以古今之义,儒生不能知,别各以其经事问之,又不能晓,斯则坐守师法,不颇博览之咎也。"⑨

王充对于儒生更高一步的要求是做"鸿儒"。何谓"鸿儒"?王充在《论衡·超奇篇》中有云:"通书千篇以上,万卷以下,弘畅雅闲,审定文读,而以教授为人

---

① 钱穆:《国史大纲》,商务印书馆 1996 年版,第 176 页。
② 钱穆:《国史大纲》,商务印书馆 1996 年版,第 177 页。
③ 王充:《论衡校注·量知篇》,张宗祥,郑绍昌点校,上海古籍出版社 2013 年版,第 251 页。
④ 王充:《论衡校注·效力篇》,张宗祥,郑绍昌点校,上海古籍出版社 2013 年版,第 263 页。
⑤ 王充:《论衡校注·谢短篇》,张宗祥,郑绍昌点校,上海古籍出版社 2013 年版,第 256 页。
⑥ 王充:《论衡校注·程材篇》,张宗祥,郑绍昌点校,上海古籍出版社 2013 年版,第 249 页。
⑦ 王充:《论衡校注·谢短篇》,张宗祥,郑绍昌点校,上海古籍出版社 2013 年版,第 262 页。
⑧ 王充:《论衡校注·谢短篇》,张宗祥,郑绍昌点校,上海古籍出版社 2013 年版,第 259 页。
⑨ 王充:《论衡校注·谢短篇》,张宗祥,郑绍昌点校,上海古籍出版社 2013 年版,第 260 页。

师者,通人也。枉其义旨,损益其文句,而以上书奏记,或兴论立说,结连篇章者,文人、鸿儒也。"①又说:"能说一经者为儒生,博览古今者为通人,采掇传书以上书奏记者为文人,能精思著文者连结篇章者为鸿儒。故儒生过俗人,通人胜儒生,文人逾通人,鸿儒超文人。故夫鸿儒,所谓超而又超者也。"②

王充自己就是这么一个既已学破万卷、审其文读,又能兴论立说、结连篇章的"鸿儒",所以,他才能够不拘守历来学者的成见,才能够以严谨的治学态度提出自己的主张,才能够敢于"问孔""刺孟"。他这种敢于质疑的精神,用他自己的话来说,就是"实事疾妄"。

他对于孔、孟的批判是建立在实事求是的基础上的,既没有全部肯定,也没有全部否定,而是坚持正确的,摒弃错误的,从而在东汉末期的文坛上掀起了一股破除迷信的清新学风,如侯外庐先生等所言:"《论衡》对经学、谶纬等等的虚妄之言,作了一次大扫荡,表现出对封建统治思想有力的抗议和坚韧的战斗精神。"③并指出:"王充的哲学思想虽由于历史的局限带有命定论的缺点,但总的说来,他无疑地是中国思想史上杰出的唯物主义者之一。"④

王充的学风不仅在当时具有"旗帜性"的作用,而且一直影响到后来以至今天。仅以对浙江学术的影响为例。吴光先生就这样说过:"从东汉开始,中经魏晋南北朝隋唐时期,浙江所谓学术文化得到了较大的发展和传播,产生了一些著名的思想家(如以'实事疾妄'为治学宗旨的东汉思想家王充)和独具风格的学术流派(如陈隋时期由智者大师开创的以'一心三观、三谛圆融'为思想宗旨的佛教天台宗)。这对后代形成以浙东学派为代表的浙学特色及其文化精神是有积极影响作用的。"⑤

第七节　张衡与学习

张衡,字平子,生于公元78年,死于公元139年,南阳西鄂(今河南南阳)人。《后汉书》本传云:衡少善属文,游于三辅,因入京师,观太学,遂通五经,贯六艺。

---

① 王充:《论衡校注·超奇篇》,张宗祥,郑绍昌点校,上海古籍出版社2013年版,第278页。
② 王充:《论衡校注·超奇篇》,张宗祥,郑绍昌点校,上海古籍出版社2013年版,第279页。
③ 侯外庐:《中国思想史纲》,上海书店出版社2004年版,第140页。
④ 侯外庐:《中国思想史纲》,上海书店出版社2004年版,第145页。
⑤ 吴光:《试论"浙学"的基本精神》,《浙学研究集萃》,万斌主编,上海古籍出版社2005年版,第14—15页。

虽才高于世,而无骄尚之情,常从容淡静,不好交接俗人。"衡善机巧,尤致思于天文、阴阳、历算。常耽好《玄经》。安帝雅闻衡善术学,公车特征,拜郎中,再迁为太史令,遂乃研核阴阳,妙尽璇机之正,作浑天仪,著《灵宪》《算罔论》,言甚详明。顺帝初,再转,复为太史令。衡不慕当世,所居之官,辄积年不徙。阳嘉元年,复造候风地动仪……"①从本传的上述记载来考察张衡的学习,可以见出:一是他"少善属文",从小就善于写文章。"属文"的基础是丰富的知识积累,张衡即是属于那种早学早慧的人。二是有机会"游于三辅"。三辅,当时的京畿地区,是全国人才汇聚的次中心,也是政治、经济、文化等各种比较重要的信息能够最快传播的地方。游学三辅的经历,使张衡眼界大为开阔,阅历为之丰富,这对于他后来的做人特别是摈弃"骄尚之情"、养成"从容淡静"和"不慕当世"的品格,对于他后来的文学创作和科学研究,都是大有裨益的。三是他对于专门之学的精通与对于"术学"的擅长,两者兼于一身,既专亦博,前者则能"通五经,贯六艺",后者则表现为对于天文、历法、数学以及机械制作方面的精思杰构,既是静于读书的大学者,又是重于实践的实干家,既有深邃的人文造诣,又具广博的科学涵养,这在整个中国的学术史上都是不多见的。

好学,精思,重实践,尚创造,使张衡不仅成了著名的思想家,而且成了杰出的科学家和文学家。在他的身上,非常紧密地融合了丰富的想象力和严密的逻辑性,其中所显示的是一种既不死啃书本、又不散漫浮躁的谨严、活泼和富于创造的学习之风和学术之风。

就做人与读书言,张衡看重"德"与"智","艺"与"行",而且是把"德、智"与"艺、行"视为一体。他说过:"人生在勤","君子不患位之不尊,而患德之不崇;不耻禄之不夥,而耻智之不博。是故艺可学,而行可力也。"②这种重德、智、艺、行并视为一体的学习观与学术观,直到今天仍然有着鲜活的生命力。在《思玄赋》里,张衡这样写道:"收畴昔之逸豫兮,卷淫放之遐心。修初服之娑娑兮,长余佩之参参。文章焕以灿烂兮,美纷绕以从风。御六艺之珍驾兮,游道德之平林。结典籍而为罟兮,欧儒、墨而为禽。玩阴阳之变化兮,咏雅、颂之徽音。嘉曾氏之归耕兮,慕历陵之钦崟。共夙昔而不贰兮,固终始之所服也;夕惕若历省愆兮,惧余身之未勑也。苟中情之端直兮,莫吾知而不恧。墨无为以凝志兮,与仁义乎逍遥。不出户而知天下兮,何必历远以劬劳?"③《思玄赋》是张衡晚年的作品,在他目睹

---

① 范晔:《后汉书·张衡列传第四十九》,张道勤点校,浙江古籍出版社 2000 年版,第 540、542 页。
② 范晔:《后汉书·张衡列传第四十九》,张道勤点校,浙江古籍出版社 2000 年版,第 541 页。
③ 范晔:《后汉书·张衡列传第四十九》,张道勤点校,浙江古籍出版社 2000 年版,第 547 页。

世事的种种变化和自身经历的起伏坎坷之后,对社会的认识是更加深刻了,因此,和他晚年的《归田赋》这样的抒情小赋一样,《思玄赋》明显地受到了老、庄"出世"的思想影响,其中所流露出的也不无烦闷与牢骚,但这和他早年所具有的"从容淡静"、雅好诗书的学风同样是一脉相承的。

精思、严密、谨严的学风,也表现于张衡对于东汉始自光武而至成帝、哀帝以后所蔓延起来的谶纬之风的抨击。《后汉书》本传说:"初,光武善谶,及显宗、肃宗因祖述焉。自中兴之后,儒者争学图纬,兼复附以妖言。衡以图纬虚妄,非圣人之法",于是上疏陈辞,指斥谶纬之学"欺世罔俗,以昧执位",且说"情伪较然"而朝野"莫之纠禁"。① 对此,侯外庐先生等也作了肯定性的评价,指出:"这些论断无疑是清醒的,在当时历史条件下也是难能可贵的。对图谶的这些抨击,客观上有利于唯物主义反对神学的斗争。"②

谨严、活泼以及富于创造的学风,在张衡的文学创作中得到了充分的展现。"永元中,举孝廉不行,连辟公府不就。时天下承平日久,自王侯以下,莫不逾侈。衡乃拟班固《两都》,作《二京赋》,因以讽谏。精思傅会,十年乃成。"③他一生著作颇丰,"所著诗、赋、铭、七言、《灵宪》《应间》《七辩》《巡诰》《悬图》凡三十二篇。"④以赋的创作为例,张衡是铺张扬厉的汉代大赋的继承者,洋洋洒洒的《二京赋》,无论是规模体制,还是铺叙夸张的文风,都与汉代其他作家的作品相互辉映。而他的抒情小赋,则更是另辟蹊径,变大赋的叙事为主为以抒情为特色,清新流利,言短意长,对赋的改造与发展做出了极大的贡献。明代张溥指出:"东汉之有班、张,犹西汉两司马也。……二京之赋,覃思十年,长杨、羽猎,风犹可续。"又说:"同声丽而不淫,四愁远慕正则,蔡邕翠鸟,秦嘉述昏,俱出其下,谓之好色,谓之思贤,其曰可矣。"⑤

---

① 范晔:《后汉书·张衡列传第四十九》,张道勤点校,浙江古籍出版社 2000 年版,第 543 页。

② 侯外庐:《中国思想史纲》,上海书店出版社 2004 年版,第 146 页。

③ 范晔:《后汉书·张衡列传第四十九》,张道勤点校,浙江古籍出版社 2000 年版,第 540 页。

④ 范晔:《后汉书·张衡列传第四十九》,张道勤点校,浙江古籍出版社 2000 年版,第 547 页。

⑤ 张溥:《汉魏六朝百三家题辞》,人民文学出版社 1960 年版,第 39 页。

第三章　三国两晋南北朝时期的学风

三国两晋南北朝时期,也称作"魏晋南北朝时期"。这是中国历史上一个比较特殊的时期。东汉末期,宦官专权,士人避祸,灾害频发,民不聊生,以董卓篡乱、天下兴讨为标志,一个统一的王朝急剧衰落,历史又暂时走向分裂。简修炜先生说过:"魏晋南北朝近四个世纪的历史,是中国封建制社会发展长河中较为特殊的阶段,呈现出分裂、割据和对峙的复杂局面,具有等级性、宗法性、民族性、宗教性和地域性等多样性的历史特点,在我国历史发展中具有重要的地位。"[①]这一时期的学风既自然地承袭了前代学风的传统,又形成了具有时代精神的特点。

第一节　三国时期的学风

与曹丕在中原地区立魏称帝的差不多时期,刘备和孙权也分别在西南与南方地区立国称帝,形成魏、蜀、吴三国鼎立的局面。三国时期,既是国家分裂、内战不断的时期,彼此攻伐,征战不已;又是豪杰并起、英雄辈出的时期,文臣武士,思想解放,智斗力拼。后来北宋的大文豪苏轼曾用诗的语言作了这样的描述:"大江东去,浪淘尽,千古风流人物。故垒西边,人道是三国周郎赤壁。乱石崩云,惊涛拍岸,卷起千堆雪。江山如画,一时多少豪杰。"[②]这里的"千古风流人物"和"一时多少豪杰",苏轼虽然只是点了周郎——周瑜,也暗指了与赤壁之战相关的人物如曹操等,其实也是对整个三国乃至于古往今来历史风云中的那些人物事件的感叹。就三国的风云人物而言,有的本身就是饱读诗书的人,如"三曹"——曹操、曹丕、曹植,如"七子"——王粲、徐干、陈琳、阮瑀、应玚、刘桢、孔融,如诸葛亮,如虞翻,等等。即便是以威武勇猛而著称的关羽,我们也可以从《三国志》裴松之注中看到其儒雅好学的另一方面,裴氏引"《江表传》曰:羽好《左

---

① 陈百刚:《六朝浙东文化·序(简修炜)》,上海书店出版社 1995 年版,第 11 页。
② 苏轼:《念奴娇·赤壁怀古》,引自苏轼《东坡乐府》,上海古籍出版社 1999 年版,第 8—9 页。

氏传》，讽诵略皆上口"①。而周郎则以年少英武、富有韬略而名动一世，孙权称其为"文武筹略，万人之英"。陈寿评其"建独断之明，出众人之表，实奇才也"②。史书对他读书学习的情况缺少记载，但他出身世家，少年时期就应该有过文武兼修的良好教育，而且涉猎亦比较宽广，这从他对于音乐的精通以及赤壁之战中对于敌我形势的分析与战机的把握，就可以见出。志曰："瑜少精意于音乐，虽三爵之后，其有阙误，瑜必知之，知之必顾，故时人谣曰：'曲有误，周郎顾。'"③精通如此，非专意于学者不可能为之。

这里，再分别以魏国曹丕、曹植、王粲以及吴国虞翻、蜀国向郎等为例，作一介绍。

陈寿《三国志》称曹丕"天资文藻，下笔成章，博闻强识，才艺兼该"④，"好文学，以著述为务，自所勒成垂百篇"⑤。裴松之注引《魏书》云丕"年八岁，能属文，有逸才，遂博贯古今经传诸子百家之书"⑥。曹丕不仅自身勤读博学，而且重视提携读书学习之人，在社会倡导勤学之风。黄初三年(222)正月初一，曹丕下诏曰："今之计、孝，古之贡士也；十室之邑，必有忠、信，若限年然后取士，是吕尚、周晋不显于前世也。其令郡国所选，勿拘老幼：儒通经术，吏达文法，到皆试用。"⑦尽管曹丕提出"九品中正制"，限制了寒门出身人士的晋身之阶，但这一诏书毕竟表示了荐拔人才可以不受年龄限制，对于人才选拔还是有一定的积极意义的。当然，年龄不受限，但知识、文化还是有标准的，即：儒生要能够通晓经学、术数，吏人要能够通达文书、法令。这里有两个关键词，一是"通"，二是"达"，而能"通"能"达"，是要有相当水平的。曹丕提出这一要求，对于读书人和社会的学习风气来说，无疑都是有促进作用的。另外，曹丕在黄初二年(221)春天，下诏祭祀孔子，称孔子为"命世之大圣，亿载之师表"，"令鲁郡修起旧庙，置百户吏卒以守卫之，又于其外广为室屋以居学者"⑧。用以褒扬孔子，推崇学习之风。黄初

① 陈寿撰，裴松之注：《三国志·蜀书六·关张马黄赵传第六》，金名，周成点校，浙江古籍出版社 2000 年版，第 584 页。

② 陈寿撰，裴松之注：《三国志·吴书九·周瑜鲁肃吕蒙传第九》，金名，周成点校，浙江古籍出版社 2000 年版，第 769 页。

③ 陈寿撰，裴松之注：《三国志·周瑜鲁肃吕蒙传第九》，金名，周成点校，浙江古籍出版社 2000 年版，第 773 页。

④ 陈寿撰，裴松之注：《三国志·文帝纪第二》，金名，周成点校，浙江古籍出版社 2000 年版，第 58 页。

⑤ 陈寿撰，裴松之注：《三国志·文帝纪第二》，金名，周成点校，浙江古籍出版社 2000 年版，第 35 页。

⑥ 陈寿撰，裴松之注：《三国志·文帝纪第二》，金名，周成点校，浙江古籍出版社 2000 年版，第 52 页。

⑦ 陈寿著，裴松之注：《三国志·文帝纪第二》，金名，周成点校，浙江古籍出版社 2000 年版，第 51 页。

⑧ 刘大杰：《中国文学发展史》，上海古籍出版社 1982 年版，第 259 页。

五年(224),"夏四月,立太学,制五经课试之法,置《春秋谷梁》博士"①。这也是以皇帝之尊倡学习之风。对于学习、读书和写作,曹丕在身体力行的同时,又把吟诗作文提到了非常高的地位。他指出,盖文章,乃经国之大业,不朽之盛事。将"文章"与经世治国、万世恒存联系在一起,颠覆了孔子的"述而不作"的理论,也刺激了士子读书、作文的内在欲望,当时"邺下文人集团"得以出现,以及三国时文学创作中心在魏国得以形成,与曹丕的推动是不无关系的。

曹丕之弟曹植,"字子建,年十岁余诵读《诗》《论》(按:即《诗经》《论语》)及辞赋数十万言,善属文"②。刘勰《文心雕龙》称其"以公子之豪,下笔琳琅"。后世人以"学富五车、才高八斗"称喻他,这个"学"是指他年少聪慧,勤勉好学,这个"才"是说他文思敏捷,能够轻松驾驭诗、文、赋等各种文体,并富有成就。在一个人的身上,学与才其实是融为一体的。诸葛亮就说过,非学无以广才。在此不妨补充一句:非才无以显学。曹植向被其兄曹丕压抑,在政治上十分坎坷,郁郁不得其志,但在文学成就特别是五言诗的创作上,比起乃兄曹丕来,确实要略高一筹。刘大杰先生就说过:"五言诗在建安时代虽已成熟,但到曹植的笔下才扩大其范围,达到无所不写的程度。无论抒情、说理、写景、赠答各种题材,他的集子里都有。在五言诗发展史上,曹植的开拓工作,我们是不能忽视的。"③

至于王粲,字仲宣,山阳高平人也。《三国志》称其"博物多识,问无不对"。通经善算,"作算术,略尽其理"。读书、学习,记忆力非常之强,过目辄不忘。由于平时能有丰富的积累,写诗作文,"举笔便成,无所改定,时人常以为宿构;然正复精意覃思,亦不能加也。著诗、赋、论、议垂六十篇"④。

蜀、吴两国,虽然在文学上没有魏国那样辉煌,但其学习之风并非不如魏国。比如,虞翻,字仲翔,吴国会稽余姚人。《三国志》裴松之注引"《吴书》曰:翻少好学,有高气。"年少好学而又意气自高。他所注《易经》,曾被孔融大加赞赏,云"可谓探赜穷通者也"。学高才能身正,他的做人也非常正直,"行义敦笃",爱憎分明,即使在孙权面前,也"数犯颜直谏","又性不协俗",后来还因为当着孙权的面戳穿时人张昭的所谓"神仙"之谬,而被流放到交州,但是,他"虽处罪放,而讲学

---

① 陈寿著,裴松之注:《三国志·文帝纪第二》,金名,周成点校,浙江古籍出版社 2000 年版,第 55 页。
② 陈寿著,裴松之注:《三国志·魏书十九·任城陈萧王传第十九》,金名,周成点校,浙江古籍出版社 2000 年版,第 352 页。
③ 刘大杰:《中国文学发展史》,上海古籍出版社 1982 年版,第 259 页。
④ 陈寿著,裴松之注:《三国志·王卫二刘傅传第二十一》,金名,周成点校,浙江古籍出版社 2000 年版,第 376—377 页。

不倦,门徒常数百人。又为《老子》《论语》《国语》训注①。"

向郎,字巨达,襄阳宜城人。先事荆州牧刘表,后连仕蜀汉刘备、刘禅两朝,诸葛亮南征时"留统后事",地位甚为显重。《三国志》记其事迹极简,但记其读书学习的事迹就占有小半篇幅,曰:"初,郎少时虽涉猎文学,然不治素检,以吏能见称。自去长史,优游无事垂三十年,乃更潜心典籍,孜孜不倦,年逾八十,犹手自校书,刊定谬误,积聚篇卷,于时最多。开门接宾,诱纳后进,但讲论古义,不干时事,以是见称。上自执政,下及童冠,皆敬重焉。"②年少好学,静心向学,讲论阐学,正可谓"孜孜不倦",以学为生,学风可嘉。同时,在那个战事纷繁的年代里,他留给儿子向条(字文豹,"亦博学多识")的遗书,说的还是儒家的"惟和为贵",曰:"天地和则万物生,君臣和则国家平,九族和则动得所求,静得所安,是以圣人守和,以存以亡也。吾,楚国小子耳,而早丧所天,为二兄所诱养,使其性行不随禄利以堕。今但贫耳;贫非人患,惟和为贵,汝其勉之!"③以小喻大,深入浅出,循循善诱,体现了饱学之士教人修己的一种教育方法与为学境界。

上述虽然仅仅列举数人,而三国时期的学风已经可见一斑了。由此而知,在整个中华民族的历史上,即便国家暂时分裂,纵然战火纷飞,时代多艰,而向学勤学之风仍然不会因此而中断,因为它已经成为承载和延续民族文化的最主要之载体,而且这种学风本身已经成为民族文化最深沉的积淀之一。

第二节　曹操与学习

曹操(155—220),字孟德,沛国谯(今安徽亳县)人。汉魏之际著名的政治家、军事家和文学家。人们对他在政治上的功过是非向来褒贬不一,但对他的军事才能和文学成就,却从来都给予了高度的评价,尽管他一生也曾经打过不少败仗。

曹操生当战乱之时,一生戎马倥偬,但始终注重读书学习,他自己就说过"好

① 陈寿著,裴松之注:《三国志·虞陆张骆陆吾朱传第十二》,金名,周成点校,浙江古籍出版社2000年版,第801—804页。

② 陈寿著,裴松之注:《三国志·霍王向张杨费传第十》,金名,周成点校,浙江古籍出版社2000年版,第621—622页。

③ 陈寿著,裴松之注:《三国志·霍王向张杨费传第十》,金名,周成点校,浙江古籍出版社2000年版,第621—622页。

学明经"①。《三国志》裴松之注引《魏书》称曹操："自作兵书十万余言,诸将征伐,皆以新书从事","是以创造大业,文武并施,御军三十余年,手不舍书,昼则讲武策,夜则思经传,登高必赋,及造新诗,被之管弦,皆成乐章。"②他是武帅,也是儒将,文武兼于一身。他自己也说过:"去官之后,年纪尚小,","故以四时归乡里,于谯东五十里筑精舍,欲秋夏读书,冬春射猎。"③虽然由于战争,没有能够实现这一愿望,但是在战事之余,他便抓紧学习确是不争的事实。

曹操还善于把书本的学习与实践紧密结合在一起,因此,他的造诣也是多方面的。因为他肯学习,所以能足智多谋。诸葛亮评价他说:"曹操比于袁绍,则名微而众寡,然操遂能克绍,以弱为强者,非惟天时,抑亦人谋也。"④"人谋",就是说个人的智慧、才能,他的政治、军事才能自不必说,史书还称其"造作宫室,缮治器械,无不为之法则,皆尽其意"。且善草书,好音乐,能围棋,又"才力绝人,手射飞鸟,躬禽猛兽"⑤。即使是家乡酿酒之法他也十分留意⑥。在文学方面,曹操更是富有创造,独具匠心。他的散文被鲁迅先生称为"清峻""通脱""简约严明";他的诗歌慷慨苍凉,是集中体现"建安风骨"的代表作,无论是四言、五言,还是杂言诗,都写得明白晓畅,用刘大杰先生的话来说,就是:"他的诗歌流传下来的不多,全部是乐府歌辞。其特点是:他不是从形式上模拟乐府,而是学习民歌、反映现实的创作精神,用旧曲作新辞,既具有民歌的特色,而又富有自己的创造性。"⑦

曹操既注重自身的学习,又大力在家庭和社会倡导读书学习的风气。他曾拿五把宝刀分赠给五个孩子,说是"吾诸子中有不好武而好文学,将以次与之"⑧。以此鼓励他们读书习文。与此同时,曹操还十分注重培养孩子们的做人。他在告诫曹植时就勉励其要努力上进,说:"吾昔为顿丘令,年二十三。思此时所行,无悔于今。今汝年亦二十三矣,可不勉欤!"⑨委派诸儿到地方做官,他也是以"有善德"为标准,并以此来教育他们。在社会上,曹操也十分推崇学习。建安七年,他在驻军谯县时下达的命令里说:"其举义兵以来,将士绝无后者,求其亲戚以后

① 安徽亳县《曹操集》译注小组:《曹操集译注》,中华书局1979年版,第216页。
② 陈寿著,裴松之注:《三国志·武帝纪第一》,金名,周成点校,浙江古籍出版社2000年版,第34页。
③ 安徽亳县《曹操集》译注小组:《曹操集译注》,中华书局1979年版,第133页。
④ 陈寿著,裴松之注:《三国志·诸葛亮传第五》,金名,周成点校,浙江古籍出版社2000年版,第565页。
⑤ 陈寿著,裴松之注:《三国志·武帝纪第一》,金名,周成点校,浙江古籍出版社2000年版,第34页。
⑥ 安徽亳县《曹操集》译注小组:《曹操集译注》,中华书局1979年版,第189页。
⑦ 刘大杰:《中国文学发展史》,上海古籍出版社1982年版,第253页。
⑧ 曹操《百辟刀令》,见《曹操集译注》,安徽亳县《曹操集》译注小组编,中华书局1979年版,第174页。
⑨ 曹操《戒子植》,引自《曹操集译注》,安徽亳县《曹操集》译注小组编,中华书局1979年版,第156页。

之,授土田,官给耕牛,置学师以教之。"①把办学校、行教育和养孤、耕田、解决吃饭问题放在同等地位,表现了他对于学习的实实在在的重视。他曾指出:"丧乱以来,风教凋薄。"建安八年,又专门下达修学之令,曰:"丧乱以来,十有五年,后生者不见仁义礼让之风,吾甚伤之。其令郡国各修文学,县满五百户置校官,选其乡之俊造者而教学之,庶几先王之道不废,而有以益于天下。"②尊师重教,其心之诚之切,跃然纸上。

曹操是一位很看重人才的统治者,特别器重有知识、有文化的人,主张用人不拘一格,说是"二三子其佐我、明扬仄陋,唯才是举,吾得而用之"③,此外他在《短歌行》里就这样表露道:"青青子衿,悠悠我心,但为君故,沉吟至今。"④青衿,是周代学生的服装。曹操借用的是《诗经》的成句,以表示对于贤士的渴慕,而他所说的贤士,首先是那些好学雅思的人。比如,他称赞故北中郎将卢植是"名著海内,学为儒宗,士之楷模,乃国之桢干也"。评价田畴此人是"文雅优备,忠武又著,和于抚下,慎于事上"。又说是"文武有效,节义可嘉"。⑤兼之曹操所具有的地位,相信这对于在整个社会树立和张扬好学向上之风是具有推动意义的。

第三节　诸葛亮与学习

诸葛亮(181—234),字孔明,琅琊阳都(今山东沂南)人。《三国志·蜀书·诸葛亮传》曰:"汉司隶校尉诸葛丰后也。父珪,字君贡,汉末为太山郡丞。亮早孤,从父玄为袁术所署豫章太守,玄将亮及亮弟均之官。""玄卒,亮躬耕陇亩,好为《梁父吟》。身长八尺,每自比于管仲、乐毅,时人莫之许也。惟博陵崔州平、颍川徐庶元直与亮友善,谓为信然。"⑥出身平平,又遭遇父亲早亡,寄居于叔父之家,叔父死后,即"躬耕陇亩",可见诸葛亮的少年并没有多少传奇色彩,但是他后来的名声远远超过其主刘备,唐代大诗人杜甫有诗叹曰:"三顾频烦天下计,两朝开济老臣心。出师未捷身先死,长使英雄泪满襟。"纵观诸葛亮的为学生涯,不仅

---

① 曹操《军谯令》,引自《曹操集译注》,安徽亳县《曹操集》译注小组编,中华书局1979年版,第80页。
② 曹操《修学令》,引自《曹操集译注》,安徽亳县《曹操集》译注小组编,中华书局1979年版,第88页。
③ 曹操《求贤令》,引自《曹操集译注》,安徽亳县《曹操集》译注小组编,中华书局1979年版,第130页。
④ 曹操《短歌行》,引自《曹操集译注》,安徽亳县《曹操集》译注小组编,中华书局1979年版,第19页。
⑤ 曹操《告涿郡太守令》,《表论田畴功》,引自《曹操集译注》,安徽亳县《曹操集》译注小组编,中华书局1979年版,第107,109页。
⑥ 陈寿著,裴松之注:《三国志·诸葛亮传第五》,金名,周成点校,浙江古籍出版社2000年版,第564页。

是勤学善学的一生,也是广学博用的一生。

史载,诸葛亮跟随叔父诸葛玄在荆州之时,"以建安初与颍川石广元、徐元直、汝南孟公威等俱游学,三人务于精熟,而亮独观其大略"①。这一记载,让我们了解到诸葛亮少年之时就游学荆州,按照当时的习惯,应该是读经诵典,这从他后来料理朝事、指挥行阵时熟稔应用先人典籍中可以得到印证。同时,也让我们感受到了诸葛亮的"观其大略"的学习方法,或者说是他的善学、巧学。不妨这么说,正因为是采用"观其大略"的方法,诸葛亮才能在有限的时间里不仅钻研了前人典籍和治国治军的本领,而且创造性地学会了上能观天、下能察地,又能制造木牛、流马等器械工巧的能力,所以,有人说:"这种方法或许是那些皓首穷经的读书人所鄙夷的,但是,对于一个思想成熟的政治家来说,读书的最高境界应该是领会文章的精神实质,能够达到'每有会意,便欣然忘食'的境界是最好的,但是一般死读书的人是达不到这种境界的。诸葛亮是这样一位智慧过人的政治家,清醒地意识到,身处乱世的他必须要掌握一些经世济用的学问,而不能只局限在某一学科之内,固执一点,咬文嚼字。"②读书"观其大略",也使得诸葛亮有更多的时间用来精思傅会,比如创造性地设计出"八阵图"和"二十八宿分野"等富有科学精神的杰出之作来,这从另一方面展示出他学习的广泛和知识的广博,也体现了他学习上的重于实践和运用。用陈寿的话来说,就是:"亮所予言,尽众人凡士,故其文指不得及远也;然其声教遗言,皆经事综物,公诚于心,形于文墨,足以知其人之意理,而有补于当世。"③

诸葛亮对学习的推崇,也见之于他对儿子的告诫。他说:"夫君子之行,静以修身,俭以养德,非淡泊无以明志,非宁静无以致远。夫学须静也,非学无以广才,非志无以成学。淫慢则不能励精,险躁则不能冶性。年与时驰,意与日去,遂成枯落,多不接世,悲守穷庐,将复何及!"④在诸葛亮看来,"淡泊""宁静"是读书人学习、励志、修身、养德的根本境界,不淡泊则不可能胸有大志,不宁静就不可能心存高远。他认为,学习是培养才能、拓展才能的根本途径,但同时,只有澹泊宁静、志存高远,才能从事学习、成就学习,反之,如果是怠惰、散漫、浮躁,精神得不到自勉,性情得不到涵养,学习和人生的事业也就都不会有成就。最后,诸葛亮又告诫儿子要抓住青春年少的美好时机,珍惜时间,早作努力,以免等到老而

---

① 陈寿著,裴松之注:《三国志·诸葛亮传第五》,金名,周成点校,浙江古籍出版社 2000 年版,第 564 页。
② 张连科,管淑珍校注:《诸葛亮集校注》(前言),天津古籍出版社 2008 年版,第 5 页。
③ 陈寿著,裴松之注:《三国志·诸葛亮传第五》,金名,周成点校,浙江古籍出版社 2000 年版,第 577 页。
④ 诸葛亮:《诫子书》,引自《诸葛亮集校注》,张连科,管淑珍校注,天津古籍出版社 2008 年版,第 109 页。

无成、"悲守穷庐"而懊悔莫及。一封不满百字的论学书信,婉转叮咛,情理相融,把学习的重要、学习的途径、学习的方法、学习的良机以及学习与成人做事的关系,都说得淋漓尽致,感人肺腑。

读书可以明理,学习可以修身。勤于学习、善于学习的人,也往往是学以修身而人格高尚的人。诸葛亮千百年来受人尊崇,在民间甚至已经把他视为崇高和智慧的化身,也正是因为他人格的高尚。他许身刘备之后,便任劳任怨、忠心耿耿,不遗余力地为蜀汉政权出奇谋、献奇策,为奠定"天下三分"做出了无人可以替代的贡献。刘备死后,又全心全意地辅佐刘禅,不居功,不自傲,事必躬亲,且善于调动同僚、下属的积极性,出了事情则主动承担责任,"鞠躬尽瘁,死而后已"。他固然有强烈的坚定的"忠君"思想,但在中国漫长的封建社会里,"忠君"与忠于国家又往往是联系在一起的,所表现的是一种高尚的家国情怀。南宋著名词人辛弃疾就曾经在他的一首词里这样说过:"了却君王天下事,赢得生前身后名,可怜白发生。"[1]这里的"君王天下事",也就是国家大事、统一大业。同时,诸葛亮虽然贵为丞相,但是终其一生,始终是以"淡泊"自励,节俭自约,他在给刘禅所上的遗表中说:"臣初奉先帝,资仰于官,不自治生。今成都有桑八百株,薄田十五顷,子弟衣食,自有余饶。至于臣在外任,无别调度,随身衣食,悉仰于官,不别治生,以长尺寸。若臣死之日,不使内有余帛,外有赢财,以负陛下。"[2]这也是他崇高人格的写照。陈寿在《三国志》本传里这样评价道:"诸葛亮之为相国也,抚百姓,示仪轨,约官职,从权制,开诚心,布公道;尽忠益时者虽仇必赏,犯法怠慢者虽亲必罚,服罪输情者虽重必释,游辞巧饰者虽轻必戮;善无微而不赏,恶无纤而不贬;庶事精练,物理其本,循名责实,虚伪不齿;终于邦域之内,咸畏而爱之,刑政虽峻而无怨者,以其用心平而劝戒明也。可谓识治之良才,管、萧之亚匹矣!"[3]堪称学用一致、知行统一的楷模。

第四节　两晋时期的学风

三国鼎立的时代一直到了公元 265 年才结束。以晋武帝司马炎立国为标

---

① 辛弃疾:《破阵子·陈同甫赋壮词以寄之》,引自《全宋词》,唐圭璋编,中华书局 1965 年版,第 1940 页。

② 诸葛亮:《诫子书》,引自《诸葛亮集校注》,张连科,管淑珍注,天津古籍出版社 2008 年版,第 63—64 页。

③ 陈寿著,裴松之注:《三国志·诸葛亮传第五》,金名,周成点校,浙江古籍出版社 2000 年版,第 579 页。

志,从公元 265 年开始,到 420 年晋恭帝刘裕受禅结束,史称两晋。两晋享国总共 156 年,其中西晋 52 年,东晋 104 年。钱穆先生称西晋是秦、汉"统一政府之回光返照"①,并指出:"东晋南渡,长江流域遂正式代表着传统的中国。"②晋室立国,是司马氏篡夺政权,自始至终都很不稳固,尤其是西晋统一不到十二年就遭遇了"八王之乱"等内祸,钱穆先生在分析以后,指出他们的弱点是:"一、没有光明的理想为之指导。二、贵族家庭之腐化。"③帝室的贵族化不说,就是"其时佐命功臣,一样从几个贵族官僚家庭中出身,并不曾呼吸到民间的新空气。故晋室自始只是一个腐败老朽的官僚集团"。④

两晋时期,一方面本来具有崇高地位的"儒学"特别是经学,在经历了三国时期的衰微之后,更加变为非主流,加上北方士族的大量南迁,把早在东汉时期就日渐盛行的"清议"之风发展为虽涉时局、然尚空疏的"清谈",有的也只是"新亭对泣"式的惆怅而已,且士人之间流行的又往往是与他们的心境一拍即合的老、庄之学,这也就为"玄学"的一时兴盛提供了土壤;另一方面,最迟在东汉时期就已经传入中国的佛学文化,到了两晋时期尤其是晋室南渡之后,"乃影响及于中国之上层学术界"⑤,这对于当时思想文化以及读书人乃至普通人的影响都是相当大的。葛兆光先生就说过:"在佛教传入中国的时候,它也带来了一些新知识和新思想,这就是文化震撼","佛教影响中国民众非常之深,在中国历史上还没有一个宗教像佛教这样深入地影响着中国"⑥。

两晋时期又是兵连祸结的时期,加上"五胡乱华",时局始终动荡不已,教育也受到很大的冲击和影响。张彬、周谷平先生在他们编著的《中国教育史导论》里,对此做过分析,指出一方面当时的"中央官学基本处于时兴时废的状态,并且兴的时间短,废的时间长";另一方面又出现了一些新变化,"一是儒学的设立由汉代太学的单轨制出现多轨制趋势","二是突破儒学一统的局面,官学的设立呈现多样化趋势",史学、算学、律学等都进入了教学领域。⑦ 至于当时的北方十六国,学校教育事业倒是由于各少数民族统治者的倡导,也还是处于恢复和发展之中的,这对于培养当时当地的学风,对于文化的发展乃至中华民族文化的延续,

---

① 钱穆:《国史大纲》,商务印书馆 1999 年版,第 228 页。
② 钱穆:《国史大纲》,商务印书馆 1999 年版,第 237 页。
③ 钱穆:《国史大纲》,商务印书馆 1999 年版,第 229 页。
④ 钱穆:《国史大纲》,商务印书馆 1999 年版,第 230 页。
⑤ 钱穆:《国史大纲》,商务印书馆 1999 年版,第 360 页。
⑥ 葛兆光:《中国古代文化讲义》,复旦大学出版社 2006 年版,第 80 页。
⑦ 张彬、周谷平著:《中国教育史导论》,浙江大学出版社 2007 年版,第 87 页。

都是起了一定的作用的。[①]

两晋时期政治、文化、教育等方面的深刻变化,非常明显地影响着当时的学风。主要表现在以下几个方面:

一是在"儒学一尊"的局面不复存在的大环境下,仍然还有重视儒家经典或以儒家思想正人修己的士人学子,比如有"二陆""二潘"之称的晋代著名文人——陆云、陆机和潘岳、潘尼,等。这里以陆机为例。《晋书》称陆机"少有异才,文章冠世。伏膺儒术,非礼不动"。他所崇尚的也是儒家的"入世"哲学,"时中国多难,顾荣、戴若思等咸劝机还吴。机负其才望,而志匡世难,故不从"[②]。负其才望,可能属于自我估计有所偏斜,但"志匡世难"才是他人生的理想,而这一理想则可以视为他"伏膺儒术"的一个具体表现。后人也有评价他"才思有余,但胸中书太多"而不忍割舍自己的文章的,批评了其毛病在于文章不精炼,而不是批评他读书多。[③] 再如虽然出身贫寒但能博览群书的左思,《晋书》说他"家世儒学"。年少时,父亲曾说他不如自己小时读书好,此后,左思"遂感激勤学,兼善阴阳之术"。秘书监贾谧请他讲过《汉书》,可见知识是很渊博的。同时,他是"貌寝口呐,而辞藻壮丽。不好交游,惟以闲居为事"。在家潜心写作《三都赋》,当时的许多名人为他作序,"于是豪贵之家,竞相传写,洛阳为之纸贵"[④]。即便是以打仗攻城而著称的祖逖,《晋书》也有其勤奋学习的记载,说是:"少孤,性豁荡,不修仪检。然轻财好侠,慷慨有节尚。""后乃博揽书记,该涉古今,见者谓逖有赞世之具。"[⑤]我们熟知的"闻鸡起舞""中流击楫"这两个典故都是史有所载的。其为人重于修身、齐家,且能敬人、怀远,颇有儒者之风,"爱人下士,虽疏交贱隶,皆恩礼遇之,由是黄河以南尽为晋土。逖躬自俭约,劝督农桑,克己务施,不畜资产,子弟耕耘,负担樵薪。又收葬枯骨,百姓感悦"[⑥]。至于怀远,当时后赵石勒敬畏祖逖,不敢与之交兵,但一方面指令祖逖家乡的行政长官修整了他母亲的坟墓,另一方面又写信告诉祖逖,希望能够互派使者,开放彼此的市场互通贸易。祖逖虽然没有回信,但是开放了市场,"收利十倍,于是公私丰赡,士马日滋"[⑦],从中也能见出他的智慧。

---

① 有关北方十六国的教育发展概况,可以参见孙培青主编的《中国教育史》,华东师范大学出版社 2000 年版。

② 房玄龄:《晋书·陆机传》,中华书局 1977 年版,第 1467 页。

③ 陈绎曾:《诗谱》,见《历代诗话续编》,丁福保辑,中华书局 1983 年版,第 629 页。

④ 房玄龄:《晋书·左思传》,中华书局 1977 年版,第 2375—2377 页。

⑤ 房玄龄:《晋书·祖逖传》,中华书局 1977 年版,第 1693—1694 页。

⑥ 房玄龄:《晋书·祖逖传》,中华书局 1977 年版,第 1696 页。

⑦ 房玄龄:《晋书·祖逖传》,中华书局 1977 年版,第 1697 页。

二是在司马氏的重重高压、动辄杀人的情况下,一批有良知的知识分子仍然热衷于读书学习或者写诗作文,并以此来承继民族文化。即便像阮籍、嵇康那样装疯卖傻以对所谓"名教"的大不敬者,也仍然以读书作为其一大乐事。《晋书·阮籍传》有云:"籍本有济世志,属魏、晋之际,天下多故,名士少有全者,籍由是不与世事,遂酗饮为常。"①喝酒取醉,只是为了保全自己。当时为远祸全身而以"酗饮"或其他办法来逃避政治者,远不止阮籍一人,这也是知识分子在动乱年代保全自己的名节乃至性命的方法之一,甚至成了中国历史上士人文化的一种现象。这一现象虽然古已有之,但两晋时期更为突出,借兵家的话说这是"以退为守",在此姑且称之为"以避世为入世"。所以,《晋书》称阮籍是"或闭户视书,累月不出;或登临山水,经日忘归。博览群籍,尤好庄、老。嗜酒能啸,善弹琴"。"能属文,初不留意。作《咏怀》诗八十余篇,为世所重。著《达庄论》,叙无为之贵"②。还有《大人先生传》等传世。他的《咏怀》诗在文学史上颇有地位,明代王夫之就评价说是"旷代绝作,远绍'国风',近出入于'十九首',而以高朗之怀,脱颖之气,取神似于离合之间,大要如晴云出岫,舒卷无定质"③。嵇康也是一个爱好读书的人,尽管他曾作《难自然好学论》,驳斥所谓"学习是人的天性"的观点,但他并不反对学习,《晋书》说他是"学不师受,博览,无不该通,长好庄、老"④。这里的"博览",自然也是包括"六经"等百家之书的,只不过是他与阮籍以及同被号为"竹林七贤"的其他文人一样,不去据守所谓的"名教"而已。

三是与上面两点紧密相连的,是玄学在这一时期的兴起。上述阮籍、嵇康等"竹林七贤"同样也是玄学的代表人物。他们的共同兴趣和爱好,都是喜欢道家的两位代表人物——老子与庄子以及他们的著作和思想,喜欢鼓琴和啸聚山林,从而超然物外,既避开了司马氏的杀戮之祸,又使自己疲劳的身心得到放松。即使读书,也热衷于"得意而忘言"。因此,玄学几乎成了两晋时期意识形态之中一个非常突出的方面。吕思勉先生指出:"玄学乃儒道两家之混合。亦可以说是儒学注重原理的一派,与拘泥事迹的一派相对立。"⑤张岱年、方克立等先生则认为:"玄学是由老庄哲学发展而来。其宗旨是'贵无',其最高主题是对个体人生意义价值的思考。"⑥侯外庐先生主编的《中国思想史纲》辟出"魏晋玄学与反玄学"一

---

① 房玄龄:《晋书·阮籍传》,中华书局 1977 年版,第 1360 页。
② 房玄龄:《晋书·阮籍传》,中华书局 1977 年出版,第 1359—1361 页。
③ 见《魏晋南北朝文学史参考》,中华书局 1962 年版,第 206 页。
④ 房玄龄:《晋书·嵇康传》,中华书局 1977 年版,第 1369 页。
⑤ 吕思勉:《中国文化史》,北京大学出版社 2010 年版,第 161 页。
⑥ 张岱年,方克立:《中国文化概论》,北京师范大学出版社 2004 年版,第 72 页。

个专门章节来论述和评价,其中还论述了玄学思想在魏晋时期的几个流派,一个是以王弼、何晏为代表的"正始之音",一个是以阮籍、嵇康为代表的,另外还有一个是以向秀、郭象为代表的流派。向秀、郭象都著有《庄子注》。① 至于反对玄学的思想能够在当时同时存在,也从另一个方面表现了当时学术风气乃至思想领域一定的自由局面。

四是文人的眼光更多地关注"经学"以外的其他领域,从而使得其他领域的文化能够在前代的基础上变得更加丰富。比如,葛洪对炼丹术的研究,虽然明显带有当时人们对于养生服食的热衷,但也将化学的应用作了新的拓展。葛洪的《抱朴子》,是一部论服食养生和治国为人的著作,郑振铎先生称葛洪其人"既是儒生,又是道士式的官僚","似是有两重人格的"。观《抱朴子》内篇"是道人,是术士",而看其外篇"却似可列入文、武、周公、孔子的道统表里的纯粹的儒者"②。天文、历算、医药、农学等,这一时期也都取得了明显的发展和进步。再如小说的创作,两晋时期也是中国古代小说史上一个承前启后的时期。"撰集古今神祇灵异、人物变化,名为《搜神记》,凡二十卷,以示刘惔,惔曰:'卿可谓鬼之董狐。'"③此后,志怪小说,代有继作,清代蒲松龄的《聊斋志异》更把它推向了一个高峰,而蒲松龄就受到干宝的明显影响,说自己是"才非干宝,雅爱搜神"。在文学史上具有一定价值的玄言诗,也是在这一时期产生的。至于在中国文化中具有独特地位的书法艺术,从东晋开始,更是出现空前繁荣的局面,继三国钟繇之后,王羲之、王献之父子称誉于书坛。特别是王羲之,将行书推到了空前成熟的境地,为后来人提供了无与伦比的书法范式。

考察两晋学风的上述一些特点,足可见出当时文人学者钟情于读书学习,从而对于中国文化所做出的突出贡献。

第五节　陶渊明与学习

陶渊明(约 365—427),字元亮,后更名为潜,谥曰靖节先生,江州浔阳柴桑(今江西九江)人。萧统《陶渊明传》称:"渊明少有高趣,博学,善属文,颖脱不群,任真自得。"他生当东晋时代,虽然勤奋博学,但一生没有做过职位比较高的官,

---

① 详见侯外庐:《中国思想史纲》,上海书店出版社 2004 年版,第二章、第三章。
② 郑振铎:《插图本中国文学史》,人民文学出版社出版,第 256 页。
③ 房玄龄:《晋书·干宝传》,中华书局 1977 年版,第 2150 页。

几次出仕,都是任而复去,先是"亲老家贫,起为州祭酒,不堪吏职,少日,自解归。州召主簿,不就,躬耕自资,遂抱羸疾"。后来,"复为镇军、建威参军。谓亲朋曰:'聊欲弦歌,以为三径之资可乎?'执事者闻之,以为彭泽令"。但因为不愿意"束带"见督邮,并说"不能为五斗米折腰向乡里小人"而"即日解印绶去职"①,从此,归隐乡村,过着亦耕亦读亦酒亦居的生活。

"少有高趣"的陶渊明从小就有读书学习的好习惯,用他自己的话说就是"总角闻道"②,最先接触的是儒家的学问和诗、书、礼、乐、易、春秋这"六经",所谓"少年罕人事,游好在六经"③;"奉上天之成命,师圣人之遗书"④,等。同时,大量地阅读历史典籍,既有历代的史书,又有《山海经》等所谓的杂书,这从他的《咏三良》《咏荆轲》《扇上画赞》《尚长禽庆赞》《读史述九章》等许多诗文中即可看出。仅看《读史述九章》,写到的人物就有伯夷、叔齐、箕子、管仲、鲍叔、程婴、公孙杵、屈原、贾谊、韩非、张挚、西汉时的两位旧属鲁国的儒生和孔子门下的七十二弟子。其实,无论是在短时间的出仕之时,还是在归耕垄亩的漫长岁月里,读书学习的生活始终伴随着陶渊明,所谓"谈谐无俗调,所说圣人篇"⑤;所谓"悦亲戚之情话,乐琴书以消忧"⑥;所谓"缀文之士,奕代继作,并因触类,广其辞义。余园闾多暇,复染翰为之"⑦,等等,都是他一生勤勉于读书、学习、写作的真实写照。

陶渊明自己喜爱读书,也对孩子们有此要求,因此,当孩子们不愿学习或者虽然在学但又进步不明显的时候,作为父亲,他是很着急的。他在《责子》诗中感叹道:"白发披两鬓,肌肤不复实。虽有五男儿,总不好纸笔。阿舒已二八,懒惰故无匹。阿宣行志学,而不爱文术。雍、端年十三,不识六与七。通子垂九龄,但觅梨与栗。天运苟如此,且进杯中物。"⑧就诗歌来说,是写得很生动、很形象,因而也是很有情趣的,但让他懊恼的是,五个孩子都不喜欢读书写字,十六岁的舒俨懒于学习,将要进入有志于学习年龄的宣俟却也不喜欢读读写写(古人认为十五岁是"志学"之时),十三岁的雍份、端俟则连六和七都还分不清楚,将近九岁的通佟,也是只知道要吃梨、吃栗子而已,一看到这些状况,他也非常无奈,只能认

---

① 萧统:《陶渊明传》,《魏晋南北朝文学史参考资料》,北京大学中文系编,中华书局 1962 年版,第447 页。

② 逯钦立:《陶渊明集·荣木》,中华书局 1979 年版,第 15 页。

③ 逯钦立:《陶渊明集·饮酒二十首》,中华书局 1979 年版,第 96 页。

④ 逯钦立:《陶渊明集·感士不遇赋》,中华书局 1979 年版,第 147 页。

⑤ 逯钦立:《陶渊明集·答庞参军》,中华书局 1979 年版,第 52 页。

⑥ 逯钦立:《陶渊明集·归去来兮辞》,中华书局 1979 年版,第 161 页。

⑦ 逯钦立:《陶渊明集·闲情赋序》,中华书局 1979 年版,第 153 页。

⑧ 逯钦立:《陶渊明集》,中华书局 1979 年版,第 106 页。

命于天、饮酒消愁了,并以此诗来要求其孩子改变态度。

陶渊明不仅勤学博学,而且有自己的学习态度和学习方法,这就是:"闲静少言,不慕荣利。好读书,不求甚解;每有会意,便欣然忘食。"①在这里,虽然短短数语,却给了我们几个启示:一是读书的功利观,陶渊明的前人比如汉代的一些儒生是把读书"注经"当作入仕的晋身之阶的,但陶渊明以"不慕荣利"自勉,把读书作为提高人生涵养的途径;二是读书需要在繁杂喧嚣的世界中寻找清静,或者忙里偷闲,或者闹中取静,或者挑灯夜读,而最高的境界就是要以内心的娴雅自如来从事读书,安坐"冷板凳",陶渊明的"闲静少言"就是这一境界的生动展现;三是陶渊明的读书是追求"会意",要求"有得",而不是"无解硬求解",甚而至于死钻"牛角尖",或者只是在一些文字的所谓"微言大义"上去做尽文章。因此,"每有会意,便欣然忘食",在他这儿,读书是一件无比愉快的事情,乃至于因为读书而超然物外,"少学琴书,偶爱闲静,开卷有得,便欣然忘食。见树木交荫,时鸟变声,亦复欢然有喜。常言:五六月中,北窗下卧,遇凉风暂至,自谓是羲皇上人"②。更可贵的是,陶渊明对于学习的这种态度和境界,和他归隐田里、躬耕劳作一样,完全是出于内心的自觉行为,因此,没有半点矫揉造作,所谓"何则?质性自然,非矫励所得"③。同时,陶渊明一方面自读自悟,另一方面也与人讨论、切磋,所谓"邻曲时时来,抗言谈在昔。奇文共欣赏,疑义相与析"④。在离开污浊、归隐田园的日子里,身心已经得到解放,因此,更能在与邻居的对话中增进友谊,了解信息,增长见识,在"共欣赏""相与析"中得到快慰,解疑释惑,其心同样为之怡然。

这里还要指出的是,陶渊明对读书学习的喜爱、勤勉,与他的归隐田园、饮酒开怀一样,并不是为了消极避世而采取的所谓消遣与应付,而是他珍惜寸阴、涵养自身的深切感悟。在他身上,"少无适俗韵,性本爱丘山",而"爱丘山"的自然、任意与爱读书的抓紧、惜时是相映成趣的,这从他的一些诗歌里也可以得到有关的印证。比如,"人生无根蒂,飘如陌上尘。分散逐风转,此已非常身。落地为兄弟,何必骨肉亲! 得欢当作乐,斗酒聚比邻。盛年不重来,一日难再晨;及时当勉励,岁月不待人"⑤。这里的"对酒当欢"是他视"比邻"为兄弟、骨肉的表现,而诗歌的后四句,说的就是珍惜时间、及时勉励的意思。再如,"日月掷人去,有志不

---

① 逯钦立:《陶渊明集·五柳先生传》,中华书局 1979 年版,第 175 页。
② 逯钦立:《陶渊明集·与子俨等疏》,中华书局 1979 年版,第 188 页。
③ 逯钦立:《陶渊明集·归去来兮辞》,中华书局 1979 年版,第 159 页。
④ 逯钦立:《陶渊明集·移居二首》,中华书局 1979 年版,第 56 页。
⑤ 逯钦立:《陶渊明集·杂诗十二首》,中华书局 1979 年版,第 115 页。

获骋。念此怀悲凄,终晓不能静"①。又如,"丈夫志四海,我愿不知老"②。"忆我少壮时,无乐自欣豫。猛志逸四海,骞翮思远翥。荏苒岁月颓,此心稍已去;值欢无复娱,每每多忧虑。气力渐衰损,转觉日不如。壑舟无须臾,引我不得住。前途当几许?未知止泊处。古人惜寸阴,念此使人惧"③。这些诗句思前想后,缠绵悱恻,而对于时光之飞逝、盛年之难再,既充满了深沉的感叹,又有着对眼前时间的珍视,对于读书人来说,实在是有积极意义的。

第六节　南北朝时期的学风

东晋灭亡之后,南朝从宋开始建国(公元 420,宋武帝永初元年),前后历经宋、齐、梁、陈四朝;北方政权则从公元 338 年北魏建国开始,到公元 581 年杨坚灭北周称帝,直至公元 589 年灭陈统一全国,长达 169 年的南北朝遂告结束。

南北朝时期,战争此起彼伏,政权不停地更迭,加上不时遭遇的自然灾害,给国家和人民带来的是动荡不安,"兴,百姓苦;亡,百姓苦!"山河破碎,民生多艰,时人庾信就在《哀江南赋·序》里作过如此感叹:"岂有百万义师,一朝卷甲,芟夷斩伐,如草木焉! 江、淮无涯岸之阻,亭壁无藩篱之固。""山岳崩颓,既履危亡之运;春秋迭代,必有去故之悲。天意人事,可以凄怆伤心者矣!"④到了后期,南北两朝都陷入了奢侈靡烂的境地,其中南朝的陈后主更是成为不思国事、醉生梦死的"亡国之君"的典型,所谓"商女不知亡国恨,隔江犹唱《后庭花》"⑤,就是诗人借古喻今的深沉感叹。

国运衰飒颓败,一方面使得文化、教育的发展遭到阻碍和破坏,这对于国人的读书学习也带来了莫大的干扰,但另一方面,教育、文化发展又有它自身的运动规律,以教育为例,此一时期虽然也是时兴时废,但总体上还是有了发展,南朝的学校教育及北朝的官学、家庭教育,都还是有其地位的⑥,因此,南北朝时期的学风也形成了它自己的一些特点。

---

① 逯钦立:《陶渊明集·与子俨等疏》,中华书局 1979 年版,第 116 页。
② 逯钦立:《陶渊明集·移居二首》,中华书局 1979 年版,第 56 页。
③ 逯钦立:《陶渊明集·杂诗十二首》,中华书局 1979 年版,第 115 页。
④ 庾信:《哀江南赋序》,引自《魏晋南北朝文学史参考资料》,北京大学中文系编,中华书局 1962 年版,第 722 页。
⑤ 杜牧:《江南春绝句》,引自《唐诗选》,中国社会科学院文学研究所编,人民文学出版社 1978 年版,第 221 页。
⑥ 孙培青的《中国教育史》,华东师范大学出版社 2000 年版。

一是儒学的影响并没有中断,仍然焕发出它的生命力。其时,正统的儒学虽然失去了先前的强势,然而并没有也不会退出历史的舞台,它必然会强烈地影响南北朝时期的朝野内外与官民上下,南方的宋、齐、梁、陈自不必说,即使是北方的几个政权及其所辖之域亦复如此,学术界所称的异族执政时明显出现的"汉化",其实,从很大意义上说也就是所谓的"儒化"。钱穆先生在论述五胡十六国的"胡人汉化"时作过精辟的分析,指出:"胡人所以能够统治北方中国者,亦有数故:诸胡杂居内地,均受汉族相当之教育,此其一。北方世家大族未获南迁者,率与胡人合作,此其二。诸胡以客居汉地而自相团结,此其三。"[①]北朝时期的情况大抵也是这样,所以,"南渡以还,士大夫沦陷北方者,不得不隐忍与诸胡合作,而彼辈学术途辙,亦多守旧,绝无南渡衣冠清玄之习"[②]。从史书中可以看到,当时,无论南朝还是北朝,只要政权得以巩固,局面有所安宁,统治者也就开始关注兴学兴教、重儒尚经。比如,宋武帝刘裕在其当政八个月也就是永初二年二月时,就亲自"策试州郡秀、孝于延贤堂"[③]。齐太祖萧道成自己就"博学,善属文","所著文,诏中书侍郎江淹撰次之。又诏东观学士撰《史林》三十篇"[④]。梁朝的几个皇帝更以知书尚学而著称,梁武帝萧衍"博学多通,好筹略,有文武才干"。当竟陵王萧自良"开西邸,招文学"时,萧衍"与沈约、谢朓、王融、萧琛、范云、任昉、陆倕等并游焉,号曰'八友'"[⑤]。天监四年春正月,下诏书说:"自今九流常选,年未三十,不通一经,不得解褐;若有才同甘、颜,勿限年次。"[⑥]强调读经与选才。齐朝永明年间,儒学更是得到重视,文学之士也能展其才华,在诗歌史上具有一定地位的"永明体"就出现于这一时期。北魏拓拔珪,"初建台省,置百官,封拜公、侯、将军、刺史、太守,尚书郎以下悉用文人"[⑦]。天兴二年春三月,"甲子,初令《五经》群书各置博士,增国子太学生员三千人"[⑧]。天兴三年冬十二月,"集博士儒生比众经文字,义类相从,凡四万余字,号曰《众文经》"[⑨]。尚学重儒之风,由此可见一斑。

最高统治者的奖率与提倡,自然会刺激士人们崇儒读经的热情,因此,南北

---

① 钱穆:《国史大纲》(修订本),商务印书馆 1999 年版,第 261 页。
② 钱穆:《国史大纲》(修订本),商务印书馆 1999 年版,第 279—280 页。
③ 李延寿:《南史·宋本纪上第一·吴迪吉》,中华书局 1975 年版,第 26 页。
④ 李延寿:《南史·齐高帝纪》,中华书局 1975 年版,第 113 页。
⑤ 李延寿:《南史·梁武帝纪》,中华书局 1975 年版,第 168 页。
⑥ 李延寿:《南史·梁武帝纪》,中华书局 1975 年版,第 184 页。
⑦ 李延寿:《北史·魏道武帝纪》,中华书局 1974 年版,第 15 页。
⑧ 李延寿:《北史·魏道武帝纪》,中华书局 1974 年版,第 19 页。
⑨ 李延寿:《北史·魏道武帝纪》,中华书局 1974 年版,第 21 页。

朝时期的好学之士也不乏其人。如宋齐时人伏曼容"少笃学,善《老》《易》","时明帝不重儒术,曼容宅在瓦官寺东,施高坐于听事,有宾客,辄升高坐为讲说,生徒常数百人"①。梁时人何佟之"少好《三礼》,师心独学,强力专精,手不释卷。读礼论三百余篇,略皆上口"②。齐梁间人严植之"少善庄、老,能玄言,精解《丧服》《孝经》《论语》。及长,遍习诤氏《礼》《周易》《毛诗》《左氏春秋》"③。吴兴武康人沈峻,"家世农夫,至峻好学。与舅太史叔明师事宗人沈麟士,在门下积年,昼夜自课。睡则以杖自击,其笃志如此。遂博通《五经》,尤长《三礼》"。其子国伟,"少习父业,研精章句","又博采先儒异同,自为义疏。通《三礼》《三传》,位《五经》博士"④。浙江向多好学之士,南朝时又相对安定,如沈峻者自有不少,梁时会稽山阴人孔子法,"少孤贫好学,耕耘樵采,常怀书自随,役闲则诵读,勤苦自励,遂通经术。尤明古文《尚书》,为兼国子助教,讲《尚书》四十篇,听者常数百人"⑤。

至于北方几朝,亦有不少以读经为业者,如北魏孝文帝时,"天下承平,学业大盛,故燕、齐、赵、魏之间,横经著录,不可胜数"⑥。再如北周,"周文受命,雅重经典","由是朝章渐备,学者向风"⑦。北魏太原中都人张伟,"学通诸经,乡里受业者,常数百人"⑧。北齐房晖远,"世传儒学","幼有志行,明《三礼》《春秋三传》《诗》《书》《周易》,兼善图纬。恒以教授为务,远方负笈而从者,动以千计"⑨。

二是儒学独尊的局面被打破之后,其他的学术文化进一步兴盛,南北朝时期的佛学就是因此而获得了空前发展,影响至今的本土宗教——道教也"作为一个完整意义上的宗派至此基本定型","由此形成二学(儒学、玄学)、二教(道教、佛教)相互颉颃、相互融合的多元激荡的格局"⑩。至迟在东汉年间就已传入中国的佛教,一开始并没有得到多大的传播,但到了公元 2 世纪末则已经广泛传扬开来了⑪,传播的速度在魏晋时期不断加快,南北朝时期即形成了彬彬大盛的局面,晚唐著名诗人杜牧就有诗说是"南朝四百八十寺,多少楼台烟雨中"。科学技术在

---

① 李延寿:《南史·伏曼容传》,中华书局 1975 年版,第 1731 页。
② 李延寿:《南史·儒林列传》,中华书局 1975 年版,第 1734 页。
③ 李延寿:《南史·儒林列传》,中华书局 1975 年版,第 1735 页。
④ 李延寿:《南史·儒林列传》,中华书局 1975 年版,第 1741 页。
⑤ 李延寿:《南史·儒林列传》,中华书局 1975 年版,第 1743 页。
⑥ 李延寿:《北史》,中华书局 1974 年版,第 2704 页。
⑦ 李延寿:《北史》,中华书局 1974 年版,第 2706 页。
⑧ 李延寿:《北史》,中华书局 1974 年版,第 2710 页。
⑨ 李延寿:《北史》,中华书局 1974 年版,第 2760 页。
⑩ 张岱年,方克立:《中国文化概论》,北京师范大学出版社 2004 年版,第 73 页。
⑪ 葛兆光:《中国古代文化讲义》,复旦大学出版社 2006 年版,第 79 页。

这一时期也取得了很大的成就,其中祖冲之就是一位典型的代表,《南史·文学传》说他在天文历算、数学、机械制造等方面都有非常高的成就。他对数学圆周率的研究所做出的比较精确的计算远远早于世界上其他国家的数学家,《南史》称其"特善算";在机械制造方面,"诸葛亮有木牛流马,乃造一器,不因风水,施机自运,不劳人力。又造千里船,于新亭江试之,日行百余里。于乐游苑造水碓磨,武帝亲自临视"。他也很博学,"著《易老庄义》,释《论语》《孝经》,注《九章》,造《缀述》数十篇"①。

三是读书人在勤学善学的同时,努力地著书立说,为民族文化的承续与建设做出了贡献。比如在中国文献史、图书史和文学史上都有较高地位的《昭明文选》,就是由梁昭明太子萧统精心选定刊行的,其人聪慧早学,"美姿容,善举止,读书数行并下,过目皆忆"。喜学爱才,聚人辄学,"引纳才学之士,赏爱无倦。恒自讨论坟籍,或与学士商榷古今,继以文章著述,率以为常。于时东宫有书几三万卷,名才并集,文学之盛,晋、宋以来未之有也"②。再如南朝宋朝临川王刘义庆,"性简素,寡嗜欲,爱好文义,文辞虽不多,足为宗室之表","招聚才学之士,远近必至"③。他与门下人一起编写的《世说新语》,记人叙事,分门别类,语言也颇为简洁,代表了当时志人小说的最高峰。南朝宋朝吴兴武康人沈约,"笃志好学,昼夜不倦","博通群籍,能属文","聚书至二万卷,京师莫比"④,作诗善用声韵,"五字之中,音韵悉异,二句之内,角徵不同,不可增减,世呼为'永明体'"⑤。这为后来格律诗的发展作了重要贡献,到了唐代则形成了十分成熟的近体诗。宋齐时被后人称为"二谢"的谢灵运、谢朓,大力写作山水诗,拓宽了诗歌创作的领域。出身卑下的宋人鲍照,好学勤作,"文辞赡逸,尝为古乐府,文甚遒丽"⑥。与谢灵运、颜延之同称为"元嘉三大家"。南朝梁朝刘勰的《文心雕龙》,论古今文体和文学流变,述创作思想和艺术技巧,"若乃论文叙笔,则囿别区分,原始以表末,释名以章义,选文以定篇,敷理以举统",是当时留存下来的最系统最全面的文学理论著作,直到今天仍然富有价值,光芒四射。⑦ 北魏郦道元的《水经注》,考历史渊源、水流所自,录名物典章、风土人情,写山水风光、秀丽奇景,不仅是地理学的重

---

① 李延寿:《南史·列传第六十二》,中华书局1975年版,第1774页。
② 李延寿:《南史·列传第六十二》,中华书局1975年版,第1310、349页。
③ 李延寿:《南史》,中华书局1975年版,第350页。
④ 姚思廉:《梁书卷十三·沈约传》,中华书局1973年版,第233、242页。
⑤ 李延寿:《南史·陆阙传》,中华书局1973年版,第627页。
⑥ 李延寿:《南史·鲍照传》,中华书局1973年版,第533页。
⑦ 详见李延寿:《南史卷七十二·刘勰传》,中华书局1973年版。

要著作,也是我国早期山水文学的代表之作。北魏杨衒之的《洛阳伽蓝记》,详细记载了当时洛阳佛寺的盛衰,不仅记事翔实,而且文笔优美,是研究当时佛教历史的珍贵史料,具有比较高的文学价值。出身南朝而羁流于北周的南阳新野人庾信,"幼而俊迈,聪敏绝伦,博览群书,尤善《春秋左氏传》",在担任抄撰学士时,与时人徐陵"文并绮艳,故世号'徐庾体'焉。当时后进,竞相模范。每有一文,都下莫不传诵",在东魏任职时,"文章辞令,盛为邺下所称",有"文集二十卷"①。如此所列,虽然仅仅是其中一部分,但已颇可见出一斑了。尽管相比较而言,南朝要略胜于北朝,但是北朝也不乏名人名作,且各有不同风格,如李延寿所言:"自汉、魏以来,迄乎晋、宋,其体屡变,前哲论之详矣。暨永明、天监之际,太和、天保之间,洛阳、江左,文雅尤盛,彼此好尚,互有异同。江左宫商发越,贵于清绮,河朔词义贞刚,重乎气质。"②这一评价还是颇有道理的。

以上只是对南北朝学风的主流和积极方面作了简要的论述,至于后人对于南朝诗文的"柔弱萎靡"的批评,固然也牵涉到学风的评价,但那是属于另一方面的问题了,这里不作展开。

第七节　刘勰与学习

刘勰(约465—520),字彦和,东莞莒(现山东莒县)人,《梁书》称其"早孤,笃志好学,家贫不婚娶,依沙门僧祐,与之居处,积十余年,遂博通经论,因区别部类,录而序之","撰《文心雕龙》五十篇,论古今文体,引而次之","既成,未为世流所称",后来,设法送到沈约手里,"约便命取读,大重之,谓深得文理,常陈诸几案"③。可见,他的《文心雕龙》在当时的境况是比较落寞的,但这并不影响它后来的辉煌,千百年来,人们对它多有赞誉,鲁迅先生就曾把他和亚里士多德并列,说:"东则有刘彦和之《文心》,西则有亚里士多德之《诗学》,解析神质,包举洪纤,开源发流,为世楷式。"④僧祐是当时非常著名的佛教徒,同时是个大学问家,既精通佛理,又精通儒家经典,刘勰跟他学习的这一时期,有机会博览群书,熟读前代的众多典籍,为他写作《文心雕龙》这一巨著奠定了非常丰厚的基础。从《文心雕

---

① 李延寿:《北史·文苑传·庾信传》,中华书局1974年版,第2780页。
② 李延寿:《北史·文苑传·庾信传》《北史·文苑传序》,中华书局1974年版,第2781页。
③ 姚思廉:《梁书卷五十·刘勰传》,中华书局1973年版,第710、712页。
④ 鲁迅:《题记一篇》,见《鲁迅全集》第八卷,人民文学出版社1973年版,第370页。

龙》可以看出,作为学者,刘勰既是博学的,也是精思的,又是善用的。

博学为"文心"之基。"将赡才力,务在博见","综学在博,取事贵约,校练务精,捃理须核,众美辐辏,表里发挥"①。他本人就是极为博学广见的。作为当时一部最系统、最完整的文学理论和文学批评的著作,刘勰在其中论述和点评过的作家作品,上自"三坟"、《尚书》《诗经》《礼经》《易经》《乐经》和《春秋》《左传》,下至百家诸子、屈原、楚辞、司马迁、班固、张衡,直至"三曹""七子"、诸葛亮、左太冲,等等,凡所涉及者,人则数以百计,文则成千累万。所谓"九代之文",作者无不烂熟于心。试想一下,在那个动荡不宁的年代里,一个一二十岁的少年,伴随佛门青灯,读完并能熟记如此之多的典籍,该有多大的毅力和多么刻苦的精神呢!其于己而如此,其对人亦然。这正如他在《杂文篇》的赞语中说过的:"伟矣前修,学坚多饱。负文余力,飞靡弄巧。"②要求像前辈文人一样,学问坚实,内蕴饱满,这样,才能潇洒自如地写作"杂文"。其实,不独写作"杂文"需要"学坚多饱",就是驾驭其他文体,也同样需要博学多知,见多识广,所谓"洽闻之士,宜撮纲要,览华而食实,弃邪而采正。极睇参差,亦学家之壮观也!""大夫处世,怀宝挺秀。辨雕万物,智周宇宙"③。这就不仅仅是说博学广见的问题,而且已经言及学习方法——"撮纲要"、辨万物的问题了。

学识乃"雕龙"之本。刘勰论文学创作,非常重视作家作品的"学识",因为他的《文心雕龙》本身就是充满着学识的典范之作。他说过:"文章由学,能在天资。才自内发,学以外成"④。所谓"学以外成",也就是说学识是要在后天培养的。增进学识的途径也不外乎学习与实践,而基础就在于学习。刘勰是崇尚经典的,因此,长养学识,接受前代经典著作的教化是必不可少的。前代经典,年久累成,浩如烟海,是民族文化最可宝贵的财富之一,也是读书创作的其中一个重要源流。所谓"夫经典深沉,载籍浩瀚,实群言之奥区,而才思之神皋也"。所谓"经籍深富,辞理遐亘。皓如江海,郁如昆邓"⑤。他在《文心雕龙》的开篇《原道》里也说:"至夫子继圣,独秀前哲。熔钧'六经',必金声而玉振;雕琢情性,组织辞令,木铎起而千里应,席珍流而万世响:写天地之辉光,晓生民之耳目矣!"⑥在《征圣》篇里

---

① 范文澜:《文心雕龙注·事类第三十八》,人民文学出版社1958年版,第615—616页。
② 范文澜:《文心雕龙注·杂文第十四》,人民文学出版社1958年版,第256页。
③ 范文澜:文心雕龙注·诸子第十七》,人民文学出版社1958年版,第309—310页。
④ 范文澜:《文心雕龙注·事类第三十八》,人民文学出版社1958年版,第615页。
⑤ 范文澜:《文心雕龙注·事类第三十八》,人民文学出版社1958年版,第615、617页。
⑥ 范文澜:《文心雕龙注·原道第一》,人民文学出版社1958年版,第2页。

又说："故知繁略殊形,隐显异术,抑引随时,变通会适,征之周、孔,则文有师矣!"①说是写文章、搞创作就要师法周公、孔子,也就是说要以前代的"经典"作为模范,从中撷取学识、涵养才情。他还说:"是以子政论文必征于圣,稚圭劝学必宗于经。""若征圣立言,则文其庶矣。"②在《宗经》篇里,刘勰更是指出:"三极彝训,其书言经。经也者,恒久之至道,不刊之鸿教也。"③把上古、三代以来形成的"五经"提到了极高的地位,用今天的话来说,这是万古不变的真理,所以,后来人写文章、增学识,是不能离开"五经"之指导的。他又说:"扬子比雕玉以作器,谓《五经》之含文也。夫文以行立,行以文传"④。学习《五经》,人才能树立正确的德行,文是依靠德行而建立,德行又会因为富含华彩的文章而流布传扬。这就又说到了学识与"养德"、作文与做人的关系了,这在今天也是很有意义的。

学以广才,文以才兴。如果说,学习经典是增进学识的基本途径,那么,涵养才气,则既是读书学习的目的之一,又是文学写作的根本需要,而"才气",也是刘勰所反复提倡和再三关注的。他认为人的才能是先天的,人与人之间的才能又是有差异的,说:"有学饱而才馁,有才富而学贫。学贫者,迍邅于事义;才馁者,劬劳于辞情;此内外之殊分也。是以属意立文,心与笔谋,才为盟主,学为辅佐,主佐合德,文采必霸;才学褊狭,虽美少功。"⑤他对屈原与《离骚》以及楚辞,既有高度的评价,又有实事求是的批评,说是"自《风》《雅》寝声,莫或抽绪,奇文郁起,其《离骚》哉!固已轩翥诗人之后,奋飞辞家之前,岂去圣之未远,而楚人之多才乎!"且肯定其"同于《风》《雅》"的"典诰之体""规讽之旨""比兴之义"和"忠恕之辞"这四个方面,又指出其"异乎经典"的"诡异之辞""谲怪之谈""狷狭之志"和"荒淫之意"这四个方面。他对屈原、《离骚》和楚辞总体上是肯定的,称它们是"辞赋之英杰","虽取镕经意,亦自铸伟辞","故能气往轹古,辞来切今,惊采绝艳,难与并能矣"!最后还在"赞语"里说:"不有屈原,岂有《离骚》?惊才风逸,壮志烟高。山川无极,情理实劳。金相玉式,艳溢锱毫。"这里,很重要的一个方面,是屈原以及楚辞作者的"多才""惊才"。他指出文学创作中的"隐秀"是"旧章之懿绩,才情之嘉会"。说"张载《剑阁》,其才清采";说"才锋所断,莫高蔡邕","察其为才,自然而至";又说"属碑之体,资乎史才"。他肯定曹丕"魏文之才,洋洋清

---

① 范文澜:《文心雕龙注·征圣第二》,人民文学出版社 1958 年版,第 16 页。
② 范文澜:《文心雕龙注·征圣第二》,人民文学出版社 1958 年版,第 16 页。
③ 范文澜:《文心雕龙注·宗经第三》,人民文学出版社 1958 年版,第 21 页。
④ 范文澜:《文心雕龙注·宗经第三》,人民文学出版社 1958 年版,第 23 页。
⑤ 范文澜:《文心雕龙注·事类第三十八》,人民文学出版社 1958 年版,第 615 页。

绮""思捷而才俊,诗丽而表逸"。他认为"张华短章,奕奕清扬""左思奇才,业深覃思""潘岳敏给,辞自和畅",等等,都是赞美他们的才干的。学习要讲使才,同时,还要重气。"才"与"气"有时密不可分。刘勰既重"才"也重"气"。如果说"才"是一种底蕴,那么,"气"则应该是一种涵养,而在同一个人身上,"才"和"气"往往又是联系在一起的。刘勰说"三曹""七子"的"慷慨以任气,磊落以使才";指出曹操、曹丕、曹睿"魏之三祖,气爽才丽;宰割辞调,音靡节平"。他还说:"智术之子,博雅之人,藻溢于辞,辞盈乎气。苑囿文情,故日新殊致。宋玉含才,颇亦负俗,始造《对问》,以申其志,放怀寥廓,气实使之。"①又说:"其植义飏辞,务在刚健。插羽以示迅,不可使辞缓;露板以宣众,不可使义隐;必事昭而理辨,气盛而辞断,此其要也。"②可以这么说,才能、才情、才气,其实都是离不开读书学习和实践锻炼的,反过来说,也只有不断地学习和实践,才能不断地丰富才华、增长才干、磨砺才气。刘勰自身的经历和《文心雕龙》所总结、论述的,也都是这么一个道理。

第八节　颜之推与学习

颜之推(531—约595年),字介,琅琊临沂(今山东临沂)人。具家学渊源,"世善《周官》《左氏》学","年十二,遇梁湘东王自讲庄、老,之推便预门徒。虚谈非其所好,还习《礼》《传》。博览书史,无不该洽","聪颖机悟,博识有才辩,工尺牍","善于文字,监校缮写,处事勤敏,号为称职"③。他历经齐、梁、周、隋四朝,可谓见多识广,对于"学之兴废,随世轻重"④的学风也更加有切身的感慨。他的《颜氏家训》(以下简称《家训》),谈做人,论学习,是有史以来最早的一部系统论述家庭教育、体现"耕读传家"精神的著作,影响十分深广。范文澜先生云:"平而不流于凡庸,实而多异于世俗,在南方浮华北方粗疏的气氛中,《颜氏家训》保持平实的作风,自成一家言,所以被看作处世的良轨,广泛地流传在士人群中。"⑤通过《家训》,我们也可以感受到他对于学风的论述与实践。

颜之推虽然身处乱世,颠沛流离,但是他始终未能忘怀的是治家、教子,传续

---

① 范文澜:《文心雕龙注·杂文第十四》,人民文学出版社1958年版,第254页。
② 范文澜:《文心雕龙注·檄移第二十》,人民文学出版社1958年版,第379页。
③ 李延寿:《北史·文苑传》,中华书局1974年版,第2794,2795页。
④ 檀作文:《颜氏家训·勉学第八》,中华书局2007年版,第111页。
⑤ 范文澜、蔡美彪等:《中国通史》(第二册),人民出版社2008年版,第665页。

家风。他所用的教材,既有大量的生动事例,又有自己的切身体验,其中读书学习首先是他所十分关注的。《家训》劈头就说:"夫圣贤之书,教人诚孝,慎言检迹,立身扬名,亦已备矣。"[1]他紧接下来批评"魏、晋以来"各种注解历代先贤的书是"理重事复,递相模仿",然后回顾了自己错过早教而造成的遗憾,申明自己作《家训》的动因就是为了能够让儿孙不至于像自己一样,"每常心共口敌,性与情竞,夜觉晓非,今悔昨失,自怜无敌"[2],而能够早日接受良好的系统的家庭教育,且能避免"徒古书之诫,经目过耳"[3],能够把良好的教育所得贯穿于理家为官、做人做事的实践之中。因此,他的《家训》大量结合了古往今来的事例和日常生活的体验,贯穿全书的还是儒家"致知、格物、修身、齐家、治国、平天下"的思想,是儒家经典的具体化、生活化。

学业惟勤。我国历代教育家都推崇勤学,颜之推与前代教育家一脉相承,也十分强调勤奋学习。他在《家训·勉学第八》里指出:"自古明王圣帝犹须勤学,况凡庶乎!"[4]且说"此事遍于经史","士大夫子弟,数岁已上,莫不被教,多者或至《礼》《传》,少者不失《诗》《论》"[5]。还用前代苏秦、梁时刘绮等古今诸人的例子来勉励子孙,说是"古人勤学,有握锥投斧,照雪聚萤,锄则带经,牧则编简,亦为勤笃"[6]。这些人都是勤学的典范。他既主张早教,也肯定老壮而勤学,认为:"幼而学者,如日出之光,老而学者,如秉烛夜行,犹贤乎瞑目而无见者也。"[7]至于为什么需要"勤学"、怎样学习,他在这一篇章里,也作了比较系统的论述。他提出,人生在世,总要有一样专长,或懂得耕田种地,或能够从事买卖,或精于制作器具,或擅长于一技一艺,"武夫则惯习弓马,文士则讲议经书"[8],但当时的问题恰恰是,许多士大夫家庭出身的人,既看不起这些专业,又饱食终日,无所用心,学不勤,习不熟,"全忘修学",有遇"公私宴席,谈古赋诗"[9],也只能够是"塞默低头,欠伸而已"[10],对此,颜之推大为感叹,说是"何惜数年勤学,长受一生愧辱哉"[11]! 他有感于"梁朝全盛之时,贵游子弟,多无学术"和"荒乱以来,诸见俘虏"中的一些

① 檀作文:《颜氏家训·序致第一》,中华书局 2007 年版,第 3 页。
② 檀作文:《颜氏家训·序致第一》,中华书局 2007 年版,第 4 页。
③ 檀作文:《颜氏家训·序致第一》,中华书局 2007 年版,第 4 页。
④ 檀作文:《颜氏家训·勉学第八》,中华书局 2007 年版,第 97 页。
⑤ 檀作文:《颜氏家训·勉学第八》,中华书局 2007 年版,第 97 页。
⑥ 檀作文:《颜氏家训·勉学第八》,中华书局 2007 年版,第 120 页。
⑦ 檀作文:《颜氏家训·勉学第八》,中华书局 2007 年版,第 110 页。
⑧ 檀作文:《颜氏家训·勉学第八》,中华书局 2007 年版,第 97 页。
⑨ 檀作文:《颜氏家训·勉学第八》,中华书局 2007 年版,第 97 页。
⑩ 檀作文:《颜氏家训·勉学第八》,中华书局 2007 年版,第 97 页。
⑪ 檀作文:《颜氏家训·勉学第八》,中华书局 2007 年版,第 97 页。

情况,用总结性的语言指出:"若能常保数百卷书,千载总不为小人也。"①他还以通俗化的要求告诉其子孙:"夫明《六经》之指,涉百家之书,纵不能增益德行,敦厉风俗,犹为一艺,得以自资。"并引用当时的谚语"积财千万,不如薄伎在身"说:"伎之易习而可贵者,无过读书也。"②为什么?因为读了书就能有知有识,就会见多识广,所谓"世人不问愚智,皆欲识人之多,见事之广,而不肯读书,是犹求饱而懒营馔,欲暖而惰裁衣也。夫读书之人,自羲、农以来,宇宙之下,凡识几人,凡见几事,生民之成败好恶,固不足论,天地所不能藏,鬼神所不能隐也"③。把读书学习提到了与"天地""鬼神"并肩的高度。同时,他还提倡"好问",要求读书学习要"切磋相起",不能"闭门读书,师心自是"。他认为,人的学习,既要向古代圣贤学,"不知使学古人,何其蔽也哉?"④又要向实践学,不能拘于一隅,自满自足,提出:"爰及农商工贾,厮役奴隶,钓鱼屠肉,饭牛牧羊,皆有先达,可为师表,博学求之,无不利于事也。"⑤在那个时代,能够提出向这些身处下僚的人学习,一方面表现了社会学习风气的悄然转变,但另一方面也改变了孔夫子对劳动和劳动者的看法,表现了颜之推教育思想和学习思想的超越性和进步性。

颜之推主张把读书与做人统一起来。他指出:"夫所以读书学问,本欲开心明目,利于行耳。"⑥他提出要"师古",认为"不师古之踪迹,犹蒙被而卧耳"⑦。要求以古代圣贤为榜样,懂得如何养亲、事君,知道如何戒骄奢、戒吝啬,懂得怎样才能不暴悍、不怯懦,"纵不能淳,去泰去甚"⑧,认为"学之所知,施无不达"⑨。指出:"夫学者所以求益耳。"⑩也就是说,读书学习是为了有知识的增益和水平的提高,而不是读了一点书,就自高自大,"凌忽长者,轻慢同列",以至于让别人都痛恨他。颜之推明确地指出:"如此以学自损,不如无学也。"⑪他主张要像古人那样,通过读书学习"以补不足""行道以利世也",说是"夫学者犹种树也,春玩其华,秋登其实;讲论文章,春华也,修身利行,秋实也"⑫。读书的目的,是"修身利

① 檀作文:《颜氏家训·勉学第八》,中华书局 2007 年版,第 99 页。
② 檀作文:《颜氏家训·勉学第八》,中华书局 2007 年版,第 101 页。
③ 檀作文:《颜氏家训·勉学第八》,中华书局 2007 年版,第 101 页。
④ 檀作文:《颜氏家训·勉学第八》,中华书局 2007 年版,第 104 页。
⑤ 檀作文:《颜氏家训·勉学第八》,中华书局 2007 年版,第 105 页。
⑥ 檀作文:《颜氏家训·勉学第八》,中华书局 2007 年版,第 106 页。
⑦ 檀作文:《颜氏家训·勉学第八》,中华书局 2007 年版,第 103 页。
⑧ 檀作文:《颜氏家训·勉学第八》,中华书局 2007 年版,第 107 页。
⑨ 檀作文:《颜氏家训·勉学第八》,中华书局 2007 年版,第 107 页。
⑩ 檀作文:《颜氏家训·勉学第八》,中华书局 2007 年版,第 109 页。
⑪ 檀作文:《颜氏家训·勉学第八》,中华书局 2007 年版,第 109 页。
⑫ 檀作文:《颜氏家训·勉学第八》,中华书局 2007 年版,第 109 页。

行",希望"博览机要,以济功业"①,把广泛阅读和精通要义结合起来,用来帮助自己的事业取得进步。他举了北齐孝昭帝因为侍奉患病的娄太后而自己哀至"疾崩"的例子,说:"其天性至孝如彼,不识忌讳如此,良由无学所为。"并感叹说:"孝为百行之首,犹须学以修饰之,况余事乎!"②他还说过:"子当以养为心,父当以学为教。"③这也就是"学以广德""学而成人"之意思,说明读书与做人是紧密联系的。

　　颜之推认为学习既要博闻又要求实。他说:"汉时贤俊,皆以一经弘圣人之道,上明天时,下该人事。"指摘汉末之后的读书人只是"空守章句,但诵师言,施之世务,殆无一可"④的不良风气。他是提倡"虽好经术,亦以才博擅名"的,不赞同像"俗间儒士"那样:"不涉群书,经纬之外,义疏而已"。⑤ 因此,他提出:"谈说制文,援引古昔,必须眼学,勿信耳受。"⑥批评"江南闾里间,士大夫或不学问,羞为鄙朴,道听途说,强事修饰"等种种错误,认为这都是"耳学之过也"⑦。那么,如何才算是"求实"呢?颜之推认为,这要从打基础开始,于是,他要求读书要晓文识字,因为"夫文字者,坟籍根本","忽不经怀,己身姓名,或多乖舛,纵得不误,亦未知所由",反过来,要是一旦有得,那么"积年凝滞,豁然雾解"⑧;他要求博闻广见,说是"学者贵能博闻也。郡国山川,官位姓族,衣服饮食,器皿制度,皆欲根寻,得其原本"⑨。求实需要博闻,博闻方能求实,两者是互为联系的。他以"校定书籍"为例,提出:"观天下书未遍,不得妄下雌黄。或彼以为非,此以为是;或本同末异;或两文皆欠,不可偏信一隅也。"⑩儒家讲究求名责实,主张名实相符,颜之推也说:"名之与实,犹形之与影也。德艺周厚,则名必善焉;容色姝丽,则影必美焉。今不修身而求令名于世者,犹貌甚恶而责妍影于镜也。"⑪以修身而求令名,这也就是所谓"求实"精神的延伸了。

　　读书求博,也要求精。颜之推生当乱世,更深知求全之道,这其中一条就是要少说话以免后患,不做不应该做的事情,拿这一道理引申至读书学习,那就要

① 檀作文:《颜氏家训·勉学第八》,中华书局2007年版,第112页。
② 檀作文:《颜氏家训·勉学第八》,中华书局2007年版,第119页。
③ 檀作文:《颜氏家训·勉学第八》,中华书局2007年版,第124页。
④ 檀作文:《颜氏家训·勉学第八》,中华书局2007年版,第124页。
⑤ 檀作文:《颜氏家训·勉学第八》,中华书局2007年版,第114页。
⑥ 檀作文:《颜氏家训·勉学第八》,中华书局2007年版,第128页。
⑦ 檀作文:《颜氏家训·勉学第八》,中华书局2007年版,第128页。
⑧ 檀作文:《颜氏家训·勉学第八》,中华书局2007年版,第129页。
⑨ 檀作文:《颜氏家训·勉学第八》,中华书局2007年版,第130页。
⑩ 檀作文:《颜氏家训·勉学第八》,中华书局2007年版,第137页。
⑪ 檀作文:《颜氏家训·名实第十》,中华书局2007年版,第164页。

讲究"精妙"。他提出:"近世有两人,郎悟士也,性多营综,略无成名。经不足以待问,史不足以讨论,文章无可传于集录,书迹未堪以留爱玩,卜筮射六得三,医药治十差五,音乐在数十人下,弓矢在千百人中,天文、画绘、棋博,鲜卑语、胡书,煎胡桃油,炼锡为银,如此之类,略得梗概,皆不通熟。"看来好像知识渊博,无所不晓,但是可惜"皆不通熟",而且在颜氏看来,这些充其量不过是"异端"——不正统的末技小道,为此,他是大为惋惜,认为应该学得"精妙"才行。[①] 即使是论及当时颇为流行的所谓求仙问道之事,颜之推也认为是"学如牛毛,成如麟角",还举出陶渊明《太清方》之例说:"《太清方》中总录甚备,但须精审,不可轻脱。"[②]养生之术,林林总总,固然需要"精审",而书籍汗牛充栋,读书又何尝不需要精细呢?他在论述文章写作时说过:"学问有利钝,文章有巧拙。钝学累功,不妨精熟;拙文研思,终归娆鄙。但成学士,自足为人。必乏天才,勿强操笔。"[③]"钝学累功,不妨精熟",作文如此,读书也是如此,这就像今人俗谚所说的:"笨鸟先飞,胜于快鸟。"其能胜者大概也就是"累功"而"精熟"了。

---

① 檀作文:《颜氏家训·省事第十》,中华书局 2007 年版,第 181 页。
② 檀作文:《颜氏家训·养生第十五》,中华书局 2007 年版,第 203 页。
③ 檀作文:《颜氏家训·文章第九》,中华书局 2007 年版,第 144 页。

第四章　隋唐五代时期的学风

第一节　隋朝时期的学风

在经历了三国至南北朝四百多年的动荡、分裂之后,隋文帝杨坚重新统一了中国,建立隋朝政权,到隋炀帝杨广二世而亡,虽然只有短短三十八年(581—618),与秦朝也是二世而亡的历史有些相近,但是,在文化上却与秦朝采取的极端专制的政策截然不同,隋朝既重经济恢复,又重文化建设。这其中包括首创开科取士,选拔人才,一时也称文化之盛。周谷城先生称隋唐的科举制为"考试代中正",说是"隋开皇中便把'九品中正'之制罢了。起而代兴的为分科的考试制或科举制"①。隋朝的文化建设,对于后来唐代文化的繁荣,提供了十分重要的基础。

杨坚立国初期,天下尚未完全统一,零零散散的战争也没有完全结束,他本人尽管好像是周帝所"禅让"后称帝的,但毕竟属于"马背上打天下"的人,"天性沉猜,素无学术","又不悦诗书,废除学校","无宽仁之度,有刻薄之资,暨乎暮年,此风逾扇"②。但是,为了适应大一统的需要,杨坚还是开始了文化恢复的工作。开皇二年(582)十二月,"丙戌,赐国子生经明者束帛"③,以示对于皇室后人读书学习的奖掖与肯定。开皇三年夏四月丙戌日,"诏天下劝学行礼"④。同年十一月己酉,"发使巡省风俗",并下达指令说:"如有文武才用,未为时知,宜以礼发遣,朕将铨擢。其有志节高妙,越等超伦,亦仰使人就加旌异,令一人一善奖劝于人。"⑤杨坚深知以礼教化臣民方能稳定朝政、巩固政权的重要性,所谓"率土大同,含生遂性,太平之法,方可流行",要求所属臣僚"澡身浴德,开通耳目","内外

---

① 周谷城:《中国政治史》,中华书局 2007 年版,第 172 页。
② 魏徵:《隋书·帝纪第一·高祖纪》,中华书局 1973 年版,第 54—55 页。
③ 魏徵:《隋书·帝纪第一·高祖纪》,中华书局 1973 年版,第 18 页。
④ 魏徵:《隋书·帝纪第一·高祖纪》,中华书局 1973 年版,第 19 页。
⑤ 魏徵:《隋书·帝纪第一·高祖纪》,中华书局 1973 年版,第 20 页。

职位,退迩黎人,家家自修,人人克念",提出"武力之子,俱可学文""有功之臣,降情文艺,家门子侄,各守一经,令海内翕然,高山仰止",认为"京邑庠序,爰及州县,生徒受业,升进于朝",只是当时没有做好,其原因是"教训不笃,考课未精",所以希望"明勒所由,隆兹儒训"①,说明他崇尚的还是以儒学治天下。至于"废学",从史书看,好像是有感于"国学胄子,垂将千数,州县诸生,咸亦不少",但"徒有名录,空度岁时,未有德为代范,才任国用",觉得"良由设学之理,多而不精",主张"简省","于是国子学唯留学生七十人,太学、四门及州县学并废"②。这是仁寿元年六月的事,当年七月,还"改国子为太学"。他的"废学",对于教育的恢复发展是一次人为的破坏,确实也是一件令人扼腕的事,理应予以批判,加以分析。不过,他对于人才的选拔与奖掖倒也没有因此而停止,仁寿二年(602)闰十月,他下诏让杨素、苏威、牛弘、薛道衡等人"刊定阴阳磔谬"并"修定五礼",认为他们"或任居端阙,博达古今,或器推令望,学综经史"③,所谓适才是用。仁寿三年(603)六月,杨坚又下诏求贤,希令"州县搜扬贤哲,皆取明知今古,通识治乱,究政教之本,达礼乐之源。不限多少,不得不举。限以三旬,咸令进路。征召将送,必须以礼"④。

隋炀帝杨广,子承父位,登基之时辄号令天下:"若有名行显著,操履修洁,及学业才能,一艺可取,咸宜访采,将身入朝。所在州县,以礼发遣。"⑤同年(605)闰七月,丙子日,又下诏说:"诸在家及见入学者,若有笃志好古,耽悦典坟,学行优敏,堪膺时务,所在采访,具以名闻,即当随其器能,擢以不次。"⑥对于"研精经术,未愿进仕者","量准给禄",并要求恢复"国子等学","申明旧制,教习生徒,具为课试之法,以尽砥砺之道"⑦。大业三年(607)夏四月,甲午日,下令"文武有职事者,五品已上,宜依令十科举人"⑧。大业五年(609)夏六月,辛亥日,又"诏诸郡学业该通、才艺优洽,膂力骁壮、超绝等伦,在官勤奋、堪理政事,立性正直、不避强御四科举人"⑨。中国古代开科取士的制度,是从隋炀帝开始的。尽管他本人惯于"矫情饰行,以钓虚名",又"性多诡谲""猜忌臣下",晚年又大肆挥霍、荒淫无

---

① 魏徵:《隋书·帝纪第一·高祖纪》,中华书局1973年版,第32—33页。
② 魏徵:《隋书·帝纪第一·高祖纪》,中华书局1973年版,第47页。
③ 魏徵:《隋书·帝纪第一·高祖纪》,中华书局1973年版,第48页。
④ 魏徵:《隋书·帝纪第一·高祖纪》,中华书局1973年版,第51页。
⑤ 魏徵:《隋书·帝纪第一·炀帝纪》,中华书局1973年版,第63页。
⑥ 魏徵:《隋书·帝纪第一·炀帝纪》,中华书局1973年版,第64页。
⑦ 魏徵:《隋书·帝纪第一·炀帝纪》,中华书局1973年版,第65页。
⑧ 魏徵:《隋书·帝纪第一·炀帝纪》,中华书局1973年版,第68页。
⑨ 魏徵:《隋书·帝纪第一·炀帝纪》,中华书局1973年版,第73页。

度,终于自亡国家,但他对于当时教育的贡献以及对于后来科举制度的影响,是应该加以肯定的。

隋朝对于文化史的贡献,还表现在对于搜存文化典籍的重视。隋文帝开皇三年春,散骑常侍、秘书监牛弘"以典籍遗逸,上表请开献书之路",认为国家已经统一,"方当大弘文教,纳俗升平,而天下图书尚有遗逸,非所以仰协圣情,流训无穷者也",并引用了汉时陆贾与刘邦说的"天下不可马上治之"的话之后指出:"故知经邦立政,在于典谟矣。为国之本,莫此攸先。今秘藏见书,亦足披览,但一时载籍,须令大备。不可王府所无,私家乃有。然士民殷杂,求访难知,纵有知者,多怀吝惜,必须勒之以天威,引之以微利。若猥发明诏,兼开购赏,则异典必臻,观阁斯积,重道之风,超乎前世,不亦善乎!"①三月,"丁巳,诏购求遗书于天下"②,"献书一卷,赍缣一匹。一二年间,篇籍稍备"③,把分散在民间各地的图书集中到了京城。据《隋书·经籍志》所载,"大凡经传存亡及道、佛,六千五百二十部,五万六千八百八十一卷"④,在那个战乱刚平的日子里,藏书至此,也可谓是彬彬大盛了,这对于国家"大弘文教",张扬"重道之风",恢复和培养朝野的读书学习精神,是十分有益的。

正是基于皇家文化政策的激励,再加上民间一直保存着的"耕读传家"的优良传统,隋朝的读书学习之风不仅未湮灭,而且得以延绵。这种风气,在当时士臣身上,见于史籍者,主要的是两类人。一类是因为能够适应战争的需要而长于习武之人,如"幼而敏慧"的宇文忻,"为儿童时,与群辈游戏,辄为部伍,进止行列,无不用命","年十二,能左右骑射,骁捷若飞","妙解兵法,驭戎齐整",尽管后来图谋夺取天下而被"家口籍没",但生前毕竟颇被重用,并让群下推服。⑤ 再如"好读兵书,颇涉经史"的梁士彦⑥,"沉深有器局,容貌魁伟,美须髯,便弓马"的窦荣定⑦,"颇有学识,兼知钟律,善骑射"的郑译⑧,"性刚毅,有器干,伟容仪,多武艺"的李彻⑨,"少果劲,勇力绝人,能重甲上马"的权武⑩,等等。他们或者能在当

① 魏徵:《隋书·列传第十四·牛弘》,中华书局 1973 年版,第 1300 页。
② 魏徵:《隋书·帝纪第一·高祖纪》,中华书局 1973 年版,第 19 页。
③ 魏徵:《隋书·列传第十四·牛弘》,中华书局 1973 年版,第 1300 页。
④ 魏徵:《隋书·志第十三·经籍四》,中华书局 1973 年版,第 1099 页。
⑤ 魏徵:《隋书·列传第五·宇文忻》,中华书局 1973 年版,第 1165 页。
⑥ 魏徵:《隋书·列传第五·梁士彦》,中华书局 1973 年版,第 1163 页。
⑦ 魏徵:《隋书·列传第四·窦荣定》,中华书局 1973 年版,第 1150 页。
⑧ 魏徵:《隋书·列传第三·郑译》,中华书局 1973 年版,第 1135 页。
⑨ 魏徵:《隋书·列传第十九·李彻》,中华书局 1973 年版,第 1367 页。
⑩ 魏徵:《隋书·列传第三十·权武》,中华书局 1973 年版,第 1536 页。

时建功立业,或者本身就因为跟随帝王左右而受到朝廷的重用,其中的根本原因就在于从小习武,武艺高强。另一类就是熟读经书、知识丰富的士臣,比如,曾在当时名重一时的牛弘、杨素,都是"好学博闻"①"研精不倦,多所通涉"之人②。至于初被杨坚所任、后被疏远,最后被杨广忌恨而赐死的隋代著名文学家薛道衡,"六岁而孤,专精好学。年十三,讲《左氏传》,见子产相郑,作《国侨赞》,颇有词致,见者奇之。其后才名益著"③,"每有所作,南人无不吟诵焉"④,"有集七十卷,行于世"⑤。再如,开皇初年"被征入朝"的杜台卿,"少好学,博览书记,解属文","性儒素,每以雅道自居"⑥。陆爽,"少聪敏,年九岁就学,日诵二千余言",当周武帝闻其大名,把他和阳休之等十多人一起征召入关时,别人都是带着车马辎重,只有他"独载书数千卷",可谓好学爱书⑦。以《陈情表》著称的李密,更是"多筹算,才兼文武,志气雄远","后更折节,下帷耽学,尤好兵书,诵皆在口。师事国子助教包恺,受《史记》《汉书》,励精忘倦,恺门徒皆出其下"⑧。又如,"世传儒学"的恒山真定人房晖远,"幼有志行,治《三礼》《春秋》三传、《诗》《书》《周易》,兼善图纬,恒以教授为务。远方负笈而从者,动以千计"⑨。武安人马光,"少好学,从师数十年,昼夜不息"⑩。河间景城人刘炫,"闭户读书,十年不出",隋炀帝时,"诸郡置学官,及流外给廪,皆发自于炫",虽然"官途不遂",但著作极丰,《隋书》载其各种著作达 139 卷之多,唐朝魏徵等称赞他是"学实通儒,才堪成务,九流、七略,无不该览"。⑪ 隋代学风,由此可见一斑。

第二节　唐时期的学风

隋时,经济和人口一度得到比较好的恢复,但是两代皇帝大兴土木,建大兴城,修万里长城,开凿大运河,等,民力为之凋敝,府库为之渐空,加上后来隋炀帝

① 魏徵:《隋书·列传第十四·牛弘》,《隋书·列传第十三·杨素》,中华书局 1997 年版,第 1297 页。
② 魏徵:《隋书·列传第十四·牛弘》,《隋书·列传第十三·杨素》,中华书局 1997 年版,第 1281 页。
③ 魏徵:《隋书·列传第二十二·薛道衡》,中华书局 1997 年版,第 1405 页。
④ 魏徵:《隋书·列传第二十二·薛道衡》,中华书局 1997 年版,第 1406 页。
⑤ 魏徵:《隋书·列传第二十二·薛道衡》,中华书局 1997 年版,第 1413 页。
⑥ 魏徵:《隋书·列传第二十三·杜台卿》,中华书局 1997 年版,第 1421 页。
⑦ 魏徵:《隋书·列传第二十三·陆爽》,中华书局 1997 年版,第 1420 页。
⑧ 魏徵:《隋书·列传第三十五·李密》,中华书局 1997 年版,第 1624 页。
⑨ 魏徵:《隋书·列传第四十·房晖远》,中华书局 1997 年版,第 1716 页。
⑩ 魏徵:《隋书·列传第四十·马光》,中华书局 1997 年版,第 1717 页。
⑪ 魏徵:《隋书·列传第四十·刘炫》,中华书局 1997 年版,第 1719、1721、1723、1727 页。

的荒淫、奢靡以及执政的渐渐刚愎自用,人心渐失,也引发了农民起义和臣下的纷争。唐朝的开国皇帝李渊,作为隋朝两代皇帝的臣子,就是利用农民起义和臣下纷争的浪潮,从隋炀帝手中取得政权,登上皇位的。

隋灭唐兴。唐代立国近三百年(618—907),无论是经济的发展,政治的统一,版图的广大,还是文化的繁荣,都是远远超迈于前代的,尽管在"安史之乱"以后国力也逐渐式微,但是,称其为"中国古代历史上少有的盛世",那是一点都不为过的。

唐高祖李渊刚登上皇帝位时,天下的纷争尚未结束,政权也没有完全稳固,但是,他首先新颁历法(618,"癸巳,诏行傅仁均所造《戊寅历》"①),次年(619)六月即"令国子学立周公、孔子庙,四时致祭,仍博求其后"②,表明立国之后不久就恢复了国子学,为整个教育的恢复开了先河。到武德七年春二月丁巳日,他又"幸国子学,亲临释奠"③。尽管唐朝教育、文化事业的大发展还要在其后一段时期才走上轨道,但李渊毕竟为唐王朝开拓了基业,所谓"高皇创图,势若摧枯。国运神武北、淮南举孝悌淳笃,兼闲时务;儒术该通,可为师范;文辞秀美,才堪著述;明识政体,可委字人;并志行修立,为乡闾所推者,给传诣洛阳宫"。这几句话虽然不免有些阿谀之味,但是大唐三百年文化的繁盛确实是由他拉开序幕的。

李渊是在武德九年(626)"八月癸亥",传位于太宗李世民的。史载,早在武德四年(621),"于时海内渐平,太宗乃锐意经籍,开文学馆以待四方之士。行台司勋郎中杜如晦等十有八人为学士,每更直阁下,降以温颜,与之讨论经义,或夜分而罢"④。这也说明太宗的文治是早有基础的。在他当政之后,更是重视选贤任能。他认为隋文帝"事皆自决",难免"心不明",而臣下又不敢在皇帝面前直言极谏,"宰相已下,承受而已",所以,他提出:"以天下之广,岂可独断一人之虑?朕方选天下之才,为天下之务,委任责成,各尽其用,庶几于理也。"⑤贞观二年(628),"大收天下儒士","国学增筑学舍四百余间,国子、太学、四门、广文亦增置生员,其书、算各置博士、学生以备众艺","四方儒生负书而至者,盖以千数。俄而吐蕃及高昌、高丽、新罗等诸夷酋长亦遣子弟请入于学。于是国学之内,鼓箧

① 刘昫:《旧唐书·本纪第一·高祖纪》,中华书局1975年版,第8页。
② 刘昫:《旧唐书·本纪第一·高祖纪》,中华书局1975年版,第9页。
③ 刘昫:《旧唐书·本纪第一·高祖纪》,中华书局1975年版,第14页。
④ 刘昫:《旧唐书·本纪第一·太宗纪》,中华书局1975年版,第28页。
⑤ 刘昫:《旧唐书·本纪第一·太宗纪》,中华书局1975年版,第40页。

生讲筵者,几至万人,儒学之兴,古昔未有也"①。用今天的话来说,学校里不仅有了本国的学生,还有了来自周边国家的留学生。贞观十一年(637),夏四月,诏令河淮。贞观十四年(640),"二月丁丑,幸国子学,亲释奠……国家、子祭酒以下及学生高第精勤者加一级,赐帛有差"②,以此鼓励学人勤奋读书,精进学业。同月乙未日,又下令褒奖隋朝遗才和当时的"名儒",说是"学徒多行其义"而"命求其后"③。贞观十五年(641)六月,下令"天下诸州,举学综古今及孝悌淳笃、文章秀异者"④。贞观十七年(643),"五月乙丑,手诏举孝廉茂才异能之士"⑤。在李世民当政的日子里,虽然也有内争外乱,但是就国家治理而言,确实可以称得上太平盛世,这也就是为后人所乐道的"贞观之治",而其中的原因与他对教育和人才的重视以及天下人勤奋地读书与向学是有密切关系的。李世民说过:"致治之本,惟在于审。量才授职,务省官员。"⑥用什么样的人,是他常常关注的一个问题。他选人用人,最根本的一条,就是看所选所用之人是否有德有才:"今所任用,必须以德行、学识为本。"所谓"学识",李世民主张要由博由勤,他指出:"夫人虽禀定性,必须博学以成其道,亦犹蜃性含水,待月光而水垂;木性怀火,待燧动而焰发;人性含灵,待学成而为美。是以苏秦刺骨,董生垂帷,不勤道义,则其名不立。"⑦他借用两个比喻和两位先贤来说明一个普通的道理:成才必须靠博学,学习一定要勤苦。他认为,人本来是富含灵性的,但是如果不学习,那么同样不可能修成美德。这一番话是很有见地的。贞观九年,李世民同臣下说过,自己是"少从戎旅,不暇读书,贞观以来,手不释卷,知风化之本,见政理之源"⑧,由此可以看出,作为功盖天下的一国之君,就是在读书学习方面,李世民也是身体力行,为臣下作则垂范的。

正是由于李渊、李世民父子的重视与大力倡导,崇儒重教、尚学崇文、开科延士之风,一直延绵数代。紧随其后的唐高宗李治,同样重教育、兴科举。永徽四年(653),"三月壬子朔,颁孔颖达《五经正义》于天下,每年明经令依此考试"⑨,使得考试有规范,士子有所依。显庆四年(659),"春二月乙亥,上亲试举人,凡九

① 吴兢:《贞观政要·崇儒学第二十七》,骈宇骞,齐立洁,李欣译注,中华书局2009年版,第230页。
② 刘昫:《旧唐书·本纪第一·太宗纪》,中华书局1975年版,第48页。
③ 刘昫:《旧唐书·本纪第一·太宗纪》,中华书局1975年版,第51页。
④ 刘昫:《旧唐书·本纪第一·太宗纪》,中华书局1975年版,第53页。
⑤ 刘昫:《旧唐书·本纪第一·太宗纪》,中华书局1975年版,第55页。
⑥ 吴兢:《贞观政要·择官第七》,骈宇骞,齐立洁,李欣译注,中华书局2009年版,第67页。
⑦ 吴兢:《贞观政要·择官第七》,骈宇骞,齐立洁,李欣译注,中华书局2009年版,第232—234页。
⑧ 吴兢:《贞观政要·择官第七》,骈宇骞,齐立洁,李欣译注,中华书局2009年版,第343页。
⑨ 刘昫:《旧唐书·本纪第一·高宗纪》,中华书局1975年版,第71页。

百人"①。同时,为巩固统治,也是为了褒扬儒学,倡导天下士人学习向上之风,李治又在麟德三年(即乾封元年,666)正月,亲到山东曲阜,"幸孔子庙,追赠太师,增修祠宇"②。乾封三年(668)二月,由"皇太子(李)弘释奠于国学,赠颜回太子少师,曾参太子少保"③。总章三年(670)夏五月,下令修造"诸州县孔子庙堂及学馆有破坏并先来未造者"④。咸亨五年(674)十二月,规定"每岁明经一准《孝经》《论语》例试于有司"⑤。这些举措的推出,对于一个时期学人举子的向学进修必能起到十分明显的导向作用。

一般说来,影响一个时代学风的因素,除了天下安定与否以及对于前代的因革之外,最主要的是统治者在用人、教育与科举这三个方面的政策导向。上列唐代开国初期的三代皇帝在扫平宇内、安抚四方的同时,大力地崇儒奖学,为唐代大开勤学奋进之风,鼓励和刺激天下士子踊跃读书,畅想敢言,加上其他方面开明政策的有力支撑,使得唐王朝一举成为当时世界上经济最发展、文化最繁荣、国度最开放、国力也最为强盛的国家。

安宁国为治,盛世好读书。有唐一代,读书入仕蔚然成风,勤苦为学、博览群书者,不胜枚举。比如,唐初著名大臣房玄龄、杜如晦,都是自幼聪慧,"博览经史"⑥"好谈文史"之人,颇受太宗李世民的欣赏,被召为文学馆学士⑦。仅仅活了五十一岁、死时受李世民深所叹惋的秘书郎、兼直中书省岑文本,"性沉敏,有姿仪,博考经史,多所贯综,美谈论,善属文"⑧。以直言敢谏著称的"一代名臣"魏徵,"少孤贫,落拓有大志,不事生业,出家为道士。好读书,多所通涉,见天下渐乱,尤属意纵横之说",且"雅有经国之才,性又抗直,无所屈挠"。《旧唐书》编撰者叹之为"前代诤臣,一人而已"。⑨越州余姚人虞世南,"性沉静寡欲,笃志勤学,少与兄世基受学于吴郡顾野王,经十余年,精思不倦,或累旬不盥栉"⑩,其勤学笃学如此,令人感叹!同被李世民召为文学馆十八学士之一的钱塘人褚亮,"幼聪敏,好学善属文,博览无所不至,经目必记于心。喜游名贤,尤善谈论",

① 刘昫:《旧唐书·本纪第一·高宗纪》,中华书局1975年版,第79页。
② 刘昫:《旧唐书·本纪第一·高宗纪》,中华书局1975年版,第90页。
③ 刘昫:《旧唐书·本纪第一·高宗纪》,中华书局1975年版,第91页。
④ 刘昫:《旧唐书·本纪第一·高宗纪》,中华书局1975年版,第94页。
⑤ 刘昫:《旧唐书·本纪第一·高宗纪》,中华书局1975年版,第99页。
⑥ 刘昫:《旧唐书·列传第十六·房玄龄》,中华书局1975年版,第2459页。
⑦ 刘昫:《旧唐书·列传第十六·杜如晦》,中华书局1975年版,第2468页。
⑧ 刘昫:《旧唐书·列传第二十·岑文本》,中华书局1975年版,第2535页。
⑨ 刘昫:《旧唐书列传第二十一·魏徵》,中华书局1975年版,第2545、2547、2563页。
⑩ 刘昫:《旧唐书·列传第二十二·虞世南》,中华书局1975年版,第2565页。

"卒时年八十八。太宗深悼惜之,不视朝一日",以后还陪葬昭陵,也可谓尊荣一世了。① 再如"少传家业,博览群书,尤精诂训,善属文"的颜师古;"八岁就学,日诵千余言。及长,尤明《左氏传》《郑氏尚书》《王氏易》《毛诗》《礼记》,兼善算历,解属文"的孔颖达,都是称于当世、影响至今的一代学人。被后来宋祁评为"论谏数十百篇,讥陈时病,皆本仁义,炳炳如丹青"的"一代贤相"陆贽,"少孤,特立不群,颇勤儒学"②,被苏轼称为"才本王佐,学为帝师"③。其他如年少之时就"俱以文辞知名,时人谓之苏、李"的苏味道、李峤;唐中宗时"东朝表书,多成其手"的崔融;"少以辞学著称"的卢藏用;被唐玄宗称为"弘济艰难,参其功者时杰;经纬礼乐,赞其道者人师"的张说;等等。学深才杰,数不胜数。至如人称"圣童""道合古今,学殚术数"的孙思邈,"七岁就学,日诵千余言。弱冠,善谈庄、老及百家之说,兼好释典","自注老子、庄子,撰《千金方》三十卷"。④ 再如"博学晓音律,兼善阴阳推算"的李嗣真,以"医术知名"的张文仲,"尤善天文"的尚献甫,"善于音律"的裴知古,等等。⑤ 这都因为好学精思、专于一艺而名播当时。

唐代也是文学最为繁荣兴盛的时期,诗歌更是擅一代之胜,诗人辈出,诗作如云,诗格齐备,而究其原因,固然与当时"诗赋取士"的科举制度很有关系,但是,成功者根本在人、基础在学,诗人的勤学善学、阅广思深、长于创新是其中最为重要的因素。比如,唐初首举诗文革新大旗的陈子昂,虽然"家世富豪",但他"独苦节读书,尤善属文"⑥。辛文房说他是早年任侠尚气,"后入乡校感悔,即于州东南金华山观读书,痛自修饰,精究坟典,耽爱黄、老、《易》、《庄》"⑦。号为"初唐四杰"的王勃,"六岁解属文,构思无滞,词情英迈","文章迈捷,下笔则成,尤好著书"⑧,杨炯"幼聪敏博学,善属文"⑨,卢照邻"年十余岁,就曹宪、王义方授《苍》《雅》及经史,博学善属文"⑩,骆宾王"少善属文,尤妙于五言诗,尝作《帝京篇》,当时以为绝唱"⑪。他们无一不是幼年早学,才情充溢。在盛唐初期颇负诗名的贺知章,"少以文词知名",尽管性好饮酒,但"醉后属词,动成卷轴,文不加点,咸有

① 刘昫:《旧唐书·列传第二十二·诸亮》,中华书局 1975 年版,第 2578、2582 页。
② 刘昫:《旧唐书·列传第八十九·陆贽》,中华书局 1975 年版,第 3791 页。
③ 转引自陆贽:《陆宣公集前言》,浙江古籍出版社 1988 年版,第 3 页。
④ 刘昫:《旧唐书·列传第一百四十一·方伎传·孙思邈》,中华书局 1975 年版,第 5094—5096 页。
⑤ 刘昫:《旧唐书·列传第一百四十一·方伎传·张文仲》,中华书局 1975 年版,第 5099—5101 页。
⑥ 刘昫:《旧唐书·列传第一百四十中·文苑传·陈子昂》,中华书局 1975 年版,第 5018 页。
⑦ 辛文房:《唐才子传》,京华出版社 2000 年版,第 122 页。
⑧ 刘昫:《旧唐书·列传第一百四十上·文苑传·王勃》,中华书局 1975 年版,第 5004 页。
⑨ 刘昫:《旧唐书·列传第一百四十上·文苑传·杨炯》,中华书局 1975 年版,第 5006 页。
⑩ 刘昫:《旧唐书·列传第一百四十上·文苑传·卢照邻》,中华书局 1975 年版,第 5000 页。
⑪ 刘昫:《旧唐书·列传第一百四十上·文苑传·骆宾王》,中华书局 1975 年版,第 5006 页。

可观",唐肃宗则称其为"器识夷淡,襟怀和雅,学富才雄"。①

被后人称为唐代"三大诗人"的李白、杜甫、白居易,他们之所以能够占据当时乃及整个中国古代诗坛的崇高地位,其重要原因也在于他们能够勤奋地读书与学习。李白"十岁通五经","天才赡逸,名闻天下"②。《旧唐书》说他是"少有逸才,志气宏放,飘然有超世之心"③。他自己也有诗说是"五岁诵六甲",幼年就接受教育,所读之书既有儒家经典,也有其他诸子百家的书,还有别的杂书,后来就学得更多更杂了,所谓"十五观奇书,作赋凌相如"④,涉猎也很广,"十五游神仙"⑤,"十五好剑术"⑥等。杜甫则"七龄思即壮,开口咏凤凰。九龄书大字,有作成一囊","往昔十四五,出游翰墨场"。⑦ 从他的大量诗作来看,他是读过不少儒家的书的,所以他能把"致君尧舜上,再使风俗纯"作为自己出仕为官的目的,无论做什么样的官都能竭尽才能,身在草野也能关心民瘼,用诗歌来为人民鼓与呼。白居易祖上"世敦儒业,皆以明经出身","幼聪慧绝人,襟怀宏放","文辞富艳,尤精于诗笔",同时,"儒学之外,尤通释典",精通儒佛,因此,尽管由于种种原因,他在仕途上并不顺畅,但是总能遵循"穷则独善其身,达则兼善天下"的儒家思想,"以天下之心为心",在诗歌创作上,以反映社会的真实生活为己任,以语言通俗见长,开创了在中唐时期诗坛上影响巨大的"新乐府运动"。这"三大诗人"不仅善读书本之书,而且广阅"社会之书",从而大大丰富了生活阅历,扩开了胸襟怀抱,提高了诗歌反映社会、表现生活、照射现实的容量和品位。李白年轻时周游各地,"仗剑去国,辞亲远游","浮洞庭,历襄汉,上庐山,东至金陵、扬州,复折回湖北,以安陆为中心,又先后北游洛阳、龙门、嵩山、太原,东游齐鲁,登泰山,南游安徽、江苏、浙江等地,游踪所及,几半中国",此后,又从天宝三年春天开始,离开长安,再度漫游。⑧ 在饱览山水的同时,也得以了解各地的风土人情,并由此创作了一大批脍炙人口的诗篇。杜甫"读万卷书,行万里路","读书破万卷,下笔如有神",大凡国难家仇,人情世况,风物地理,山水景象,一一写来,就有盎然诗意,人称其诗"诗史",称其"诗圣"。白居易有非常深厚的生活体验和人生阅历,

---

① 刘昫:《旧唐书·列传第一百四十中·贺知章》,中华书局1975年版,第5033、5035页。
② 辛文房:《唐才子传》,京华出版社2000年版,第131页。
③ 刘昫:《旧唐书·列传第一百四十下·文苑传·李白》,中华书局1975年版,第5053页。
④ 《赠张相镐二首》,见《李太白全集》,王琦注,李长路、赵威点校,中华书局1977年版,第599页。
⑤ 《感兴八首其五》,见《李太白全集》,王琦注,李长路、赵威点校,中华书局1977年版,第1104页。
⑥ 《与韩荆州书》,见《李太白全集》,王琦注,李长路、赵威点校,中华书局1977年版,第1240页。
⑦ 钱谦益:《钱注杜诗》,上海古籍出版社1958年版,第219—220页。
⑧ 有关李白、杜甫、白居易的游历以及对诗歌写作的影响,可以参见游国恩先生等著《中国文学史》,人民文学出版社1963年版。

由中原而入江南,仕途坎坷,然能访民生,察时弊,历山水,观风物,同时又主张写诗作文要"为时""为世","惟歌生民病",故其诗往往能够"感于事""动于情","兴于嗟叹,发于吟咏,而形于歌诗",成了继杜甫之后又一位影响深远的现实主义诗人。

其他诗人如王维、孟浩然、高适、岑参、李贺、李商隐、温庭筠、杜牧、薛逢、皮日休等,无一不是精心向学、熟读经典之人,因此,他们的诗歌也往往显示出深厚的学识和娴熟的诗才,极大地丰富了我国古代的文学宝库。

唐朝是中国古代历史上最为开放的一个时代,大量的异域文化随着开放而进入中原,既为中外文化交流的历史谱写了新的华章,也为人们的学习提供了崭新的材料和视野,物产、器用、服装、音乐、宗教等,都在这时焕然生辉,大放异彩。如由隋入唐的著名高僧玄奘,"博涉经纶","贞观初,随商人往游西域","既辩博出群,所在必为讲释论难,蕃人远近咸尊伏之",在西域生活十七年,历经百余国,"悉解其国之语,仍采其山川谣俗,土地所有,撰《西域记》十二卷",回国后,大受唐太宗尊重,领诏翻译"梵本六百五十七部",死后"归葬于白鹿原,士女送葬者数万人"①。唐玄奘西域取经,成了中外文化交流史上传诵千古的一段佳话,也是当时唐朝开放往来的一个缩影。至于以中外音乐曲调为声情节拍的"曲子词"也是在唐代诞生的,著名的"敦煌曲子词"就产生在唐代,后由民间词发展为文人词,诗人中李白、白居易、张志和、温庭筠等,都有词作传世。

第三节　杜甫与学习

杜甫(712—770),字子美,《旧唐书·杜甫传》云:"本襄阳人,后徙河南巩县。"祖上即是官宦之家,书香门第。祖父杜审言,为唐膳部员外郎;父杜闲,为奉天令。杜甫在天宝初年就曾应进士第,未中。天宝末年,"献《三大礼赋》,玄宗奇之,召试文章,授京兆府兵曹参军"。肃宗时,"拜右拾遗","上元二年冬,黄门侍郎郑国公严武镇成都,奏为节度参谋检校尚书工部员外郎赐绯鱼袋"②,故后人多称杜工部。

杜甫是唐代也是中国古代文学史上最著名的诗人之一,元稹在《唐检校工部员外郎杜君墓系铭并序》里说杜甫是"上薄风骚、下该沈宋、古傍苏李、气夺曹刘,

---

① 刘昫:《旧唐书·列传第一百四十一·方伎传·僧玄奘》,中华书局 1975 年版,第 5108—5109 页。
② 刘昫:《旧唐书·列传第一百四十下·文苑传·杜甫》,中华书局 1975 年版,第 5054 页。

掩颜谢之孤高、杂徐庾之流丽,尽得古今之体势,而兼人人之所独专"①,影响极其深远。

杜甫在诗坛上所以能够取得如此杰出的成就,造就如此崇高的地位,其中一个非常重要的原因,就是勤于学习,用他自己的话来说,就是:"读书破万卷,下笔如有神。"②他认为,一个人"富贵必从勤苦得,男儿须读五车书"③,把勤奋刻苦和学富五车作为男儿立身立业的必要条件。他在《壮游》一诗里追忆起自己早年的读书和写作生活时就这样说过:"往昔十四五,出游翰墨场。斯文崔魏徒,以我似班(扬)。七龄思即壮,开口咏凤凰。九龄书大字,有作成一囊。"④在其《进雕赋表》中也说道:"臣幸赖先臣绪业,自七岁所缀诗笔,向四十载矣,约千有余篇。"⑤而且还学过骑马,所谓"骑马忽忆少年时,散蹄迸落曲塘石"⑥。因此,少年时期的杜甫就是勤奋向学,秀出旁人的。他这种读书学习的习惯一直坚持到老,即便因为"安史之乱",颠沛流离,甚至早就老病缠身,消渴、耳聋,吃药不停,但无论漂泊何处,伴随着他的总有书籍和读书学习的习惯,所谓"飘零仍百里,消渴已三年。雄剑鸣开匣,群书满系船"⑦。"傍架齐书帙,看题减药囊。"⑧"力稀经树歇,老困拨书眠。"⑨乃至喜闻官军收复了黄河南北,自己将结束乱离返家之际,其高兴之情也是以"诗书"作表的,就是"且看妻子愁何在,漫卷诗书喜欲狂",这是因为"诗书"是他家当之中的重要部分,是要带着回家的。同时,杜甫开阔视野,读书学史,吟诗识画,对书法、音乐、建筑、种养等方面都有精深造诣。比如他的那些观书观画观舞蹈的诗歌,诸如《奉先刘少府新画山水障歌》《题壁上韦偃画马歌》《姜楚公画角鹰歌》《观公孙大娘舞剑器》等篇章,都写得特别入神,脍炙人口。

杜甫不仅"读书破万卷","熟精《文选》理"⑩,在着力从书本上学习的同时,也十分注重向前人学习。他有诗说:"焉得思如陶谢手,令渠述作与同游"⑪;"摇落深知宋玉悲,风流儒雅亦吾师"⑫;"不薄今人爱古人,清词丽句必为邻","别裁伪

① 钱谦益:《钱注杜诗·唐检校工部员外郎杜君墓係铭并序》,上海古籍出版社 1958 年版,第 706 页。
② 钱谦益:《钱注杜诗·奉赠韦左丞丈二十二韵》,上海古籍出版社 1958 年版,第 1 页。
③ 钱谦益:《钱注杜诗·柏学士茅屋》,上海古籍出版社 1958 年版,第 575 页。
④ 钱谦益:《钱注杜诗·壮游》,上海古籍出版社 1958 年版,第 219—220 页。
⑤ 钱谦益:《钱注杜诗·进雕赋表》,上海古籍出版社 1958 年版,第 669 页。
⑥ 钱谦益:《钱注杜诗·醉为马坠诸公携酒相看》,上海古籍出版社 1958 年版,第 239 页。
⑦ 钱谦益:《钱注杜诗·秋日夔府咏怀奉寄郑监李宾客一百韵》,上海古籍出版社 1958 年版,第 518 页。
⑧ 钱谦益:《钱注杜诗·西郊》,上海古籍出版社 1958 年版,第 374 页。
⑨ 钱谦益:《钱注杜诗·九月一日过孟十二仓曹十四主簿兄弟》,上海古籍出版社 1958 年版,第 573 页。
⑩ 钱谦益:《钱注杜诗·宗武生日》,钱谦益注,上海古籍出版社 1958 年版,第 559 页。
⑪ 钱谦益:《钱注杜诗·江上值水如海势聊短述》,上海古籍出版社 1958 年版,第 390 页。
⑫ 钱谦益:《钱注杜诗·咏怀古迹五首》,上海古籍出版社 1958 年版,第 512 页。

体亲风雅,转益多师是汝师"①。又说:"李陵苏武是吾师,孟子论文更不疑,""孰知二谢将能事,颇学阴何苦用心"②。把前辈诗人当作自己的老师,一一学来,使自己得到充盈提高。同时,他谦虚地向时人学习。比如,他敬仰陈子昂,称其"有才继骚雅,哲匠不比肩。公生扬马后,名与日月悬","终古立忠义,感遇有遗编"③。称道孔巢父"试卷长留天地间","自是君身有仙骨"④。对李白,更是爱而仰之,如他说"李白一斗诗百篇"的诗思敏捷、为人狂放,首肯"李侯有佳句,往往是阴铿"⑤"清新庾开府,俊逸鲍参军"⑥的诗歌风格,慨叹李白"冠盖满京华""千秋万岁名"的盛名与影响,见不出文坛上常有的那种"文人相轻"的陋习。杜甫与王维、高适、岑参等同辈诗人也多有交往,或相互切磋借鉴。正是因为有着对于前人与时人的学习、吸收,并且始终注重锤词炼句,所谓"为人性僻耽佳句,语不惊人死不休"⑦,从而熔铸成了杜甫诗歌的独有风格,奠定了他在诗坛上特有的崇高地位。

对于朋友乃至旁人,杜甫也常常钦羡并赞美他们读书向学的美德。这方面,在他的诗中是随处可见的。比如《送从弟亚赴安西判官》:"兵法五十家,尔腹为箧笥。应对如转丸,疏通略文字。经纶皆新语,足以正神器。"⑧《送李校书二十六韵》:"人间好少年,不必须白皙。十五富文史,十八足宾客。十九授校书,二十声辉赫。众中每一见,使我潜动魄。自恐二男儿,辛勤养无益。"⑨又如《孟氏》的"孟氏好兄弟,养亲唯小园""负米寒葵外,读书秋树根"⑩。再如《柏学士茅屋》的"古人已用三冬足,年少今开万卷馀"⑪,等等。他的《八哀诗》,伤时感世,"叹旧怀贤",而所哀叹的八位前辈,几乎个个都是自幼向学、学贵有成的。且看:王思礼的"晓达兵家流,饱闻《春秋》癖。胸襟日沉静,肃肃自有适";严武的"昔在童子日,已闻老成名。嶷然大贤后,复见秀骨清""阅书百纸尽,落笔四座惊""诸葛蜀人爱,文翁儒化成";王珪的"好学尚贞烈,义形必沾巾。挥翰绮绣扬,篇什如有神";李邕的"忆昔李公存,词林有根柢。声华当健笔,洒落富清制。风流散金石,

① 钱谦益:《钱注杜诗·戏为六绝句》,上海古籍出版社1958年版,第407页。
② 钱谦益:《钱注杜诗·解闷十二首》,上海古籍出版社1958年版,第528页。
③ 钱谦益:《钱注杜诗·陈拾遗故宅》,上海古籍出版社1958年版,第138页。
④ 钱谦益:《钱注杜诗·送孔巢父谢病归游江东兼呈李白》,上海古籍出版社1958年版,第20页。
⑤ 钱谦益:《钱注杜诗·与李十二白同寻范十隐居》,上海古籍出版社1958年版,第294页。
⑥ 钱谦益:《钱注杜诗·春日忆李白》,上海古籍出版社1958年版,第296页。
⑦ 钱谦益:《钱注杜诗·江上值水如海势聊短述》,上海古籍出版社1958年版,第390页。
⑧ 钱谦益:《钱注杜诗·送从弟亚赴安西判官》,上海古籍出版社1958年版,第53页。
⑨ 钱谦益:《钱注杜诗·送李校书二十六韵》,上海古籍出版社1958年版,第63—64页。
⑩ 钱谦益:《钱注杜诗·孟氏》,上海古籍出版社1958年版,第543页。
⑪ 钱谦益:《钱注杜诗·柏学士茅屋》,上海古籍出版社1958年版,第575页。

追琢山岳锐。情穷造化理,学贯天人际";苏源明的"武功少也孤,徒步客徐衮。读书东岳中,十载考坟典""夜字照爇薪,垢衣生碧藓。庶以勤苦志,报兹劬劳显";郑虔的"荥阳冠众儒,早闻名公赏""天然生知姿,学立游夏上""药纂西极名,兵流指诸掌。贯穿无遗恨,荟蕞何技痒。圭臬星经奥,虫篆丹青广""文传天下口,大字犹在榜";张九龄的"乃知君子心,用才文章境。散帙起翠螭,倚薄巫庐并。绮丽玄晖拥,笺诔任昉骋。自我一家则,未缺只字警。千秋沧海南,名系朱鸟影。"为我们展示的俨然是一幅八位前辈的勤学画卷。

文学是生活的反映。杜甫挚爱生活,热爱劳动,十分注重从生活中学习。"忆年十五心尚孩,健如黄犊走复来。庭前八月梨枣熟,一日上树能千回。"①少年杜甫也同其他孩子一样活泼好动,对事物富于好奇。他在成都时,住在郊外浣花溪畔,那草堂就是他自己"诛茅卜居"而精心修葺的,所以,当狂风暴雨刮断了草堂旁的楠树,尤其是"茅屋为秋风所破"时,他都吟唱出了流传千古的诗篇,所谓"我有新诗何处吟,草堂自此无颜色"②,"八月秋高风怒号,卷我屋上三重茅"③等等,这是因为对于生活热爱之深,所以用诗句表达出了忧愁之重。学习生活,观察生活,诗篇才显得生动活泼。杜甫的诗歌用语质朴,这与他接近民间并善于跟普通百姓和谐相处是有密切关系的。他说过:"人生交契无老少,论交何必先同调。"④他也有诗写道:"田翁逼社日,邀我尝春酒。"⑤"肯与邻翁相对饮,隔篱呼取尽馀杯。"⑥显示了他与"田翁"们的亲近无间。也正是因为这样,所以他的诗歌总能抒写百姓的痛苦与辛劳,能为人民鼓与呼。杜甫又是注重游历各地、增长胸中阅历的诗人。他说过:"登临多物色,陶冶赖诗篇。"⑦比如,一首《望岳》就写尽了泰山的雄伟壮观,也抒发了"会当凌绝顶,一览众山小"的高远情怀⑧。杜甫不是那种"囿于自我"、消极出世的诗人,而是有着"男儿生世间,及壮当封侯"⑨和"致君尧舜上,再使风俗淳"⑩之宏大抱负的积极入世者,是"穷年忧黎元,叹息肠内热"的人民诗人,因此,他的诸如"三吏""三别"等诸多诗篇,融自然生活与社会生

---

① 钱谦益:《钱注杜诗·百忧集行》,上海古籍出版社1958年版,第125页。
② 钱谦益:《钱注杜诗·楠树为风雨所拔叹》,上海古籍出版社1958年版,第127页。
③ 钱谦益:《钱注杜诗·茅屋为秋风所破歌》,上海古籍出版社1958年版,第127页。
④ 钱谦益:《钱注杜诗·徒步归行》,上海古籍出版社1958年版,第60页。
⑤ 钱谦益:《钱注杜诗·遭田父泥饮美严中丞》,上海古籍出版社1958年版,第130页。
⑥ 钱谦益:《钱注杜诗·客至》,上海古籍出版社1958年版,第383页。
⑦ 钱谦益:《钱注杜诗·秋日夔府咏怀奉寄郑监李宾客一百首》,上海古籍出版社1958年版,第518页。
⑧ 钱谦益:《钱注杜诗·望岳》,上海古籍出版社1958年版,第5页。
⑨ 钱谦益:《钱注杜诗·后出塞五首》,上海古籍出版社1958年版,第94页。
⑩ 钱谦益:《钱注杜诗·奉赠韦左丞丈二十二韵》,上海古籍出版社1958年版,第1页。

活于一炉,是盛唐社会风俗画卷的形象展示。读他的诗歌,不仅可以"多识鸟兽草木之名",更可以了解"安史之乱"带来的灾难以及大唐由盛及衰的历史写照,从而感受真实、形象的"诗史"。

杜甫也重视对孩子的教育,让他们从小爱学习、爱生活。他在儿子生日时,写了一首诗,说:"诗是吾家事,人传世上情。熟精《文选》理,休觅綵衣轻。"①教他读书、做人。他的另一首《又示宗武》诗写道:"觅句新知律,摊书解满床。试吟青玉案,莫羡紫罗裳。假日从时饮,明年共我长。应须饱经术,已似爱文章。十五男儿志,三千弟子行。曾参与游夏,达者得升堂。"②希望儿子从小立志,饱读诗书,继承儒家之道,做曾参、子游、子夏那样"兼善天下"的"达者"。同时,杜甫还抽空教儿子与童奴动手劳作,比如伐木、修屋、树鸡栅、摘苍耳等,让他们体会艰辛,爱惜生活,在劳动中增长见识,增进才干。

第四节 韩愈与学习

韩愈,字退之,昌黎(在今河北省)人。"生三岁而孤,养于从父兄","自以孤子,幼刻苦学儒,不俟奖励"。③ 其自言"少知始学,勇于敢为;长通于方,左右具宜"④。作为中唐的著名诗人,他的诗歌走的是奇险一路,如《山石》等,情、形皆多怪异,遣词造句亦多险怪之语。游国恩先生等在其编写的《中国文学史》里指出:韩愈"不仅纠正了大历以来的平庸诗风,而且在中唐诗坛上开创了一个新的局面,把新的语言风格、章法技巧引入诗坛,从而扩大了诗的领域"⑤。他的诗歌比较长于议论,开了后来宋人"以文为诗"的先河。在散文创作上,韩愈更是"自振于一代",大力兴复古道,领率了古文运动,"文起八代之衰",位列著名的古文"唐宋八大家"之首,影响极其深远。同时,韩愈又是著名的教育家,好学乐教,孜孜不倦,诱引后生,弟子众多,留下了许多具有真知灼见的教育思想和学习观念。

韩愈首先是一个好学深思之人。他自云"布衣之士","生七岁而读书,十三而能文,二十五而擢第于春官,以文名于四方。前古之兴亡,未尝不经于心也;当

---

① 钱谦益:《钱注杜诗·宗武生日》,上海古籍出版社 1958 年版,第 559 页。
② 钱谦益:《钱注杜诗·又示宗武》,上海古籍出版社 1958 年版,第 559 页。
③ 刘昫:《旧唐书·列传第一百一十·韩愈传》,中华书局 1975 年版,第 4195 页。
④ 董诰:《全唐文·进学解》,上海古籍出版社 1990 年版,第 2501 页。
⑤ 游国恩等:《中国文学史》,人民文学出版社 1963 年版,第 160 页。

世之得失,未尝不留于意也"①。又自言:"少驽怯也,于他艺能,自度无可努力,又不通时事,而与世多龃龉,念终无以自立,遂发愤笃专于文学。"②还说:"仆少好学问,自五经之外,百氏之书,未有闻而不求、得而不观者。"③韩愈的学习,既勤奋刻苦,又涉猎广博,他在《进学解》以下这段自我解嘲的叙述中这样形容道:"口不绝吟于六艺之文,手不停披于百家之编。记事者必提其要,撰言者必钩其玄。贪多务得,细大不捐。焚膏油以继晷,常兀兀以穷年。先生之业,可谓勤矣。抵排异端,攘斥佛老,补苴罅漏,张皇幽眇。寻堕绪之茫茫,独旁搜而远绍;障百川而东之,回狂澜于既倒。先生之于儒,可谓有劳矣。沉浸浓郁,含英咀华;作为文章,其书满家。上规姚、姒,浑浑无涯。周诰、殷盘,佶屈聱牙。《春秋》谨严,《左氏》浮夸。《易》奇而法,《诗》正而葩。下迨《庄》《骚》,太史所录,子云、相如,同工异曲。"④勤学苦读,旁搜远绍,广泛涉猎,精思细想,终于使其成为著名的思想家、文学家和教育家。

韩愈有名言说:"业精于勤荒于嬉,行成于思毁于随。"⑤他所褒奖的,也往往是勤奋读书、学有所成者。他的《后汉三贤赞》就歌颂了东汉王充、王符、仲长统三大名人的好学励志,比如,说王充的"家贫无书,阅书于肆;市肆是游,一见诵忆",赞王符的"好学有志",论仲长统的"论说古今,发愤著书"。⑥ 这些,都是三位先贤的共同之处,也是他们卓有成就的基础。

韩愈崇学校,重办学。他认为,孟子的"乐得天下之英才而教育之",是"圣人贤士之所极言至论,古今之所宜法者也"⑦。他在《请复国子监生徒状》里说:"国家典章,崇重庠序,近日趋兢,未复本源,至使公卿子孙耻游太学,工商凡冗或处上庠。"有鉴于此,他向皇帝建议,要求革除弊端,"以赞鸿猷",荐送、补充国子监的生员。⑧ 他说:"学生或以通经举,或以能文称。其微者,至于习法律、知字书,皆有以赞于教化,可以使令于上者也。"⑨唐朝佛教盛行,宪宗皇帝就是以佞佛而著称的。元和十四年,韩愈就因谏迎佛骨而得罪宪宗,几至被杀,后来由于裴度等人的援救,才幸免于一死,而被贬谪到潮州任刺史,所谓

① 董诰:《全唐文·与凤翔邢尚书书》,上海古籍出版社1990年版,第2480页。
② 董诰:《全唐文·答窦秀才书》,上海古籍出版社1990年版,第2471页。
③ 董诰:《全唐文·答侯继书》,上海古籍出版社1990年版,第2474页。
④ 董诰:《全唐文·进学解》,上海古籍出版社1990年版,第2501页。
⑤ 董诰:《全唐文·进学解》,上海古籍出版社1990年版,第2501页。
⑥ 董诰:《全唐文·后汉三贤赞三首》,上海古籍出版社1990年版,第2499页。
⑦ 董诰:《全唐文·上宰相书》,上海古籍出版社1990年版,第2472页。
⑧ 董诰:《全唐文·请复国子监生徒状》,上海古籍出版社1990年版,第2462页。
⑨ 董诰:《全唐文·省试学生代斋郎书》,上海古籍出版社1990年版,第2469页。

"一封朝奏九重天,夕贬潮阳路八千",但到潮州任上之后,韩愈并没有一味消沉,而是尽力为地方和民众做事,其中也包括兴办教育。当时,他有感于潮州"州学废日久,进士明经,百十年间不闻有业成贡于王庭、试于有司者,人吏目不识乡饮酒之礼,耳未尝闻鹿鸣之歌",认为"刺史县令不躬为之师,里闾后生无所从学尔"。于是,韩愈举荐并支持秀才赵德为师办学,还"出己俸百千,以为举本,收其赢余以给学生厨馔"①。这也可见他重视教育、抚爱后生的拳拳之情。

韩愈以兴复古道为己任,这古道就是孔孟之道、儒家之道。在他看来,孔子之道,大而能博,而其后能够传承孔子思想的是孟子,"故求观孔子之道,必自孟子始"。至于读书,也就是为了学习"古道",兴复孔孟先贤的忠信、恺悌、敬业、向善之风,所谓"若颜氏子操瓢与箪,曾参歌声若出金石,彼得圣人而师之汲汲"。他说过:读书以为学,缵言以为文,非以夸多而斗靡也。盖学所以为道,文所以为理耳!强调读书学习是用来行"道",写文章是用来讲"道"理的。即便有缘成为师生,那也是因为"道"同之故,"道不同,不相为谋",所以,他在《送何坚序》一文里说道:"何与韩,同姓为近。坚以进士举,于吾为同业。其在太学也,吾为博士,坚为生;生、博士,为同道。"②韩愈读书而践行,他写作的大量文章,也往往是以"载道"而见长的。

诚然,自从有学校教育以来,学堂里就有了两类人——学生和教师。教师是知识的化身,也是学生的向导;学生要想有进步,就要从师并"从师所问",虚心向老师学习。韩愈在国子监任职多年,对于如何为人之师和如何拜师向学都富有切身的体会。他在《师说》一文中劈头就说:"古之学者必有师。"对于教育和学习来说,这都是带有结论性的话。关于教师的职责,韩愈把它归纳成为"传道、授业、解惑"三个方面,换言之,如果从学习的角度说,则要"得道、成业、明惑",而道要得、业要成、惑要明,就要从师学师,所以韩愈又说:"人非生而知之者,孰能无惑?惑而不从师,其为惑也终不解矣!"至于谁能做老师、拜谁为老师,韩愈提出的标准仍然是"道",即:"生乎吾前,其闻道也固先乎吾,吾从而师之;生乎吾后,其闻道亦先乎吾,吾从而师之。"这就是韩愈的"师道"说,或者说是"以道为师"。只要合于"道"、知于"道"、深于"道",那么,"无贵无贱,无长无少,道之所存,师之所存也"!做老师的要为学生"解惑",做学生的就要向老师"问惑"。如果耻于从师问惑,就会越来越糊涂,越来越愚蠢。要想学业精进,就不能当那种耻于从师

---

① 董浩:《全唐文·潮州请置乡校牒》,上海古籍出版社1990年版,第2485页。
② 董浩:《全唐文·送何坚序》,上海古籍出版社1990年版,第2488页。

问道的所谓"君子",而是要不耻下问。韩愈觉得,"巫医乐师、百工之人,不耻相师",但是所谓"君子"倒不如他们,这就"可怪"了,因此,他大声告诫读书人:"圣人无常师",学习需"相师",先学者可以为师,后学者也可以为师,"是故弟子不必不如师,师不必贤于弟子;闻道有先后,术业有专攻,如是而已"①。同时,韩愈主张亲闻亲见,他曾引《易·大传》所言"书不尽言,言不尽意",要明白了解"圣人之意",只有"读来一百遍,不如亲见颜色,随问而答",这段话虽然说得有些诙谐,但是颇有一些"百闻不如一见"的意思。②

第五节　五代时期的学风

公元 907 年,朱温代唐称帝,国号曰"梁",史称"后梁"。历史开始进入五代十国时期。

朱温乃宋州砀山五沟里人,其父朱诚,"以《五经》教授乡里",也算是有些文化的人家,但朱温为人"凶悍",唐末参加了黄巢的农民大起义,后来篡位自立。但同历代大多统治者一样,一旦政权有所稳定,朱温也开始注意"纳贤"、修复礼乐、颁布法律等,使得文化在战乱之后有所恢复。史载:开平三年(909),冬十一月,"己酉,搜访贤良";开平"四年(910)春正月壬辰朔,始用乐",同年九月,又载"搜访贤良",十二月,"颁律令格式"。③ 至梁末帝朱友贞,"沉厚寡言,雅好儒士"④。后唐皇帝虽然出生于西域突厥,惯于骑马射箭,但如李存勖,史传也称其"稍习《春秋》,通大义,尤喜音声歌舞俳优之戏"⑤。至如明宗李嗣源,欧阳修则曰:"其即位时,春秋已高,不迩声色,不乐游畋。在位七年,于五代之君,最为长世,兵革粗息,年屡丰登,生民实赖以休息。"⑥再如周世宗柴荣,"善骑射,略通书、史、黄、老,性沉重寡言"⑦,"乐延天下奇才,而尤礼文士"⑧,于是,"区区五六年间,取秦、陇,平淮右,复三关,威武之声震慑夷夏,而方内延儒学文章之士,考制

---

① 董诰:《全唐文·师说》,上海古籍出版社 1990 年版,第 2500 页。
② 董诰:《全唐文·与大颠师书》,上海古籍出版社 1990 年版,第 2484 页。
③ 欧阳修撰,徐无党注:《新五代史·梁本纪第二》,中华书局 1974 年版,第 18—19 页。
④ 欧阳修撰,徐无党注:《新五代史·梁本纪第三》,中华书局 1974 年版,第 23 页。
⑤ 欧阳修撰,徐无党注:《新五代史·唐本纪第五·庄宗下》,中华书局 1974 年版,第 41 页。
⑥ 欧阳修撰,徐无党注:《新五代史·唐本纪第六·明宗》,中华书局 1974 年版,第 66 页。
⑦ 欧阳修撰,徐无党注:《新五代史·周本记第十二·世宗》,中华书局 1974 年版,第 117 页。
⑧ 欧阳修撰,徐无党注:《新五代史·周臣传第十九》,中华书局 1974 年版,第 345 页。

度、修《通礼》、定《正乐》、议《刑统》,其制作之法皆可施于后世"①。因此,尽管其时天下或和或战,战乱始终未泯,但中华文化仍得延绵,朝野仍有好学之人,学习之风亦得以流传未断。

南唐、前蜀、吴越等十国在立国之后也比较重视文化的恢复与继承,既重武人,也重儒者,这对于弘扬学习之风是有利的。如南唐的开国之主李昪,为人"好学,接礼儒者,能自励为勤俭,以宽仁为政"②。中主李璟,继其父之风,十分善待冯延巳等才学之士,而他自己也有辞章传世。后主李煜,论治国确实没有多大才能,"性骄侈,好声色,又喜浮图,为高谈,不恤政事",但是"为人仁孝,善属文,工书画",厚待儒者,曾"命两省侍郎、给事中、中书舍人、集贤(殿)勤政殿学士,分夕于光政殿宿直,煜引与谈论"③,他留存后世的曲子词更是写得哀婉真切,把亡国之思带进词坛,开拓了词作的新境界。再如前蜀帝王建,虽然自身"少无赖,以屠牛、盗驴、贩私盐为事","为人多智诈,善待士",当政之后,"所用皆唐名臣世族"④。又如吴越王钱镠,居临安之江南一隅,重文尚武,弘扬文化,保境安民。闽王王审知,"为人俭约,好礼下士",王谈、徐寅等"唐时知名进士,皆依审知仕宦。又建学四门,以教闽士之秀者"⑤。既看重人才,也重视教育和培养时人。

当时的大臣武将,亦多具才华之士,或善读,或多谋,或善于打仗。如后梁同州冯翊人敬翔,"少好学,工书檄","为人深沉有大略",深得朝廷赏识⑥。徐州丰人朱珍,"善治军选士",为梁太祖朱温"创立军制,选将练兵甚有法"⑦。再如后唐郭崇韬,"为人明敏,能应对,以才干见称","庄宗与诸将以兵取天下,而崇韬未尝居战阵,徒以谋议居佐命第一之功,位兼将相"⑧。后唐乌震,"为人纯质,少好学,通《左氏春秋》,喜作诗,善画",为官也"以廉平为政有声"⑨。还有"为人明敏,善辩谈"的任圜⑩,"少以儒学知名"的"端明殿学士"赵凤⑪,又有"为人恬淡,以文辞自娱"和"博学"见称的李龚吉⑫,至于让欧阳修"尤为之痛惜"的张宪法,则"为人

①　欧阳修撰,徐无党注:《新五代史·周本记第十二·世宗》,中华书局1974年版,第125页。
②　欧阳修撰,徐无党注:《新五代史·南唐世家第二》,中华书局1974年版,第765页。
③　欧阳修撰,徐无党注:《新五代史·南唐世家第二》,中华书局1974年版,第778—779页。
④　欧阳修撰,徐无党注:《新五代史·前属世家第三》,中华书局1974年版,第783、787页。
⑤　欧阳修撰,徐无党注:《新五代史·闽世家第八》,中华书局1974年版,第846页。
⑥　欧阳修撰,徐无党注:《新五代史·梁臣传第九》,中华书局1974年版,第207—208页。
⑦　欧阳修撰,徐无党注:《新五代史·梁臣传第九》,中华书局1974年版,第210页。
⑧　欧阳修撰,徐无党注:《新五代史·唐臣传第十四》,中华书局1974年版,第245、247页。
⑨　欧阳修撰,徐无党注:《新五代史·唐臣传第十四》,中华书局1974年版,第279页。
⑩　欧阳修撰,徐无党注:《新五代史·唐臣传第十六》,中华书局1974年版,第305页。
⑪　欧阳修撰,徐无党注:《新五代史·唐臣传第十六》,中华书局1974年版,第308页。
⑫　欧阳修撰,徐无党注:《新五代史·唐臣传第十六》,中华书局1974年版,第311页。

沉静寡欲,少好学,能鼓琴饮酒"①,这些人也都出自后唐。又如"以文知名一时"的后周北燕人扈载,"少好学,善属文","为文章,以辞多自喜",他在游相国寺时,见"庭竹可爱,作《碧鲜赋》,题其壁",周世宗知道后,"遣小黄门就壁录之,览而称善",可惜英年早逝,三十六岁就辞世了②。在文学发展方面,别的姑且不论,就是作为新兴文学样式的曲子词,到了五代时期也有了很大的发展,如刘大杰先生所说:"填词的风气,到了五代是非常普遍,并且已由中原推广到西蜀、江南一带。"③而当时的词人往往都是用功"力学"之人。就所举这些例子来说,也能从中表现出那一时期学风的一些情形了。

综上所述,五代时期的学习之风的确是有许多可以圈点之处的,但其时毕竟是乱世多而治世少,读书学习之人或难以安心治学,或虽有专心向学而又淹没于民间草莱,史传所记者也一定缺失较多,即使有所留存者,也还有读书人向来关注的一个问题——士之"遇"与"不遇"。对此,欧阳修在《新五代史·周臣传序》里就发过如下一番感慨,说:"夫乱国之君,常置愚不肖于上,而强其不能,以暴其短恶,置贤智于下,而泯没其材能,使君子、小人皆失其所,而身蹈危亡。治国之君,能置贤知于近,而置愚不肖于远,使君子、小人各适其分,而身享安荣。治乱相去虽远甚,而其所以致之者不多也,反其所置而已。呜呼,自古治君少而乱君多,况于五代,士之遇不遇者,可胜叹哉!"④欧阳修发表如此感慨,固然有现实当中的一些影子在,但的确对五代时期知识分子的遭遇作了比较实在的概括,这对于我们了解当时的学风也是颇具启发意义的。

---

① 欧阳修撰,徐无党注:《新五代史·唐臣传第十六》,中华书局 1974 年版,第 312—313 页。
② 欧阳修撰,徐无党注:《新五代史·周臣传第十九》,中华书局 1974 年版,第 345 页。
③ 刘大杰:《中国文学发展史》(中册),上海古籍出版社 1982 年版,第 548 页。
④ 欧阳修撰,徐无党注:《新五代史·周臣传第十九》,中华书局 1974 年版,第 346 页。

第五章 两宋时期的学风

第一节 两宋时期学风概说

两宋历时三百二十年(960—1279),在中国历史长河中,这是一个特色鲜明、影响深远的阶段。如果说,此前的汉唐文化代表了中国封建文化的奠基和上升时期,那么,两宋文化则是中国封建文化的定型和成熟期。20世纪中叶,史学大师陈寅恪先生曾指出:"华夏民族之文化,历数千载之演进,造极于赵宋之世。"[1]王国维先生说:"故天水一朝人智之活动与文化之多方面,前之汉唐,后之元明,皆所不逮也。"[2]此后邓广铭先生又论道:"宋代是我国封建社会发展的最高阶段。两宋期内的物质文明和精神文明所达到的高度,在中国整个封建社会历史时期之内,可以说是空前绝后的。"[3]他们对两宋文化所给予的高度评价,也是当今学术界的共识。

毫无疑问,两宋时期文化的繁荣发达,是多方面的因素促成的,但归根结底还是因为当时对于人才的重视和培养,而人才的培养首先是与教育密切相关的。早在宋朝建立之初,有鉴于唐五代以来武人割据乱政的历史教训,为了实现宋王朝长治久安的政治需要,最高统治者就确立了"兴文教、抑武事",崇尚文治,奖励儒术的基本国策。由之而来的是,统治者兴学设教,以科举取士,为人才的培养和选拔提供了有力的保障。

教育是文化发展的重要杠杆,宋代的教育经历了一个漫长的发展过程,大体可以划分为三个阶段:

宋初至庆历兴学之前,宋代的教育主要是以私学、家学、寺院庙学以及少数私人书院为主体,呈现出分散的、多元化的格局。

---

① 陈寅恪:《陈寅恪集·邓广铭宋史职官考证序》,生活·读书·新知三联书店2009年版,第245页。
② 王国维:《宋代之金石学》(《王国维遗书》),上海书店出版社1983年版,第70页。
③ 详见邓广铭:《谈谈有关宋史研究的几个问题》,《社会科学战线》1986年第2期。

庆历兴学之后至北宋末年，经过先后三次大规模的兴学运动，逐步形成了以中央太学和国子监为中心，辅之以地方州府县学的全国性官学系统。纵观当时的教育成绩，可谓是名师辈出，正如《宋元学案·序录》中所说："庆历之际，学统四起。齐、鲁则有士建中、刘颜夹辅泰山而兴。浙东则有明州杨、杜五子，永嘉之儒志、经行二子，浙西则有杭之吴存仁，皆与安定湖学相应。闽中又有章望之、黄晞，亦古灵一辈人也。关中之申、侯二子，实开横渠之先。蜀有宇文止止，实开范正献公之先。筚路蓝缕，用启山林……"①除了官学，当时的家庭也很重视对后代的教育，并纷纷把兴学重教定为家规家训，比如被毛泽东称为"为官一任，造福一方"的浙江永康人胡则，其家训就有"为人者至乐莫重于读书，至要莫先于教子"，把读书视为做人的首要任务。这种将兴学作为传家之宝的风气，使得耕读之风在宋代得以绵远流长。

时至南宋，最为突出的一支力量就是书院的兴盛，并与官学一起构成了当时教育事业的最重要力量。追溯书院的历史，它产生于唐代中叶，到了北宋，则逐渐兴起。至于南宋时期，随着理学的传播，全国各地的书院犹如雨后春笋，遍地而起。据统计，宋代的书院有二百零三所。以两浙为例，当时就有三十四所书院，其中影响较大的就有金华丽泽书院、道一书院和双龙乡的鹿田书院，东阳的石洞书院、南湖书院、西园书院和横城精舍，永康方岩的五峰书院，开化的包山书院，江山的逸平书院，缙云的美化书院、独峰书院，衢州的柯山书院和清献书院，台州的上蔡书院，临海的樊川书院，温州的虎丘书院，永嘉的浮沚书院，平阳的会文书院，湖州的安定书院，绍兴的稽山书院，上虞的月林书院，淳安的石峡书院、瀛山书院，慈溪的慈湖书院、楼氏精舍、杜洲书院和石坡书院，宁波的甬东书院，等等，真如繁星闪烁。总的来看，南宋的书院，不仅数量多，规模大，地位高，而且从其培养的人才质量看，已远远超过了官学。

由宋代教育体系培养出来的大量人才，它的数量首先直观地反映在登科人数上。宋代的贡举，实行的是解试、省试、殿试三级考试制度。自太祖建隆元年(960)到度宗咸淳十年(1274)，三百一十四年间，共举行科举考试一百十九次。据何忠礼先生统计："两宋科举取士人数，计有进士四万二千三百九十人，诸科一万五千零五十四人，特奏名三万三千七百四十二人。"②宋代科举不仅取士的数量庞大，而且设立了封弥、誊录等制度，从而保证了士人们机会均等的公平竞争。正是由于文化教育的普及和科举制度的保障，强力激发了天下读书人"内圣外

---

① 黄宗羲：《宋元学案》，中华书局 1986 年版，第 251—252 页。
② 详见何忠礼：《两宋登科人数考索》，《探索》1988 年增刊本。

王"的儒家理想,宋代的统治者也借此网罗了大批英才俊杰,广泛地吸收了文人参政议政,奠定了文官政治的基础。据统计,在《宋史》有传的北宋 166 年间的1533 人中,以布衣登科入仕者就占 55.12％。其中北宋一至三品官中来自布衣者约占 53.67％,而且随着时间的推移,这一比例逐渐攀高,到了北宋末年已经达到 64.44％。和唐代世族力量左右朝政的政治格局不同,宋代的宰辅大臣多出自布衣阶层,例如赵普、寇准、范仲淹、王安石等名相。

"优待文士"的政策引导和"满朝朱紫贵,尽是读书人"的仕途诱惑,让"万般皆下品,唯有读书高"的意识和风气深入人心、弥于天下,从而左右着士人的价值取向和奋斗目标。毫无疑问,这些因素对社会读书风尚的形成产生了直接的影响,使得乐学好学的优良学风能在两宋时期历久不衰,影响广泛。

宋朝自开国以来,历代皇帝多以读书为荣,不仅提倡读书,而且身体力行带头读书。开国皇帝赵匡胤在后周任将领时就很重视读书学习,"虽在军事,手不释卷。闻人间有奇书,不吝千金购之"①。后来自己当了皇帝,也经常鼓励大臣和武将读书,他曾说过:"今之武臣欲尽令读书,贵知为治之道。"由于皇帝的大力倡导,朝廷中形成了良好的读书氛围。就连目不识丁的武将党进也按捺不住要逞弄一下自己的才学。一次在朝班上,党进喊道:"臣闻上古,其风朴略,愿官家好将息。"②出语不类以往,让人大为吃惊。党进自己解释道:"我尝见措大们爱掉书袋,我亦掉一两句,也要官家知道我读书来!"③宋太宗赵炅更是一个爱读书的皇帝,他曾说:"朕每退朝,不废观书,意欲酌前代成败而行之,以尽损益也。"④当《太平总览》(后更名《太平御览》)编撰完工后,其日进三卷,太宗手不释卷,并说:"朕喜读书,开卷有益,不为劳也。此书千卷,朕欲一年读遍,因思学者读万卷书亦不为劳耳。"⑤宋真宗赵恒也热爱读书,并创作了一首脍炙人口的《劝学诗》:"富家不用买良田,书中自有千钟粟。安居不用架高堂,书中自有黄金屋。出门莫恨无人随,书中车马多如簇。娶妻莫恨无良媒,书中有女颜如玉。男儿欲遂平生志,六经勤向窗前读。"⑥此后赵宋诸帝如仁宗、神宗、高宗等人,也都很重视读书。

两宋学风大盛,不仅仅是因为统治者的示范作用,更离不开一大批优秀的政治家、思想家、教育家和文学家的大力推动。例如:

---

① 李焘:《续资治通鉴长编》卷七,中华书局 2004 年版,第 171 页。
② 文莹:《玉壶清话》,中华书局 1984 年版,第 76 页。
③ 详见脱脱等:《宋史·党进传》,中华书局 1985 年版。
④ 李焘:《续资治通鉴长编》卷二十三,中华书局 2004 年版,第 528 页。
⑤ 李焘:《续资治通鉴长编》卷二十四,中华书局 2004 年版,第 559 页。
⑥ 宋真宗《劝学诗》流传极广,然《全宋诗》未收,但我们认为是宋真宗所作的说法是可以留存的。

胡瑗(993—1059),字翼之,泰州(今江苏如皋)人。与孙复、石介并称为"宋初三先生",黄宗羲在《宋元学案》里将其列为第一学案中,足以彰显胡瑗在宋代学术史上的特殊地位。胡瑗早年家贫力学,苦读十年,学有所成。后在苏州、湖州两地执教二十余年,成绩卓著。庆历四年(1044)创建太学时,诏取胡瑗在苏、湖时的教学法著为"太学令",在全国推广胡瑗的办学经验和教学方法。皇祐(1049—1053)中,胡瑗被召为国子监直讲,主持太学讲席,直至致仕。胡瑗执教三十多年,学生多达数千人,培养了一大批博古通今、明体达用的学者。

范仲淹(989—1052),字希文,吴县(今江苏苏州)人。幼年丧父,少有大节,慨然有志于天下,贯通经史,明达政体。据南宋楼钥记载,范仲淹曾在长山(今山东邹平县南)醴泉寺僧舍读书。"日作粥一器,分为四块,早、暮取二块,断数茎入少盐以之,如此者三年"。后入南都(即应天府)学舍"昼夜苦学,五年未尝解衣就枕,夜或昏怠,辄以水沃面,往往粥不充,日昃始食"。① 祥符八年(1015),范仲淹进士及第后曾赋诗道:"长白一寒儒,登荣三纪余。百花春满路,三麦雨随车。鼓吹迎前道,烟霞指旧庐。乡人莫相羡,教子读诗书。"②表达了他劝学育才振兴天下的伟大抱负。其后范仲淹还曾主持应天府(南京)府学,并在苏州知州任上兴办苏州府学,"立学规,以身示范",为宋代的州县建学树立了典范。庆历三年(1043),范仲淹出任参知政事,主持新政。在他的改革主张中,就有"精贡举"一项,明确主张改革科举制度,兴办学校。庆历四年(1044),朝廷下诏全国各州郡普遍建立学校,从而在全国范围内很快掀起了兴学的高潮。

王安石(1021—1086),字介甫,江西抚州临川人。北宋著名的政治家、思想家和文学家。为了扭转北宋王朝内忧外患、积贫积弱的局面,他在神宗时期主持变法,其中也涉及科举考试制度和学校教育制度的变革,产生了深远的影响。王安石一生刻苦好学,孜孜以求。早年在外为官时,重视发展教育。仁宗庆历七年(1047)到皇祐二年(1050)的四年时间中,王安石在明州鄞县担任知县。在职期间,他于庆历八年(1048)建立了县学,并聘请当时享有盛名的学者杜醇、楼郁等为教授,招收了一批中小地主阶级的子女入学。从此以后,明州学风大为改观,文治为之一新。王安石还根据自己的见解,对儒家的经典《诗》《书》《礼》等作了新的解释,编成《三经新义》,作为学校的必读教材,创立了"荆

---

① 楼钥:《范文正公年谱》,引自《范仲淹全集·附录二》,李勇先、王蓉贵点校,四川大学出版社 2007 年版,第 865 页。

② 范仲淹:《范仲淹全集》,李勇先、王蓉贵点校,四川大学出版社 2007 年版,第 737 页。

公新学"。

展读《宋史》，如上述诸人之好学者，多而又多。正是上述诸多因素的共同影响，使得宋朝教育事业不断发展，也使得人们对于读书学习的价值给予了充分的肯定与张扬。在两宋时期的许多地方，即使一般的人也视读书向学为要务，更不待说那些以进学入仕为目标的广大读书人了，因此，两宋时期读书人勤学苦读的事例自然是举不胜举。例如南宋时期"永康学派"的代表人物陈亮，为人豪侠任气，一生屡遭大狱，历经坎坷，归家之后愈加励志读书，所学极博，最终在光宗朝高中状元。他认为心性之学无补于世，于是费十年时间"力学著书"，究天地造化之初，考古今沿革之道，从而得汉魏晋唐长短之緤，所谓"十年璧水，一几明窗"。"永嘉学派"的代表叶适少时读书乐清北山，"常沿流上下，读书以忘岁月"。他一直把"学非一日之积"作为治学的信条，坚信"学无止境"，因此到了中年时，就著述极富，精进不已。再如临海人徐中行"因福唐刘执中得执经于安定，熟读精思，攻苦食读，夏不扇、冬不炉、夜不安枕者踰年。乃归，茸小室，竟日危坐，所造诣，人莫测也"[1]。诸暨人张坚，家贫笃学。闻胡瑗教授苏、湖，背着书徒步前往求学，"旦夕研味，至忘寝食"，时人称为醇儒[2]。海盐人张九成（1092—1159）尝言："己以为是，众以为非；己以为非，众以为是；吾将何从？曰：学而已矣。学而明乎善，则是非不愧乎圣贤矣。否则是非皆私心耳，奚择耳！"他自己十四岁开始游学郡庠，终日闭阁苦学，"寒折膠，暑铄金，不越户限。比舍生穴隙以视，视敛膝危坐，对真大编，若与神明为伍，更相敬服而师尊之"。[3] 这些都是宋人刻苦读书的重要代表。

在宋代，不仅流传着"程门立雪"这样富于传奇的求学故事，而且勤学苦读的事迹也留在了宋人的文学创作之中。晁冲之《夜行》诗云："老去功名意转疏，独骑瘦马取长途。孤灯到晓犹灯火，知有人家夜读书。"黄庭坚则有云："士大夫三日不读书，则埋义不交于胸中，便觉面貌可憎，语言无味。"[4]史学家李焘曾称赞尤袤："延之于书靡不观，观书靡不记。每公退则闭户谢客，日记手写若干古书。其子弟及诸女亦抄书。一日，谓子曰：吾所抄书，今若干卷，将汇而目之。饥读之以当肉，寒读之以当裘，孤寂而读之以当友朋，幽忧而读之以当金石琴瑟也。"[5]同时，宋人读书之风盛行的历史影响和文化意义也是极其深远的，读书蔚然成风，

---

① 脱脱等：《宋史·隐逸传》，中华书局 1985 年版，第 13457 页。
② 黄宗羲：《宋元学案》，中华书局 1986 年版，第 50 页。
③ 黄宗羲：《宋元学案》，中华书局 1986 年版，第 1312—1313 页。
④ 潘永因：《宋稗类钞》，刘卓英点校，书目文献出版社 1985 年版，第 479 页。
⑤ 详见尤袤：《遂初堂书目》，商务印书馆 1935 年版。

书香弥漫,相互感染,带来某一地区名士集中涌现,形成人才高地。比如,而今的江西,在宋代就已是人才辈出,精英荟萃。抚州临川(今抚州市)是晏殊、晏几道、曾巩、王安石等名儒的故乡。离抚州不远的吉州庐陵(今永丰县)是欧阳修、文天祥的故乡。离庐陵很近的吉州吉水(今吉水县)是杨万里的故乡。抚州西北的洪州分宁(今修水县)是黄庭坚的故乡。

宋代学风还有一个很重要的特点,就是读书学习的目的立意高远。从宋代许多士大夫的读书经历来看,他们勤学苦读的目的很明确,就是为了格物致知、正心诚意、修身齐家、治国平天下,尤其是期望有朝一日,能辅佐君王,以图建立治世伟业,流芳百世。借用南宋著名文学家辛弃疾在其词中的句子说,就是"了却君王天下事,赢得生前身后名",也即积极进取、建功立业,给国家、社会、祖宗和自己都有一个圆满的交代。

另外,宋人还善于总结自己的治学经验,有不少宋代士人的读书之法,时至今日还在广泛流传,比如欧阳修提倡"枕上、厕上、马上"的"三上读书法";苏轼总结的各个击破的"八面受敌法";朱熹主张的"口到、眼到、心到"的"三到读书法"等。

宋代还有一个现象,就是:人们不仅勤学苦读,同时也重视对于书籍的收藏。据统计,两宋时期,藏书数千卷且事迹可考的藏书家就多达五百余人,生活于南宋的藏书家就有近三百人,而且又以浙江为最,其中较大的藏书家就有郑樵、陆宰、叶梦得、晁公武、陈振孙、尤袤、周密等人,他们藏书的数量多达数万卷至十数万卷,有的甚至可与秘府、三馆比肩。

第二节　苏轼与学习

苏轼(1036—1101),字子瞻,号东坡居士,眉州眉山(今属四川)人,与父苏洵、弟苏辙并称"三苏",是宋代文学与文化的杰出代表之一。苏轼的家坐落在眉山县城的纱縠行,是一个富有文学气氛的书香之家。家道虽不十分富有,却也殷实,苏轼在《答任师中家汉公》一诗中曾回忆道:"门前万竿竹,堂上四库书。高树红消梨,小池白芙蕖。常呼赤脚婢,雨中撷园蔬。"[1]苏轼的父亲苏洵早年读书不太努力,二十七岁以后才发愤读书,终于成为北宋著名的古文大家。父亲的施教

---

[1]　苏轼:《苏轼诗集》,王文诰辑注,孔凡礼点校,中华书局 1982 年版,第 754 页。

是非常严格的,事隔五十年,苏轼在海南时还多次梦见自己年少时的读书情形:
"夜梦嬉戏童子如,父师检责惊走书。计功当毕《春秋》余,今乃粗及恒装初。悻
然悸悟心不舒,起坐有如挂钩鱼……"①

苏轼自言"七八岁时,始知读书"(《上梅直讲书》),"吾八岁入小学,以道士张
易简为师。"②他涉猎颇广,既读诸子百家之书,也读史传,"初好贾谊、陆贽书,既
而读《庄子》"③。至今,四川眉山一带还留下许多当年苏轼读书的遗迹,据说眉山
城南三十里华藏寺就有苏轼读书台的古迹,苏轼还曾在栖云寺中读书,他在连鳌
山石崖上写下"连鳌山"三字,"大如屋宇,雄劲飞动"。

三苏自蜀来,张安道、欧阳永叔为延誉于朝,自是名誉大振。苏辙一天谒见
张安道,安道问他:"另嗣看甚文字?"苏辙答道:"轼近日方再看《汉书》。"安道说:
"文字尚看两遍乎?"苏辙回家后将张安道的话转诉给苏轼,结果苏轼却不以为
然,回答说:"此劳特未知世间人尚有看三遍者!"④欧阳修也曾称赞苏轼:"此人可
谓善读书,善用书,他日文章必独步天下。"⑤早年的博闻强记,终身受用无穷。在
担任翰林学士知制诰时,苏轼起草八百多道皇帝的诏命,不仅文辞优美准确,而
且史料和典故信手拈来,从来不需要临时查阅书籍。

"乌台诗案"之后,苏轼被贬为黄州团练副使。黄州时期,苏轼生活艰辛,但
仍然读书不辍,其间还深入研读《论语》,穷一年之力,写成《论语说》五卷,"颇正
古今之误,粗有益于世,瞑目无憾也"⑥。此外,他还开始续写其父苏洵未竟遗著
《易传》。著书立说的同时,苏轼仍挪出相当一部分时间读书。最初专读佛经,后
来又读史书和前人的文集,每晚必定读到三更时分,即使与朋友游玩,深夜归来,
也仍会取书读上一阵才就寝。苏轼以高才博学闻名于世,固然有他超凡的禀赋,
但更重要的是在于他后天一贯的勤学苦读。

南宋人陈鹄所写的《耆旧续闻》中曾记载苏轼被贬黄州,朱载上其时为黄州
教授,一日去拜会苏轼,等候很长一段时间苏轼才出来,他向朱载上表达了自己
的歉意并且解释说:"适了些日课,失于探知。"那么,苏轼所说的"日课"是什么内
容呢?苏轼告诉他就是抄写《汉书》。朱载上一听很是不解,说:"以先生天才,开
卷一览,可终身不忘,何用手抄耶?"苏轼却答道:"不然,某读《汉书》,至此凡三经

---

① 苏轼:《苏轼诗集》,王文诰辑注,孔凡礼点校,中华书局1982年版,第2252页。
② 苏轼:《东坡志林》,中华书局1981年版,第47页。
③ 苏辙:《亡兄子瞻端明墓志铭》,引自《苏辙集》,陈宏天、高秀芳点校,中华书局1990年版,第1126页。
④ 曾慥:《高斋漫录》,文渊阁四库全书本。
⑤ 杨万里:《诚斋诗话》,见《历代诗话续编》,丁福保辑,中华书局1983年版,第149页。
⑥ 苏轼:《与滕达道》,《苏轼文集》,孔凡礼注,中华书局2004年版,第1482页。

手抄矣。初则一段事,抄三字为题;次则两字;今则一字。"这件事对朱载上产生了很大的影响,后来他教育自己的儿子说:"东坡尚如此。中人之性,岂可不勤读书耶!"①

后来由于党争的原因,苏轼晚年又被谪居海南。海南的物质条件和生活环境十分恶劣,书籍笔墨纸张奇缺,但苏轼仍设法借书,修改订正了当年在黄州时写成的《易传》九卷和《论语说》五卷,还新撰了《书传》十三卷、《志林》五卷以及大量的诗歌。当时,他听说当地士人黎子家有柳宗元的文集数册,便设法借来"尽日玩诵"。谪居海南的那一段艰苦岁月中,苏轼尽管也交了好多当地的朋友,但对他而言,最好的朋友还是书籍,最大的乐趣还是读书。他曾说:"随行有《陶渊明集》,陶写伊郁,正赖此耳。"②苏轼在儋州无书可读,就把从黎子家借得的《柳宗元文集》与陶集看作南迁"二友",尤其是《陶渊明集》,自言"每体中不佳,辄读取不过一篇,惟恐读尽后无以自遣"③。

苏轼晚年,侄婿王庠向他请教读书之法,他在回信中说:"但卑意欲少年为学者,每一书皆作数过尽之。书富如入海,百货皆有之,人之精力,不能兼收尽取,但得其所欲求者耳。故愿学者每次作一意求之。如欲求古人兴亡治乱,圣贤作用,但作此意求之,勿生余念。又别作一次,求事迹故实、典章文物之类,亦如之。他皆仿此。此虽迂钝,而他日学成,八面受敌,与涉猎者不可同日而语也。其非速化之术,可笑,可笑!"④

上文可见,苏轼不仅喜欢读书,而且善于总结读书的方法。他说过:"旧书不厌百回读,熟读精思子自知。"⑤这也是他读书的一贯主张。的确,一本好书必须精读数遍,首先确定一个专题研读,然后换成另一个专题再研读,如此再三,这样读书便可做到既精又博,以后对各方面的问题都能应付自如。宋人唐庚曾回忆当年苏轼赴定武,过京师,馆于城外一园子中。当时唐庚才十八岁,特意去拜谒苏轼。苏轼问他:"观甚书?"唐庚答道:"方读《晋书》。"苏轼又问:"其中有甚好亭子名?"结果唐庚茫然失对,"始悟前辈观书,用意盖如此。"⑥由此可见苏轼读书的精细。

---

① 陈鹄:《耆旧续闻》,上海古籍出版社1993年版,第289页。
② 苏轼:《答程全父推官》,《苏轼文集》,孔凡礼注,中华书局2004年版,第1626页。
③ 苏轼:《书渊明羲农去我久诗》,《苏轼文集》,孔凡礼注,中华书局2004年版,第2091页。
④ 苏轼:《与王庠五首》,《苏轼文集》,孔凡礼注,中华书局2004年版,第1824页。
⑤ 苏轼:《送安淳秀才失解西归》,《苏轼诗集》,王文诰辑注,孔凡礼点校,中华书局1982版,第247页。
⑥ 强幼安:《唐子西文录》,见《历代诗话》,何文焕辑注,中华书局1981年版,第446页。

第三节　朱熹与学习

朱熹(1130—1200),字元晦,一字仲晦,号晦庵、晦翁、云谷老人、沧州病叟,祖籍徽州婺源(今属江西),生于南剑州尤溪(今属福建),徙居建阳崇安(今福建武夷山),晚年徙居考亭,学者称考亭先生。

朱熹早年师从刘子翚、李侗等人,远绍孔、孟思想,继承和发扬了程颢、程颐、周敦颐等人的学说,融通佛、道,集宋代理学之大成,构建了庞大的哲学体系,历宋、元、明、清,长期被奉为正统思想,成为中国封建社会后期影响最大的思想家。

他平生任地方官九年,在朝廷任职仅四十天,主要精力倾注于讲学与著述,从学者五百余人,著述数十种,在文献整理、校雠、训诂、音韵以及史学方面都有巨大成就。

在父亲朱松入都、朝廷多事之秋,朱熹在浦城寓舍中苦读经书,从绍兴七年(1137)起在塾师督教下开始接受正规的儒家训蒙教育。初授《孝经》,八岁的朱熹一读便通,心领神会,他拿起笔在《孝经》上题字说:“不若是,非人也。”①儒家忠孝节义的圣训从小在朱熹的心灵深处就已扎下了根。绍兴八年(1138)他开始读《孟子》,而且一下子就迷上了这本书,九岁的“学童”已经立志奋发想做“圣人”,他后来回忆起自己最初读《孟子》的感受,“孔子曰:‘仁远乎哉,我欲仁,斯仁至矣。’这个全要人自去做。《孟子》所谓奕秋,只是争这些子,一个进前要做,一个不把当事。某年八九岁时,读《孟子》到此,未尝不慨然奋发,以为学当如此做工夫,当时便有这个意思如此,只是未知得是如何做工夫。自后更不肯休,一向要去做工夫”。②又说:“某十数岁时,读《孟子》至‘圣人与我同类’者,喜不可言,以为圣人亦易做,而今方觉得难。”③

朱熹读书刻苦勤奋,年轻的时候他曾住在黄雄山麓的云根书院读书,有时还跑到松溪县界高耸入云的湛卢山下抱经苦读。

绍兴十三年(1143)父亲病故后,朱熹从学于武夷三先生(胡宪、刘勉之、刘子翚),这三位先生的理学思想、人生哲学和政治态度对朱熹产生了深远的影响。朱熹读书异常刻苦,对自己要求十分严格,他后来有回忆说:“某年十七八时,读

---

① 黄宗羲:《宋元学案》,中华书局1986年版,第1496页。
② 黎靖德:《朱子语类》,中华书局1986年版,第2921页。
③ 黎靖德:《朱子语类》,中华书局1986年版,第2611页。

《中庸》《大学》,每早起须诵十遍。"①从其读书的范围来看,内容十分广泛,正如他自己所说:"某旧时亦要无所不学:禅、道、文章、《楚辞》、诗、兵法,事事要学,出入时无数文字,事事有两册。"②朱熹在绍兴十八年(1148)进士及第之后,并没有专力于仕途的发展,反而是进入一个读书的狂热时期。纵观朱熹的一生,是献身学术、著述讲学的一生。也就是在读书治学的过程中,朱熹逐渐形成了自己的思想体系,并且总结出了许多行之有效的读书方法。

朱熹的读书方法主要记载在《朱子语类》卷十与卷十一这两卷中,他的弟子把它概括为六句话:循序渐进,熟读精思,虚心涵泳,切己体察,着紧用力,居敬持志。

朱熹认为读书首先要虚心,只有虚心才能有所收获。那么什么是虚心?朱熹提出在两个方面加以注意:一是"不先立论",也就是说不要带着先入之见去读书,他说:"今人观书,先自立了意,后方观。尽率古人语言,入做自家意思中来。如此,只是推广自家意思,如何见得古人意思?"③朱熹也承认他"读书是自觉得力者,只是不先立论"④。二是"收拾此心",也就是说读书要专心致志,不能心不在焉。他指出:"今日学者不长进,只是心不在焉。尝记少年时在同安,夜闻钟鼓声,听其一声未绝,而此心已自走作,因此警惧。乃知为学须是专心致志。"⑤又:"今人却一边去看文字,一边去思量外事,只是枉费了工夫。不如放下了文字,待打叠教意思静了却去看。"⑥他觉得只有这样读书才能有学习的效果。

朱熹认为读书能虚心专一,然后循序渐进,这样才能学有所得。他以《论语》和《孟子》两书的学习为例,指出:"以二书言之,则先《论语》,而后《孟子》,通一书而后及一书。以二书言之,则其篇章、文句、首尾、次第亦各有序,而不可乱也。量力所至,约其程课而谨守之,字求其训,句索其旨。未得乎前,则不敢求其后;未通乎此,则不敢志乎彼。如是循序而渐进焉,则意定理明而无疏易凌躐之患矣。"又说:"读书之法,要当循序而有常,致一而不懈。从容乎句读文义之间,而体验乎操存践履之实;然后心静理明,渐见意味。"他反对读书贪多,曾说,"读书不可贪多,常使自家血量有余","读书不要贪多,向见州郡纳税数万钞,总作一结,忽错其数,更无退寻处。其后有一某官,乃立法三二十钞作一结,观此,则读

① 黎靖德:《朱子语类》,中华书局1986年版,第319页。
② 黎靖德:《朱子语类》,中华书局1986年版,第2620页。
③ 黎靖德:《朱子语类》,中华书局1986年版,第180页。
④ 黎靖德:《朱子语类》,中华书局1986年版,第2616页。
⑤ 黎靖德:《朱子语类》,中华书局1986年版,第2618页。
⑥ 黎靖德:《朱子语类》,中华书局1986年版,第178页。

书之法可见"。①他又以吃饭作比,说:"如人一日只吃得三碗饭,不可将十数日饭都一齐吃了。一日只看得几段,做的多少工夫亦有限,不可衮去都要了。"②他认为贪多是读书的最大毛病,说是"向时有一截学者,贪多务得,要读《周礼》、诸史、本朝典故,一向尽要理会得许多没紧要的工夫,少刻自己都自凭地颠颠倒倒没顿放处。如吃物事相似:将甚么杂物事,不是时节,一顿都吃了,便被他撑肠拉肚,没奈何他"。他主张读书要专意,要精熟,说:"大凡读书,须是熟读。熟读了,自精熟,精熟后,理自见得。如吃果子一般,劈头方咬开,未见滋味,便吃了。须是细嚼教烂,则滋味自出,方始识得这个是甜是苦是甘是辛,始为知味。"③

此外,朱熹还重视"温故知新"。"温故"与"知新",二者是相辅相成的,"温故方能知新,不温而求新,知则亦不可得而求矣","新者只是故中底道理,时习得熟,渐渐发得出来"。同时,朱熹对"学"与"思"的关系也很看重。什么是"学"?朱熹说:"学是学其事,如读书便是学,须缓缓精思其中义理方得。且如做此事是学。"在他看来,"学"不仅是在书中获得,做事也是学,所谓"学不止是读书,凡做事皆是学。且如学做一事,须是更经思量方得。然只管思量而不做,则自家心必不安稳,便是殆也"。所以,只有通过思考,才能知晓道理。他举例说:"《论语》一章,不过数句,易以成诵,成诵之后,反复玩味于燕间静一之中,以须其浃洽可也。……大抵观书先须熟读,使其言皆若出于吾之口;继以精思,使其意皆若出于吾之心,然后可以有得尔。"④

朱熹还认为,读书必须与体察相结合。他说:"读书,须要切己体验。不可只作文字看,又不可助长。"⑤又说:"学者当以圣贤之言,反求诸身,一一体察,须是晓然无疑,积日概久,当自有见,但恐用意不精或贪多务广,或得少为足,则无由明耳。"也就是说,一个人不能光读书,而要反求诸身,从自身出发通过仔细地体察才能真正有所受益。"盖人生道理合下完具,所以要读书者,盖是未曾经历见许多。圣人是经历见许多,所以写在册上与人看。而今读书,只是要见得许多道理。及理会得了,又皆是自家合下元有底,不是外面旋添得来。"⑥他认为:"若不从文字上做工夫,又茫然不知下手处;若是字字而求,句句而论,不于身心上著切

① 黎靖德:《朱子语类》,中华书局1986年版,第166页。
② 黎靖德:《朱子语类》,中华书局1986年版,第166页。
③ 黎靖德:《朱子语类》,中华书局1986年版,第167页。
④ 黎靖德:《朱子语类》,中华书局1986年版,第168页。
⑤ 黎靖德:《朱子语类》,中华书局1986年版,第181页。
⑥ 黎靖德:《朱子语类》,中华书局1986年版,第161页。

体认,则又无所益。"①希望"读书更须从浅近平易处理会,应用切身处体察,渐次接续,勿令间断,久之自然意味浃洽,伦类贯通"②。

作为程朱理学的集大成者,朱熹继承并发扬了中国儒学思想文化,同时他又能严于律己,勤奋向学。朱熹的学风不仅影响了他当时的学生,也为中国历史上优良学风的倡导与形成树立了一个典范,是值得我们借鉴承继并为之发扬光大的。

---

① 黎靖德:《朱子语类》,中华书局 1986 年版,第 435 页。
② 朱熹:《答胡宽夫》,《晦庵先生朱文公文集》卷四十五,《四部丛刊》明嘉靖本。

第六章　金元时期的学风

第一节　金代学风概说

与赵宋王朝差不多一个时期,在北方还曾经存在过三个王朝,一个是由女真族建立起来的金国(1115—1234),一个是由契丹族建立起来的辽国(907—1125),还有一个是由党项族建立起来的西夏国(1038—1227)。这里着重简要介绍一下金代的学风概况。

金朝崛起于宋徽宗时期,金人的祖先生活在东北白山黑水之间,向以游猎、捕鱼与农耕为生,为人生性勇猛,人们自小习武成风。早期由于南征北讨,"用武得国","初未有文字",然立国之后则"渐立条教"①,"既灭辽举宋,即仪礼制度,治历明时,缵以武功,述以文事"②,早在金熙宗天眷三年(1140)便有"尊孔"——"十一月癸丑,以孔子四十九代孙(孔)幡袭封衍国公"③之举,至皇统元年(1141)二月,熙宗又"亲祭孔子庙"④,并带头读书,到了"世宗(完颜雍)、章宗(完颜璟)之世,儒风丕变,庠序日盛"⑤,于是,学习之风得在朝野渐而风行。"当时儒者虽无专门名家之学,然而朝廷典册、邻国书命,粲然有可观者矣"⑥。以世宗完颜雍为例,其人"善骑射,国人推为第一"⑦,只是不喜"汉风",大定十三年(1173)三月,"乙卯,上谓宰臣曰:'……今之燕饮音乐,皆习汉风,盖以备礼也,非朕心所好。'"⑧同年四月乙亥日,又对同宗近臣说:"汝辈自幼惟习汉人风俗,不知女直纯

---

① 脱脱等:《金史·列传第六十三·文艺上》,中华书局1975年版,第2713页。
② 脱脱等:《金史·本纪第三·太宗》,中华书局1975年版,第66页。
③ 脱脱等:《金史·本纪第四·熙宗》,中华书局1975年版,第76页。
④ 脱脱等:《金史·本纪第四·熙宗》,中华书局1975年版,第77页。
⑤ 脱脱等:《金史·列传第六十三·文艺上》,中华书局1975年版,第2713页。
⑥ 脱脱等:《金史·列传第六十三·文艺上》,中华书局1975年版,第2713页。
⑦ 脱脱等:《金史·本纪第六·世宗上》,中华书局1975年版,第121页。
⑧ 脱脱等:《金史·本纪第六·世宗中》,中华书局1975年版,第158页。

实之风,至于文字语言,或不通晓,是忘本也。"①两月之中,两次表露,此后也不时强调这一点,一方面体现了金世宗对于本民族文化的坚持与捍卫,但另一方面他并非一力排斥中原文化,只是要求以女直语习《五经》,"知仁义道德所在"②。他本人也是好学经史之人,登上皇位之后,不仅自己常阅《资治通鉴》等书,而且不时要求臣下苦心读书与熟习弓矢,他曾谓近臣曰:"护卫以后皆是治民之官,其令教以读书。"③又告诫他们不得"饱食安卧",而是要挽弓习武④。当时,还建有"译经所","进所译《易》《书》《论语》《孟子》《老子》《扬子》《文中子》《刘子》及《新唐书》",并下令"颁行之"⑤。对读书人也颇多赞语,认为"儒者操行清洁,非礼不行"。⑥ 金章宗完颜璟也看重儒士,推崇"设学养士",⑦赞同科举"必使通治《论语》《孟子》,涵养气度"⑧。所以,《金史》编撰者说:"金用武得国,无以异于辽,而一代制作能自树立唐、宋之间,有非辽世所及,以文而不以武也。"⑨这还是有一定道理的。

女真族建国之后,许多辽宋文人为其服务,帮助金朝统治者订立各种制度,也在金朝宫廷传播了汉文化,使得金朝文化得以发展。其他官员姑且不论,仅仅是《金史·文艺传》所载,有33人,而今人梳理出的金代文学家则更增至为二三百人⑩,著名者如吴激、宇文虚中、蔡松年、党怀英、王庭筠、王若虚等,或者"能属文,工篆籀,当时称为第一,学者宗之"的党怀英⑪,或者"七岁学诗,十一岁赋全题",人"期以国士"的王庭筠⑫,或者"幼颖悟,若夙昔在文字间者"的王若虚⑬,无一不是少年发奋、勤学苦读之人。仅以王若虚而言,"少,日师其舅周德卿及刘正甫","博学强记,诵古诗至万余首,他文称是。尤善持论","北渡后,居乡里,四方学者犹日仰其声光","元好问览其文叹曰:'从之(若虚字)之没,经学、史学、文

① 脱脱等:《金史·本纪第六·世宗中》,中华书局1975年版,第159页。
② 脱脱等:《金史·本纪第六·世宗下》,中华书局1975年版,第185页。
③ 脱脱等:《金史·本纪第六·世宗上》,中华书局1975年版,第146页。
④ 脱脱等:《金史·本纪第六·世宗上》,中华书局1975年版,第146页。
⑤ 脱脱等:《金史·本纪第六·世宗下》,中华书局1975年版,第184页。
⑥ 脱脱等:《金史·本纪第六·世宗下》,中华书局1975年版,第185页。
⑦ 脱脱等:《金史·本纪第九·章宗一》,中华书局1975年版,第211页。
⑧ 脱脱等:《金史·本纪第九·章宗一》,中华书局1975年版,第214页。
⑨ 脱脱等:《金史·列传第六十三·文艺上》,中华书局1975年版,第2713页。
⑩ 详见邓绍基、杨镰:《中国文学家大辞典·辽金元卷》,中华书局2006年版。
⑪ 脱脱等:《金史·列传第六十三·文艺上》,中华书局1975年版,第2726页。
⑫ 脱脱等:《金史·列传第六十四·文艺下》,中华书局1975年版,第2730页。
⑬ 脱脱等:《金史·列传第六十四·文艺下》,中华书局1975年版,第2737页。

章、人物,公论遂绝,不知承平之后当复有斯大人否也'”!① 观其著作,对于"五经"、《论语》《史记》,以及诸史、历代文章、诗歌等,皆有辨惑或评点,所学之广,用功之深,治学之严谨,可见一斑。

一代学风的形成,自然与教育关系极大,而金朝也是重视教育的。他们建立了既具有本民族传统又有汉民族特征的教育体系。国子监是国家的教育管理机关,掌国子学、太学。金代的教育也分官学和私学。在京师设立了汉人、女真之国子学和太学,还有司天台科、医学十科,共计六学。当时的地方学校则主要由府、州、县学组成。其中还有女真族的府学与州学。金朝的民间私学也很发达。主要通过家庭与私塾的形式传授知识。名家子弟多能从家学中获得教益,从而走上仕途。

金朝也重视科举考试。共设乡试、府试、会试及廷试四级,凡四试皆中选,方可入仕为官。对此,《金史》卷五十一《选举志一》就有明确记载,曰:"凡诸进士举人,由乡至府,由府至省,及殿廷,凡四试皆中选,则官之。"金朝立国之初,未行科举,到了金太宗天会元年(1123)十一月,始行科举,以网罗人才,治理新附地区。二年(1124)二月、八月,又连续开科取士。五年(1127),河北、河东入金,再次举行考试。因为辽宋所传授的经学内容不同,就分别举行考试,称"南北选"。科分辞赋、经义,考中者分别称为辞赋进士、经义进士。到了海陵王时统一了各项制度,"南北选"遂合并为一,并取消经义科,只试辞赋。另有律科,考试律令,以选拔执政官吏。此外,还有经童之制,以图及早发现人才。金章宗时,增设了制举宏词科,以待非常之士。金世宗倡导保存女真文化,故创设了女真进士科,以女真文字考试策论,又称策论进士。其应试者均为女真人子弟。施行的是三年一试之制。此外,金朝的科举还设有制举,以临时设科考选进士。又有恩例"廷试五被黜,则试之第",还有所谓特恩"特命及第者"。同时,金朝还开武举,主要考试骑射和兵书②。

教育事业的发展,科举制度的日趋完善,促使金代文化迅速摆脱落后的局面,取得日新月异的进步,同时造就了一大批博学多识、学有专攻的文士。如前面所提及的一部分代表人物之外,这里特别提一下赵秉文。他与元好问都是当时的重要代表,一生读书不辍,刻苦向学,对金代教育与学风产生了深远影响。金人刘祁《归潜志》有云:"赵学士秉文,字周臣,磁州滏阳人,""诗专法唐人,魁然一时文士领袖,""性疏旷,无机凿。……酷好学,至老不衰。后两目颇昏,犹孜孜

---

① 转引自《滹南遗老集校注》,胡传志,李定乾校注,辽海出版社2006年版,第573页。
② 详见脱脱等:《金史·选举志》,中华书局1975年版。

执卷钞录。上至六经解,外至浮屠、庄老、医学丹诀,无不究心。"①《金史》卷一百十《赵秉文传》载:"秉文自幼至老未尝一日废书,著《易丛说》十卷、《中庸说》一卷、《扬子发微》一卷、《太玄笺赞》六卷、《文中子类说》一卷、《南华略释》一卷、《列子补注》一卷,《删集论语》《孟子解》各一十卷,《资暇录》一十五卷,所著文章号《滏水文集》者三十卷。"②刘祁说是"无虑数十万言"③,确实可说是学问淹博,著作等身。

由于种种原因,正史所列学者与学习之盛况与赵宋王朝比较而言,当然是逊色许多,但好学之风也是值得我们钦羡的。因此,如果把后人发现的状况算计在内,则绝对有其自身特色,邓绍基先生在《中国文学家大辞典·辽金元卷》的"前言"里谈到金代诗文时就说过:"由于各种原因,目前金诗数量难有一致认同的统计,但在一万首以上,当无疑义",至于金文,"今人编《全辽金文》,收录金代五百五十八位作者各类文章二千五百四十六篇"④,由此可见当时学风的盛况了。

第二节　元好问与学习

元好问是金代最著名的文化大家,字裕之,太原秀容人,其父元德明,"自幼嗜读书",元好问的好学也是家传。《金史》称元好问"七岁能诗。年十有四,从陵川郝晋卿学,不事举业,淹贯经传百家,六年而业成",早学而聪慧,"知名异代"⑤。

自古以来,凡是有成就的学问家,都以读书学习而著称。对于读书,元好问可以说是情有独钟,哪怕穷老一生都始终与书为伴、以书为乐,则所谓"世俗但知从仕乐,书生只合在家贫"⑥。他在家里最珍视的也是藏书万卷与不倦读书的生活,"丈室何所有,琴一书数册","闲门无车马,明月即佳客","一笑鸡未鸣,虚窗自生白",读书成了他的最大嗜好,也是优游自处的最好寄托⑦。元好问自云:"七岁入小学,十五学时文。二十学业成,随计入咸秦。"⑧还说过:"予自四岁读书,八

① 刘祁:《归潜志》,黄益元校点,上海古籍出版社2012年版,第10页。
② 脱脱等:《金史·列传第四十八·赵秉文》,中华书局1975年版,第2428页。
③ 刘祁:《归潜志》,黄益元校点,上海古籍出版社2012年版,第10页。
④ 邓绍基、杨镰:《中国文学家大辞典·辽金元卷·前言》,中华书局2006年版,第10页。
⑤ 脱脱等:《金史·列传第六十四·元好问》,中华书局1975年版,第2742页。
⑥ 姚奠中主编,李正民增订:《元好问全集·帝城二首》,山西古籍出版社2004年版,第164页。
⑦ 姚奠中主编,李正民增订:《元好问全集·留月轩》,山西古籍出版社2004年版,第41页。
⑧ 姚奠中主编,李正民增订:《元好问全集·古意二首》,山西古籍出版社2004年版,第12页。

岁学作诗。"①在他看来,读书具有无限的乐趣,而这种乐趣有时又是难以言传的,"读书与躬耕,兀兀送残年","读书有何味,有味不得言"②,因此,即使是搬迁移居时也"故书堆满床"③,乃至于儿子降生时,他所期望的仍然还是读书,说是"田不求千亩,书先备五车"④,真可谓是"读书迷"了。至于《帝城二首》诗所说的"世俗但知从仕乐,书生只合在家贫"⑤,那恐怕更是一种在经历了诸多世事后的大彻大悟,这种大彻大悟可以说是把"学而优则仕"的千年古训给颠覆了,对此,称其为"读书痴"也是不为过的。

金代入主中原与南宋王朝形成南北对峙以后,也是遵从中华文化的,加上元好问本身对于民族文化的自觉,因此他是学贯百家而首先是继承儒学的,所谓"我昔入小学,首读仲尼居"⑥,但他又不限于一家,而是儒道兼修,农法并得,诗书礼乐,医药、佛教,无所不通,这就是他自己说的"书破三千牍,诗论二百年"⑦,"卜筑欣成趣,归耕觉有涯"⑧。元好问不仅强调要多读书、广读书,而且主张要广泛涉猎生活,提倡在交通师友中增益自身见闻,破除个人局限,认为"朝夕接纳,足以广见闻、益智虑而就事业"⑨,如此方能培育"真积之力"。日复一日,"真积之力久,必能得其微旨"⑩。他还说:"文章虽出于真积之力,然非父兄渊源、师友讲习、国家教养,能卓然自立者鲜矣。"⑪道出了自己从学为学的切身感悟。在他看来,读书人不仅要读书本之书,而且要读自然之书与社会之书,他在《送秦中诸人引》一文中充满感慨地说道:"关中风土完厚,人质直而尚义。风声习气,歌谣慷慨,且有秦汉之旧。至于山川之胜,游观之富,天下莫与为比。故有四方之志者,多乐居焉。"⑫山川风土,风俗人情,对于人的陶冶、熏染,对于完善人的性格、增益人的涵养,以至对于写诗作文,都是大为有益的。

元好问不仅自己苦读好学,而且大加敬仰或崇尚好学之人。例如,他在《如

---

① 姚奠中主编,李正民增订:《元好问全集·南冠录引》,山西古籍出版社 2004 年版,第 774 页。
② 姚奠中主编,李正民增订:《元好问全集·寄题沁州韩君锡耕读轩》,山西古籍出版社 2004 年版,第 56—57 页。
③ 姚奠中主编,李正民增订:《元好问全集·学东坡移居八首》,山西古籍出版社 2004 年版,第 30 页。
④ 姚奠中主编,李正民增订:《元好问全集·阿千始生》,山西古籍出版社 2004 年版,第 145 页。
⑤ 姚奠中主编,李正民增订:《元好问全集·帝城二首》,山西古籍出版社 2004 年版,第 164 页。
⑥ 姚奠中主编,李正民增订:《元好问全集·曲阜纪行十首》,山西古籍出版社 2004 年版,第 45 页。
⑦ 姚奠中主编,李正民增订:《元好问全集·答潞人李唐佐赠诗》,山西古籍出版社 2004 年版,第 150 页。
⑧ 姚奠中主编,李正民增订:《元好问全集·长寿新居三首》,山西古籍出版社 2004 年版,第 145 页。
⑨ 姚奠中主编,李正民增订:《元好问全集·答中令令成仲书》,山西古籍出版社 2004 年版,第 807 页。
⑩ 姚奠中主编,李正民增订:《元好问全集·集诸家通鉴节要序》,山西古籍出版社 2004 年版,第 754 页。
⑪ 姚奠中主编,李正民增订:《元好问全集·鸠水集引》,山西古籍出版社 2004 年版,第 762 页。
⑫ 姚奠中主编,李正民增订:《元好问全集·送秦中诸人引》,山西古籍出版社 2004 年版,第 776 页。

庵诗文序》里对皇亲密国公赵子瑜就非常赞赏,序曰:"公资廪简重,而至诚接物,不知名爵为何物。少日师三川朱巨观学诗、龙岩任君漠学书,真积之久,遂擅出蓝之誉。于书无所不读,而以《资治通鉴》为专门。驰骋上下千有三百余年之事,其善恶是非、得失成败,道之如目前。穿贯他书,考证同异,虽老于史学者不加详也。"①可谓叹服之至。他为别人写传记,作墓志,也总是极提传主或墓主的好学勤学之事,并以此赞颂前人,激励后者。

元好问由于自己身体力行读书学习,从而比别人更加懂得承继民族办教育、开学校的优良传统,故大力主张兴学移风,育英培杰。他在《寄中书耶律公书》中就明确指出:"从古以来,士之有自立于世,必籍学校教育、父兄渊源、师友之讲习,三者备而后可。"进而感叹其时"百年以来,教育讲习非不至,而其所成就者无几",希望耶律借"主盟吾道"的有利时机能"乐得贤才而教育之"②,其情恳恳,其言谆谆。他极力赞扬王公贵戚中的有识之士,说他们能够"宾礼故老,延见儒生,谓六经不可不尚,邪说不可不黜,王教不得不立,而旧染不得不新。顺考古道,讲明政术,乐育人才,储蓄治具,修大乐之绝业,举太常之坠典"③。他在《博州重修学记》里也曾回顾历史,慨叹往昔,说:"先王之时,治国治天下,以风俗为元气,庠序党术无非教,太子至于庶人无不学。天下之人,幼而壮,壮而老,耳目之所接见,思虑之所安习,优柔于弦诵之域,而厌沃于礼文之地。"④关于治,则曰:"礼乐刑政、纪纲法度,生聚教育、冠婚丧祭、养生送死而无憾。"而所有这些他认为都是有赖于学校与教育的,即所谓"庠序党塾者,道之所自出也",因为只有这样才能培育出合格之"士",从而"推庠序党塾所自出之道而致之天下四方者也"⑤。

读书学习不仅需要苦读多读,而且在于科学的方法。现今的《元好问全集》里,有赖孔凡礼先生之力,辑得《诗文自警辑录》,开篇即为元好问的《先东岩读书十法》,这既是他父亲教书的心得,也是元好问自己科学读书的经验总结,想来对他一生学习读书的实践必定是产生了很大影响的。不妨大略抄录于此:"一曰记事。记大事之纲目,不必繁冗,简略而已。韩文所谓'记事必提其要者'也。二曰纂言。一句或二句有当于吾心者,各别记之。韩文所谓'纂言者必钩其玄'者也。

---

① 姚奠中主编,李正民增订:《元好问全集·如庵诗文序》,山西古籍出版社 2004 年版,第 757 页。
② 姚奠中主编,李正民增订:《元好问全集·寄中书耶律公书》,山西古籍出版社 2004 年版,第 804 页。
③ 姚奠中主编,李正民增订:《元好问全集·令旨重修真定庙学记》,山西古籍出版社 2004 年版,第 666 页。
④ 姚奠中主编,李正民增订:《元好问全集·博州重修学记》,山西古籍出版社 2004 年版,第 671 页。
⑤ 姚奠中主编,李正民增订:《元好问全集·博州重修学记》,山西古籍出版社 2004 年版,第 672 页。

三曰音义……。四曰文笔。文字有可记诵者,别录之。五曰凡例……。六曰诸书关涉引用……。七曰取则。修身齐家,涉世立朝,前贤行事有于吾心可为法者,别记之。八曰诗材。诗家可用,或事或语。别作一类字记之。九曰持论。前贤议论或有未尽者,以己见商略之。十曰缺文。辞义故实,凡我所不知者,皆别记之,他日以问知者。必使了然于胸中。"①用今天的话来说,读书要勤做笔记,明了音义,学会总结规律,举一反三,要以书中道理用以为人,要会积累诗材,还要独立思考,存疑设问直至弄懂,总之,要肯下功夫,精读细品,而且要以书为鉴,学词语,学作法,学做人,这些都是值得我们后人借鉴的。

第三节 元代学风概说

公元 1206 年,"一代天骄"成吉思汗铁木真在千里大草原建立了蒙古汗国,公元 1271 年定国号为元。当时,草原多是游牧民族,人多剽悍勇武,立国后,西征东讨,铁蹄所及,望风披靡,横穿中亚西亚,锋芒直至波罗的海今罗马尼亚一带。在国内,先是灭金、灭辽、灭西夏,后又灭了南宋,还统治了今西伯利亚的大部分地区。入主中原之后,民族矛盾一直不断,有所谓群别四种、科考任用有差——即蒙古人、色目人、汉人、南人之说,对于捕捉到的前朝知识分子虽然未至格杀勿论,但也仅仅是"诏军中所俘儒士听赎为民"②,亦即任其散落人间而已,这就很是贬低了以崇学为尚的知识分子,且有所谓人分十等、"九儒十丐"的弊况,读书人的地位仅在娼妓之下、乞丐之上,这对于一个时代的学习风尚乃至整个民族文化的建设自然是破坏极大的。不过,一个王朝既然要巩固其长久统治,总是需要文武并用,恰如元时名臣耶律楚材所言:"制器者必用良工,守成者必用儒臣。儒臣之事业,非积数十年,殆未易成也。"③而且,统治阶级面对的是力量庞大的汉民族,而汉民族文化本身又是具有强大的生命力、融合力和渗透力的。忽必烈在立国之初就说过:"朕唯祖宗肇造区宇,奄有四方,武功迭兴,文治多缺,五十余年于此矣。"④他在定年号"建元为中统"的诏书里也明说是要"法《春秋》之正

---

① 姚奠中主编,李正民增订:《元好问全集·诗文自警·先东岩读书十法》,山西古籍出版社 2004 年版,第 1239—1240 页。
② 宋濂等:《元史·本纪第四·世祖纪》,中华书局 1976 年版,第 69 页。
③ 宋濂等:《元史·列传第三十三·耶律楚材》,中华书局 1976 年版,第 3461 页。
④ 宋濂等:《元史·本纪第四·世祖纪》,中华书局 1976 年版,第 64 页。

始,体大《易》之乾元"①,以示其在中原统治的正统性。忽必烈所采取的是尚武而不废文的方针。史载,元太宗五年六月,"诏以孔子五十一世孙元措袭封衍圣公",表示尊孔尚学,元世祖至元八年"十二月辛卯溯,诏天下兴起国字学"②,提倡读书识字(识蒙文)。到仁宗时又恢复了科举取士的制度。《元史·选举志》载:"元初,太宗始得中原,辄用耶律楚材言,以科举选士。"但由于其所提办法"当世或以为非便,事复中止","至仁宗延祐间,始斟酌旧志而行之,取士以德行为本,试艺以经术为先"。不过,在考试时,蒙古人、色目人与汉人、南人的试题是不一样的,而且,行科举的时间也很短,但尽管如此,对于促进那一时代人们的读书与学习毕竟还是有益的,因"各有纂言,尽破传注穿凿,以发其蕴,条归纪叙,精明简洁,卓然成一家言",其学习勤苦与专注如此。③

江南自古多才气。唐宋开始,文化逐渐南移,南宋建都临安以来,杭州成文化中心并辐射于周边,到了元代,浙东俨然已成文化名邦,读书学习之风愈加兴盛。别的地方暂且不论,只就当时金华一带,便可资证明。比如,兰溪人金履祥(1232—1303),字吉父,"幼而敏睿,父兄稍授之书,即能记诵。比长,益自策励,凡天文、地形、礼乐、田乘、兵谋、阴阳、律历之书,靡不毕究"④。他的学生许谦(1270—1337),字益之,金华人,"生数岁而孤,甫能言,世母陶氏口授《孝经》《论语》,入耳辄不忘。稍长,肆力于学,立程以自课,取四部书分昼夜读之,虽疾恙不废",师从金履祥之后,悟得读书之奥妙,更是"于书无不读,穷探圣微","士褒然举首应上所求者,皆彬彬辈出矣"。⑤ 从而,学风的兴复也就有了很大的空间。诚如宋濂所言:"元兴百年,上自朝廷内外名宦之臣,下及山林布衣之士,以通经能文显著当世者,彬彬焉众矣。"⑥或读书交友,或仕进入世,渐成时尚,即便在元初有一批坚以民族气节为自守而不愿出仕者,也仍然以读书育人为乐。对于读书交友的风气,余阙引荐赵子章给危素时的一段话可以为证,其曰:"(赵)子章有学而能诗,佳士也,得公(指危素,危太朴)眄睐,当价增十倍矣。"⑦其时风气,可见一斑。

不妨列举元朝时若干勤学博学之况,以见当时学风。由金入元,很见重于元

① 宋濂等:《元史·本纪第四·世祖纪》,中华书局1976年版,第65页。
② 宋濂等:《元史·本纪第四·世祖纪》,中华书局1976年版,第139页。
③ 宋濂等:《元史·列传第五十八·吴澄》,中华书局1976年版,第4011—4014页。
④ 宋濂等:《元史·列传第七十六·儒学一·金履祥》,中华书局1976年版,第4316页。
⑤ 宋濂等:《元史·选举志》,中华书局1976年版,第2015—2019页。
⑥ 宋濂等:《元史·儒学一》,中华书局1976年版,第4313页。
⑦ 余阙:《与危太仆内翰书》,《历代名人小简》,吴曾祺著,岳麓书社1984年版,第142页。

太祖,且对太宗窝阔台以及蒙汉文化交融影响极大的耶律楚材(1190—1244),契丹人,字晋卿,号湛然居士,"生三岁而孤,母杨氏教之学。及长,博极群书,旁通天文、地理、律历、术数及释老、医卜之说,下笔为文,若宿构者"①。又如与刘基关系甚好的石抹宜孙(1301? —1359),"性警敏,嗜学问,于书务博览,而长于诗歌",又精于武备,"驭军严肃",颇有战功,"且明达政事,讲究盐策,多合时宜","为学本于经术,而兼通名法、纵横、天文、地理、术数、方技、释老之说,见称荐绅间"。② 至于中原大地,向有读书学习之风,其人其事,不可枚举。如广平永年(今河北邯郸)人王磐(1202—1293),字文炳,"年方冠,从麻九畴学于郾城,客居贫甚,日作糜一器,画为朝暮食"。生活虽苦,但学而不辍,后来接受了以"兴学养士"而知名的东平总管严实之邀请,"为师,受业者常数百人,后多为名士"③。又如保定容城人刘因(1249—1293),字梦吉,"世为儒家","天资绝人,三岁识书,日记千百言,过目即成诵,六岁能诗,七岁能属文,落笔惊人",对《四书》《五经》以及程朱理学多有深研,欧阳玄列其为"麒麟凤凰"般的人才。④ 至于南方,才人更多。比如被称为"天下士"的吴澄(1249—1333),字幼清,抚州崇仁(今江西)人,幼则勤学,"教之古诗,随口成诵","夜读书至旦","母忧其过勤,节膏火,不多与,澄候母寝,燃火复诵习","于经、传皆习通之","于《易》《春秋》《礼记》,虽残文羡语,皆不敢忽。有不可通,则不敢强;于先儒之说,有所未安,亦不苟同也"⑤。又如永康人胡长孺(1250—1324),读书极广,"九经、诸史,下逮百氏,名、墨、纵横,旁行敷落,律令章程,无不包罗而揆序之"⑥。"以文名于四方"的义乌人黄溍(1277—1357),"生而俊异,比成童,授以书诗,不一月成诵",也算是少年聪慧了,其后,"博极天下之书,而约之于至精,剖析经史疑难,及古今因革制度名物之属,旁引曲证,多先儒所未发"⑦。与其同时的浦江人柳贯(1270—1342),字道传,"自幼至老,好学不倦。凡六经、百氏、兵刑、律历、数术、方技、异教外书,靡所不通。作文沉郁春容,涵肆演迤,人多传诵之"⑧。同为浦江人的吴莱(1297—1340),字立夫,也是一生读书向学,入举不利后,则"退居深袅山中,益穷诸书奥旨"⑨。他的乐府

① 宋濂等:《元史·列传第三十三·耶律楚材》,中华书局 1976 年版,第 3455 页。
② 宋濂等:《元史·列传第七十五·石抹宜孙》,中华书局 1976 年版,第 4309—4310 页。
③ 宋濂等:《元史·列传第四十七·王磐》,中华书局 1976 年版,第 3751 页。
④ 宋濂等:《元史·列传第五十八·刘因》,中华书局 1976 年版,第 4007—4010 页。
⑤ 宋濂等:《元史·列传第七十六·儒学一·许谦》,中华书局 1976 年版,第 4318 页。
⑥ 宋濂等:《元史·列传第七十七·儒学二·胡长孺》,中华书局 1976 年版,第 4331 页。
⑦ 宋濂等:《元史·列传第六十八·黄溍》,中华书局 1976 年版,第 4188 页。
⑧ 宋濂等:《元史·列传第六十八·柳贯》,中华书局 1976 年版,第 4189 页。
⑨ 宋濂等:《元史·列传第六十八·吴莱》,中华书局 1976 年版,第 4189 页。

诗在元代的诗坛上颇有地位。黄、柳、吴都有教书授徒的经历,也都是宋濂的老师,他们对于宋濂的影响是很大的。再如戴表元(1244—1310),字帅初,庆元奉化州(今宁波奉化)人,"七岁,学古诗文,多奇语","时四明王应麟、天台舒岳祥并以文学师表一代,表元皆从而受业焉。故其学博而肆,其文清深雅洁,化陈腐为神奇,蓄而始发,间事摹画,而隔角不露,施于人者多","至元、大德间,东南以文章大家名重一时者,唯表元而已"。① 浙西亦如此,比如,赵孟頫(1254—1322),"刻厉,昼夜不休息。性通敏,书一目辄成诵","入元后,益自力于学,时从老儒敖继公质问疑义,经明行修,声闻涌溢,达于朝廷",是元代的最著名书法家和著名文学家。② 他如吴兴人牟应龙(1247—1324),"幼警敏过人,日记数千言,文章有浑厚之气"③。总之,也算是学者纷纷、繁星闪烁了。

　　不可否认,元朝统治者对于汉人、南方人的贬低与轻视,也同时带来了对于汉民族文化的贬损与破坏,尽管如此,一大批文人士子仍然坚守着汉民族文化的阵地。以文学为例,一直来居于统治地位的诗歌创作,在元代仍有诸多作者和诸多作品,邓绍基先生就说过:"元诗数字目前尚难精确统计,估计在十万首左右"④,可谓蔚为大观,这也体现了诗骚传统作为文化被作家传承,不过,艺术上毕竟难以超越唐宋时人的水平,诗歌理论与艺术的创造更是显得有些"冷寂"(郭绍虞先生语),即便如此,我们也不得不承认,作家们为恪守汉诗的阵地,仍然表现出了坚定的"读万卷书、行万里路"的学习与实践精神,而且,唯有这种学习与实践,才得以丰富当时的文坛与生活,从而辉耀着元代的学习之风。元人孔齐所撰《至正直记》卷一有"国朝文典"条记载,曰:"大元国朝文典,有《和林志》《至元新格》《国朝典章》《大元通制》《至正条格》《皇朝经世大典》《大一统志》《平宋录》《大元一统记略》《元真使交录》《国朝文类》《皇元风雅》《国初国信使交通书》《后妃名臣录》《名臣事略》《钱塘遗事》《十八史略》《后至元事》《风宪宏纲》《成宪纲要》,赵松雪、元复初、邓素履、杨通微、姚牧庵、卢疏斋、徐荣斋、王肯堂、王汲郡等三王、袁伯长、虞伯长、揭曼硕、欧阳圭斋、马伯庸、黄晋卿诸公文集,《江浙延祐首科程文》《至正辛巳复科程文》及诸野史小录,至于今隐士高人漫录日记,皆为异日史馆之用,不可缺也。"⑤实录所记,也能让我们体会到当时学风与著述的一些情况。

---

① 宋濂等:《元史·列传第七十七·戴表元》,中华书局 1976 年版,第 4336—4337 页。
② 杨载:《赵公行状》,《赵孟頫文集》,任道斌辑集点校,上海书画出版社 2010 年版,第 273 页。
③ 宋濂等:《元史·列传第七十七·儒学二·牟应龙》,上海书画出版社 2010 年版,第 4337 页。
④ 邓绍基,杨镰:《中国文学家大辞典·辽金元卷》(前言),中华书局 2006 年版,第 9 页。
⑤ 孔齐:《至正直记》,庄葳,郭群一校点,上海古籍出版社 2002 年版,第 65 页。

虽然诗词的地位不及唐宋,但是元人却别立新体,使得"元曲"(按:散曲与杂剧的总称)大开生面,成为一代文学,也造就了以关汉卿、王实甫、马致远、白朴为代表的一代戏曲艺术家,形成了戏剧的繁荣时代。他们虽然不是那种读书入仕的人,连生平事迹都湮没难闻,但都是旁学杂收之人,在作品中运用生动活泼的语言,表现了丰富的生活,刻画了血肉丰满的人物形象,可以说,注重向前人学习与向生活学习,在与小人物和市井百姓的交往中汲取养分,提炼情态,是他们学风的一大特点。

第四节　王冕与学习

王冕(1287—1359),字元章,一字元肃,别号煮石山农、梅花屋主等,浙江诸暨人。诸暨从属古越,向称文化之邦,山水之府,王冕有诗说是"古越古为山水府,篁竹菁菁无啸聚。耕田凿井各有为,文物衣冠比邹鲁"[①],人文之气,氤氲馥郁,堪与孔孟家乡媲美。先前,王冕的祖上曾出过不少达官贵人,但到了其祖父已是"清白传家",以"隐居,善积多闻",至其父亲一代,更已终生为农,人称"山农先生"。尽管出身农民家庭,为"诸暨田家子"[②],王冕却是以勤奋学习而知名的,吴敬梓的《儒林外史》就把他作为勤学的典型写入了小说的开篇之中,千百年来令人传颂。史传云:"七八岁时,父命牧牛陇上,窃入学舍听诸生诵书,听已,辄默记。暮归忘其牛,……父怒挞之,已而复如初。母曰:'儿痴如此,曷不听其所为?'冕因去依僧寺以居,夜潜出坐佛膝上,执策映长明灯读之,琅琅达旦。佛像多土偶,狞恶可怖,冕小儿恬若不见。"[③]吕升的《故山樵王先生行状》言其"幼颖悟,六岁通《论语》《孝经》大义,少长,过目即成诵"[④]。史料可见,王冕虽有天资聪敏的一面,但其学习主要在于勤苦,也正是因为他的勤苦,而被老师韩性所看中,这就是宋濂说的"安阳韩性闻而异之,录为弟子。学,遂为通儒",连韩性的门人也敬重王冕的学习与为人,在韩性死后,"门人事冕如事性"[⑤]。

王冕虽然也参加过考试,但"屡应进士举不中",从此不再参与,且无心到公府为吏,"著作郎李孝光数荐之府吏,冕尝曰:'吾有田可耕,有书可读,肯朝夕抱

---

① 王冕:《送吴瑞卿归武昌》,《王冕集》,寿勤泽点校,浙江古籍出版社2012年版,第230页。
② 顾嗣立:《元诗选·二集下》,中华书局2002年版,第925页。
③ 宋濂:《王冕传》,浙江古籍出版社1999年版,第1473页。
④ 吕升:《故山樵王先生行状》,《王冕集》(附录),寿勤泽点校,浙江古籍出版社2012年版,第294页。
⑤ 宋濂:《王冕传》,浙江古籍出版社1999年版,第1473页。

案立庭下,备奴使哉?'"①,如前述元好问一样,竟把几千年来"学而优则仕"的传统也都给颠覆了。他一生,或游历各地,或耕田自养,或读书交友,或吟诗作画,成为著名的画家,也是元朝颇有成就的诗人。他有感于元朝的政治腐败与风气污浊,讥讽"峨冠腐儒空读书,骑马小儿真苟图"②,还借冀州道中一"野老"的口说:"自从大朝来,所习亮匪初。民人籍征戍,悉为弓矢徒。纵有好儿孙,无异犬与猪。至今成老翁,不识一字书。典故无所考,礼义何所拘?"③对于元代轻视读书、礼乐湮没而造成的恶果深表痛心。在《古时叹》一诗里更是淋漓尽致地揭露了元朝的黑暗时政:"深衣大老为腐儒,纨绔小儿称丈夫。学士时为八风舞,将军日醉千金壶。人间赤子苦钳钛,抱麟反袂空流涕。"④如此看来,他的淡泊功名早就成了自觉的精神境界和积极的文化追求,所以他说"事业书千卷,功名水一杯"⑤,读书就是自己的事业。同时,他认为所谓的隐者其实多是杰出人才,"古来王佐才,多在耕钓间"⑥,就像炼丹的葛洪一样,"仙翁读书自怡怡,坐稳不觉路崄巇"⑦,如孙元实一般,"先生读书不闭户,坐阅鸿蒙窥太古"⑧,可谓心静能读书,读书则心更静也!

喜读书,爱读书,是王冕勤奋学习的思想基础,因而,只要"有田可耕,有书可读",就能让他心满意足。这其实也是中华民族"耕读传家"的传统在王冕身上的典型传承,所谓"我老无生计,耕耘教子孙"⑨,"起居闲闲趣有余,看山看水还看书"⑩。他的许多诗句就是表现这种"乐于耕读"的愉悦心情的。比如,"束书归住水南村,且把犁锄教子孙"⑪,"犁锄负在肩,牛角书一束。辄耕且吟诵,息阴坐乔木","凉气满郊墟,书声出茅屋"⑫,"诗书压架自足乐,风月满坛谁敢降?"⑬,"慷

① 宋濂:《竹斋集传》,《王冕集》(附录),寿勤泽点校,浙江古籍出版社2012年版,第292页。
② 王冕:《望雨》,《王冕集》,寿勤泽点校,浙江古籍出版社2012年版,第207页。
③ 王冕:《冀州道中》,《王冕集》,寿勤泽点校,浙江古籍出版社2012年版,第172页。
④ 王冕:《古时叹》,《王冕集》,寿勤泽点校,浙江古籍出版社2012年版,第216页。
⑤ 王冕:《冀州道中》,《王冕集》,寿勤泽点校,浙江古籍出版社2012年版,第122页。
⑥ 王冕:《寓意十首次敬助韵》,《王冕集》,寿勤泽点校,浙江古籍出版社2012年版,第156页。
⑦ 王冕:《自崔镇至济州人情风俗可叹三十韵》,《王冕集》,寿勤泽点校,浙江古籍出版社2012年版,第174页。
⑧ 王冕:《孙元实春游图》,《王冕集》,寿勤泽点校,浙江古籍出版社2012年版,第177页。
⑨ 王冕:《村居四首》,《王冕集》,寿勤泽点校,浙江古籍出版社2012年版,第77页。
⑩ 王冕:《赠蒋清隐》,《王冕集》,寿勤泽点校,浙江古籍出版社2012年版,第201页。
⑪ 王冕:《次答王敬助》,《王冕集》,寿勤泽点校,浙江古籍出版社2012年版,第24页。
⑫ 王冕:《耕读轩》,《王冕集》,寿勤泽点校,浙江古籍出版社2012年版,第171页。
⑬ 王冕:《寄吴道子》,《王冕集》,寿勤泽点校,浙江古籍出版社2012年版,第18页。

慨不同时俗辈,清高多读古人书"①,"开径不曾防俗客,读书恰是得清凉"②,"下榻来风韵,看书度岁华"③,通过这些诗句分享了读书学习的快乐。他的这种耕读为家的喜好,以至于让有些人觉得是"迂腐","白日力作夜读书,邻家鄙我迂而愚"④,而且为了读书,还不惜少睡觉,"对酒伤春思,看书减夜眠"⑤,即使如此,他乐于读书之心也始终不泯,直到两眼昏花、白发稀疏了还坚持读书,说是"读书写字两眼眵,断白搔堕随花飞"⑥,"老吾情不怯,漫读古人书"⑦。由此,我们联系到他在《自感》诗中所说的:"三年离怀抱,已知亲与疏。相楫识进退,应对无嗫嚅。五六渐精爽,气貌与众殊。怡怡浴仁化,喜听论之乎。八龄入小学,一一随范模。厌睹诡谲行,不读非圣书。"⑧自小敏学,老而不辍,真正是活到老、学到老了。

王冕不仅自己喜好读书,也喜好与读书人结为朋友。比如,他称颂"郎游得教授北方"并尽力为当地剡某喊冤、世称节士的夏石岩是:"夏侯先生天下士,风流倜傥忠义俱。平生勋业能自知,腹内更有非常书。浪游不废灯火读,骑马儿郎空碌碌。王门讲道三十年,坐使穷荒移风俗。"⑨这是诗的前半节,对夏氏的气质风流、满腹诗书、秉烛苦读、传道移风,给予了热情的歌颂,后半节写夏氏的为人品格,最后说道:"老我论交苦不早,意气相期且倾倒。"很是看重夏氏的读书与为人。他的《结交行送武之文》,也是高度肯定了武之文读书、作文具儒雅兼豪放的气质,诗云:"长安小儿不足数,论文忽有东平武。武君胸中气峥嵘,呼吸云梦吞沧溟。笔底春秋决王伯,坐探今古无余情。青春扬舲渡淮海,江山秀色遥相待。雄文卷尽九江碧,新诗写出庐山翠。"⑩王冕与其结交,看中的就是他的这种气质,可以说是同为读书之人,因而是同气相求的。其他如称道曹云西的"文章惊世世所重,笔力到老老更工"⑪,赞美李姓太守的"太守自是文章公,文章政事皆从容"⑫,

① 王冕:《水竹居》,《王冕集》,寿勤泽点校,浙江古籍出版社 2012 年版,第 22 页。
② 王冕:《扬州成元章居竹轩》,《王冕集》,寿勤泽点校,浙江古籍出版社 2012 年版,第 38 页。
③ 王冕:《归来三首》,《王冕集》,寿勤泽点校,浙江古籍出版社 2012 年版,第 74 页。
④ 王冕:《过山家》,《王冕集》,寿勤泽点校,浙江古籍出版社 2012 年版,第 193 页。
⑤ 王冕:《自咏》,《王冕集》,寿勤泽点校,浙江古籍出版社 2012 年版,第 138 页。
⑥ 王冕:《梅花四首》,《王冕集》,寿勤泽点校,浙江古籍出版社 2012 年版,第 271 页。
⑦ 王冕:《潇洒》,《王冕集》,寿勤泽点校,浙江古籍出版社 2012 年版,第 106 页。
⑧ 王冕:《自感》,《王冕集》,寿勤泽点校,浙江古籍出版社 2012 年版,第 165 页。
⑨ 王冕:《夏节士》,《王冕集》,寿勤泽点校,浙江古籍出版社 2012 年版,第 178 页。
⑩ 王冕:《结交行送武之文》,《王冕集》,寿勤泽点校,浙江古籍出版社 2012 年版,第 208 页。
⑪ 王冕:《曹云西画山水图》,《王冕集》,寿勤泽点校,浙江古籍出版社 2012 年版,第 179 页。
⑫ 王冕:《草堂》,《王冕集》,寿勤泽点校,浙江古籍出版社 2012 年版,第 187 页。

叹羡欧阳彦珍的"文章五彩珊瑚钩,肺腑肝肠尽经史"①,叹美汪用衡的"汪君汪君拔其萃,读书论道真我辈"②,等等,无一不是由于他们的勤于读书而让他所顿生感慨的。古人本来就有以文会友的传统,王冕也是如此,所谓"相忘不问讯,长久却论文"③,"赖有故人如弟兄"④,"知己相逢贫亦好"⑤,"故人湖海襟怀古,能话旧时鸥鹭鸣"⑥。和朋友一起,可以论时事,谈人生,抒发胸中的垒块与牢骚,他的一首《会友》诗就这样写道:"昨夜随风吹地动,起看长剑雪花明。读书空堕英雄泪,得酒时浇垒块愁。相见抵须言客况,论交殊不愧前盟。汉家四海承平久,何必区区论贾生。"⑦抒发了他与朋友们在一起读书论道的深长感慨。

为学向来须有师,从师尊师学子情。王冕给他老师写过一些诗歌,表达了对于老师的感激之情,其中《元日示师文》有云:"骨格今年异,衣裳旧日殊。读书当努力,写字莫糊涂。白水翻三峡,青山出两都。老吾何所以?赖尔得相须。"⑧他当时出外游览,家里似乎是托付给老师的,为免老师牵挂,所以在诗里告诉老师自己身体还好,读书、写字也还认真,所游之处风景不错,最后说自己很有幸,老了还有老师依赖和扶持,对老师充满了感激之情,这是说"人师"。而在王冕的学习生涯里,还有一位老师,那就是社会和自然。他热爱生活,在生活中增长了见识,寻找了乐趣,说是"耕田凿井亦足乐,短歌长啸随所之"⑨,"事业留诗卷,田园入画图"⑩。这是因为山野的劳动让他找到了诗材,领悟了诗意,所谓"辟世忘时势,茅庐傍小溪。灌畦晴抱瓮,接树湿封泥。乳鹿依花卧,幽禽过竹啼。新诗随处得,不用别求题"⑪。他周游名山大川,"买舟下东吴,渡大江,如淮楚,历览名山川。或遇奇才侠客谈古豪杰事,即呼酒共饮,慷慨悲吟"⑫。他自己也说是"我生爱看真山水,眼底崎嵌每自谙"⑬,"我生正坐山水癖"⑭,"我生亦有林泉癖"⑮。在他眼里,"满

① 王冕:《送欧阳彦珍归杭》,《王冕集》,寿勤泽点校,浙江古籍出版社 2012 年版,第 214 页。
② 王冕:《送汪用衡北上》,《王冕集》,寿勤泽点校,浙江古籍出版社 2012 年版,第 217 页。
③ 王冕:《会友》,《王冕集》,寿勤泽点校,浙江古籍出版社 2012 年版,第 87 页。
④ 王冕:《过沧江》,《王冕集》,寿勤泽点校,浙江古籍出版社 2012 年版,第 29 页。
⑤ 王冕:《答贾太初》,《王冕集》,寿勤泽点校,浙江古籍出版社 2012 年版,第 27 页。
⑥ 王冕:《过渔浦》,《王冕集》,寿勤泽点校,浙江古籍出版社 2012 年版,第 10 页。
⑦ 王冕:《会友》,《王冕集》,寿勤泽点校,浙江古籍出版社 2012 年版,第 10 页。
⑧ 王冕:《元日示师文》,《王冕集》,寿勤泽点校,浙江古籍出版社 2012 年版,第 115 页。
⑨ 王冕:《送暨阳同知》,《王冕集》,寿勤泽点校,浙江古籍出版社 2012 年版,第 185 页。
⑩ 王冕:《漫兴十九首》,《王冕集》,寿勤泽点校,浙江古籍出版社 2012 年版,第 122 页。
⑪ 王冕:《村居四首》,《王冕集》,寿勤泽点校,浙江古籍出版社 2012 年版,第 75 页。
⑫ 宋濂:《竹斋集传》,引自《王冕集》,寿勤泽点校,浙江古籍出版社 2012 年 5 月出版,第 292 页。
⑬ 王冕:《山水图》,《王冕集》,寿勤泽点校,浙江古籍出版社 2012 年版,第 53 页。
⑭ 王冕:《题米元晖画》,《王冕集》,寿勤泽点校,浙江古籍出版社 2012 年版,第 53 页。
⑮ 王冕:《满目青山轩》,《王冕集》,寿勤泽点校,浙江古籍出版社 2012 年版,第 137 页。

目青山似画图",所以,他见山见月是"好山入屋情无限,明月穿帘兴有余"①,见水见风是"因向林泉得幽致"②,"朝来爽气归书润"③。总之,自然山水给了他无穷的乐趣,荡涤了他的心胸,充实了他的书本知识,丰富了他的生活阅历,也激起了他的诗情雅兴。生活与自然还激发了王冕读书学习的感悟,调动了他美术创作的灵感,成就了流传千古的一代名师。他爱竹子,"我家只在山阴曲,修竹森森照溪绿"④,"我生爱竹比君癖,栉风沐雨三十年"⑤。他爱竹子的"高节":"况尔此君高节古,纵有雪霜那可侮。平生正直少人知,野草闲花徒媚妩。"⑥他也爱画竹子,以竹喻人,托竹寄情。为了把竹子画好,他不惜到处去看竹,"我为所爱足不闲,十年走遍江南山"⑦。他更爱梅花,也更爱画梅。"平生爱梅颇成癖,踏雪行霜一双屐"⑧,"老我无能惯清苦,写梅种梅千万树"⑨。他说:"花卉之中,唯梅最清。受天地正气,凛霜雪之操,生于溪谷,秀于隆冬,淡然而有春色,"⑩"松筸节操梅精神,"⑪以梅为师,师法自然,与梅为伴,向梅学习,从梅花身上感悟到了"平生清苦能自守"⑫的精神气概。为此,王冕不仅创作了大量的写梅之画,吟诵了大量的咏梅诗作,而且给我们留下了《梅先生传》这一既写梅又喻己的寓言体散文,更有《梅谱》这一光耀绘画史的理论著作流传于世,滋溉后人。

第五节　黄溍与学习

黄溍(1277—1357),字晋卿,后谥文献,元婺州义乌人,与虞集、揭傒斯、柳贯齐名,号为儒林四杰。据黄溍的学生宋濂《故翰林侍讲学士、中奉大夫、知制诰同修国史、同知经筵事金华黄先生行状》所言:"黄为婺名族,至宋太史公庭坚,族望尤著。"而黄溍"比成童,不妄踰户阈,授之以《诗》《书》,不一月,皆成诵。迨学,为

---

① 王冕:《水竹居》,《王冕集》,寿勤泽点校,浙江古籍出版社 2012 年版,第 14 页。
② 王冕:《次王元之武平寺诗》,《王冕集》,寿勤泽点校,浙江古籍出版社 2012 年版,第 28 页。
③ 王冕:《题王有恒山房》,《王冕集》,寿勤泽点校,浙江古籍出版社 2012 年版,第 42 页。
④ 王冕:《柯博士竹图》,《王冕集》,寿勤泽点校,浙江古籍出版社 2012 年版,第 231 页。
⑤ 王冕:《题魏仲远筼深轩》,《王冕集》,寿勤泽点校,浙江古籍出版社 2012 年版,第 223 页。
⑥ 王冕:《题魏仲远筼深轩》,《王冕集》,寿勤泽点校,浙江古籍出版社 2012 年版,第 223 页。
⑦ 王冕:《柯博士画竹》,《王冕集》,寿勤泽点校,浙江古籍出版社 2012 年版,第 212 页。
⑧ 王冕:《题月下梅花》,《王冕集》,寿勤泽点校,浙江古籍出版社 2012 年版,第 275 页。
⑨ 王冕:《梅花四首》,《王冕集》,寿勤泽点校,浙江古籍出版社 2012 年版,第 271 页。
⑩ 王冕:《梅谱·论花》,《王冕集》,寿勤泽点校,浙江古籍出版社 2012 年版,第 282 页。
⑪ 王冕:《题画梅》,《王冕集》,寿勤泽点校,浙江古籍出版社 2012 年版,第 275 页。
⑫ 王冕:《梅花四首》,《王冕集》,寿勤泽点校,浙江古籍出版社 2012 年版,第 272 页。

文下笔,顷刻数百言",后受学于太学内舍刘应龟,年轻时又有机会"西游钱塘,前代遗老与巨公宿学,先生咸得见之。于是,益闻近世文献之泽"。① 从钱塘回家乡后,又师从宋末著名学者、浦江人方凤,因此,学问更为广博深致。其同时代人危素在黄溍的《神道碑铭》中也称其"天资介直,博极群书,而约之于至精,有问经史疑难、古今因革与夫制度名物之属,旁引曲证,亹亹不能休。至于剖析异同,谳决是非,多儒先之所未发见。诸论著壹根本乎六艺,而以羽翼圣道为先务,然其为体,布置谨严,援据精切,俯仰雍容,不大声色。譬之澄湖不波,一碧万顷,鼋鼍蛟龙,潜伏而不动,渊然之色,自不可犯"②。黄溍自己也说过:"仆生而寒微……幼而知学,年十五六,而能属文,时之钜公宿学,皆幸而与之进。"③在他这儿,读书已经成为一种生活,所谓"兀坐把书卷,展玩不自休"④,"暮投高馆灯闪闪,坐谈姬孔歌黄虞"⑤。有一座名叫"环翠楼"的建筑让他喜爱,也是因为"楼中幸有书可读"⑥,在《赠夏德颂》一诗里,他所羡慕夏氏的也正是"传家有书故可读,有石可眠泉可酌"的雅致⑦。在题为《秋夜·观书作》的诗歌里,他更是欣然写道:"闲居感时逝,独学难为功。眷言思古人,幽怀极忡忡。秉烛起中夜,揽卷来清风。恭惟千载心,皎洁悬无穷。氓俗自陞降,道妙非汙隆。后来亦奚为?黑白纷相攻。华芳昨可悦,轨辙何由通?吾将离言说,庶以观其同。所忧明为累,不惧蓄不丰。开轩视明河,白月当天中。怡然掩书坐,夜气方鸿濛。"⑧诗歌写尽了在这个秋风萧瑟的夜晚,自己秉烛读书的恬然快乐和因为读书引起的漫漫思索与情绪波澜。

黄溍不仅酷爱读书学习,而且,一直强调学习需要刻苦自励,学贯百家。他认为:"在心之志,为己之学,非他人所能与也。""学之成与否在我,君子所不敢不勉。"⑨认为学习是需要自己努力的。他在《元故中奉大夫、湖南道宣慰使于公行状》里称于九思是"深自策励。博观经、史、百氏之书,以资其见闻",所以后来能

---

① 宋濂:《宋濂全集》,浙江古籍出版社1999年版,第306—307页。

② 危素《大元故翰林学士,中奉大夫,知制诰同修国史,同知经筵事,赠中奉大夫,江西等处行中书省参知政事,护军,追封江夏郡公,谥文献黄公(溍)神道碑铭》,《黄溍全集》,王珽点校,天津古籍出版社2008年版,第768页。

③ 黄溍:《上宪使书》,《黄溍全集》,王珽点校,天津古籍出版社2008年版,第171页。

④ 黄溍:《连雨,杂书五首,其五》,《黄溍全集》,王珽点校,天津古籍出版社2008年版,第3页。

⑤ 黄溍:《由苕溪出大湖,抵阳羡十四韵》,《黄溍全集》,王珽点校,天津古籍出版社2008年版,第33页。

⑥ 黄溍:《题环翠楼》,《黄溍全集》,王珽点校,天津古籍出版社2008年版,第37页。

⑦ 黄溍:《赠夏德颂》,《黄溍全集》,王珽点校,天津古籍出版社2008年版,第38页。

⑧ 黄溍:《秋夜,观书作》,《黄溍全集》,王珽点校,天津古籍出版社2008年版,第10页。

⑨ 黄溍:《志学斋记》,《黄溍全集》,王珽点校,天津古籍出版社2008年版,第384—385页。

够有所成就①。他在《真定路深州知州致仕刘公墓志铭》里也说刘守谦是"深自砥砺","容止言论,闲雅不迫,有古君子风","以其自号扁所居室曰本斋,琴棋图史,罗列左右,退食则宴息其中。客至,与谈中原文献之旧,娓娓不倦"②。其他如称说钱翼之的"感励,自力于学"③,称道郝天麟的"性端谨,好古嗜学,淹贯典籍"④,肯定干文传的"无他玩好。而独耽于书,手自校雠,至老不倦"⑤,等等,无一不是刻苦为学、广博求知的例证。他在为揭傒斯所撰的神道碑铭中言揭氏刻苦读书的事迹更是详细,说揭傒斯是"生而颖悟,年十二三,读书,已能窥见古人为学大意。家贫,不能负笈远游,父子自为师友。刻苦奋励,穷昼夜不少懈,涵濡既久,经、史、百氏无不贯通。发为文辞,咸中矩度。同里年相埒者,多敬畏而师事焉"⑥。他对于前辈、永康人胡长孺,也首先是敬仰其读书学习的广泛宏博,他的《祭永康胡先生文》曰:"其文斯何?出史入经,汲书鲁简,武威汤铭。下逮百氏,名墨纵横。旁行敷落,律令章程。包罗揆序,弗猥弗并。维蓄之厚,故施之宏。"⑦黄溍还说过,人的"学力"是有限的,关键在于专心致志,所谓"人之学力有限,术业贵乎专攻"⑧。他笔下的史惟良,其死之日,"公卿大夫,相弔于朝,亲戚故人,聚哭于里",这与他自幼专注于读书是有关系的,据载,他在少年时代,"受学前进士王仲文,结庐城北荒棘中,攻苦食淡者五年,而受其业",后来出仕为官,无论公务多繁忙,仍然"喜读书,起居坐卧,宾客燕谈之所,皆设几案,列简编,或纳卷袖中,随所至而观焉",退休家居之时,"自号逸翁,作临漪亭、浩然堂、贯道书院,藏书不啻万卷","晚年,阅理精熟,为诗文,博敏而纯实"⑨,真可称为是为学专攻的典范。

在强调专意苦学和博闻广学的同时,黄溍也提出了求真知与实践的主张。

---

① 黄溍:《元故中奉大夫,湖南道宣慰使于公(九思)行状》,《黄溍全集》,王珽点校,天津古籍出版社 2008 年版,第 421 页。

② 黄溍:《真定路深州知州致仕刘公(守谦)墓志铭》,《黄溍全集》,王珽点校,天津古籍出版社 2008 年版,第 428 页。

③ 黄溍:《钱翼之(良右)墓志铭》,《黄溍全集》,王珽点校,天津古籍出版社 2008 年版,第 486 页。

④ 黄溍:《嘉定等处万户郝侯(天麟)碑铭》,《黄溍全集》,王珽点校,天津古籍出版社 2008 年版,第 627 页。

⑤ 黄溍:《嘉议大夫,礼部尚书致仕干公(文传)神道碑铭》,《黄溍全集》,王珽点校,天津古籍出版社 2008 年版,第 697 页。

⑥ 黄溍:《翰林侍讲学士,中奉大夫,知制诰,同修国史,同知经筵事,追封豫章郡公,谥文安揭公(傒斯)神道碑铭》,《黄溍全集》,王珽点校,天津古籍出版社 2008 年版,第 682 页。

⑦ 黄溍:《祭永康胡先生文》,《黄溍全集》,王珽点校,天津古籍出版社 2008 年版,第 118 页。

⑧ 黄溍:《唐子华诗集序》,《黄溍全集》,王珽点校,天津古籍出版社 2008 年版,第 260 页。

⑨ 黄溍:《集贤大学士,荣禄大夫史公(惟良)神道碑铭》,《黄溍全集》,王珽点校,天津古籍出版社 2008 年版,第 677、681 页。

他认为学习首先要重视求取真知,求得有用,"文章不经济,耽书或成淫。偶从长者游,稍窥古人心。不琢岂非玉?无弦孰为琴?岁宴灯火微,江阔鱼龙深"①。说的就是读书学习要讲经世济用。他认为,要"致知力行"②,对于圣贤之道,要"壹以躬行为本"③。认为"读书务以致用,不屑于章句"④,否则,书读得再多也是无多大意义的。诚然,书只是一种材料,它宝贵的内容既需要体会,也需要效用。黄溍提出:"丈夫必有事,寤主在一言。上以婢圣学,下以安元元。"⑤认为大丈夫的可贵,就在于能够提出自己的看法,让当政者有所醒悟。读书学习的目的,说到底也是要既有利于张扬孔门圣学,又有利于安定百姓的。同时,黄溍还认为读了书之后既要达到真正的认知,又要知行一致,"谨于践履"⑥,务求对于儒道的实实在在的践行。他有一篇《送邹生归临江序》就说到邹生自幼拜师学习,到了钱塘之后,又交游颇多,勇于提问,增长了诸多知识,希望他回到临江以后,"诚能即其耳目之所及,真知而实践之,盈科而进,成章而达",从而"入于圣贤之域"。⑦ 他在为蒲道源所作的《顺斋文集序》里也说:"盖公(按:指蒲道源)之求端用力,务自博以入约,由体以达用,真知实践,不事矫饰。"⑧这里提出的自博入约、由体达用、真知实践,的确说出了读书学习的真谛所在。而在黄溍看来,真知与实践又是紧密相连的,"实践之功,出乎真知"⑨,因此,要求"务学以实,不事虚文"⑩,即不仅要"于书无不观"⑪,而且要"穷探圣微,蕲于必得"⑫。他说过:"穷经,将以致用也,非精无以造微,非笃无以道远。"⑬而致用,就需要精深而入细微,专注而能行远。可见,对于学习而言,真知与实践,是缺一不可的。

在学习内容上,除了经史百家、兵刑律历等之外,黄溍也钦佩学习其他比如医药、卜筮、方技、异教外书的人,与他"居同郡、学同志"的好友柳贯,因为无书不

---

① 黄溍:《次韵答蒋明府先生》,《黄溍全集》,王珽点校,天津古籍出版社 2008 年版,第 11 页。
② 黄溍:《蛟峰先生(方逢辰)阡表》,《黄溍全集》,王珽点校,天津古籍出版社 2008 年版,第 734 页。
③ 黄溍:《黄彦实(叔英)墓志铭》,《黄溍全集》,王珽点校,天津古籍出版社 2008 年版,第 485 页。
④ 黄溍:《青阳县尹徐君(泰亨)墓志铭》,《黄溍全集》,王珽点校,天津古籍出版社 2008 年版,第 495 页。
⑤ 黄溍:《送祝蕃远北上》,《黄溍全集》,王珽点校,天津古籍出版社 2008 年版,第 15 页。
⑥ 黄溍:《胡景吕(渭)先生墓志铭》,《黄溍全集》,王珽点校,天津古籍出版社 2008 年版,第 455 页。
⑦ 黄溍:《送邹生归临江序》,《黄溍全集》,王珽点校,天津古籍出版社 2008 年版,第 254 页。
⑧ 黄溍:《顺斋文集序》,《黄溍全集》,王珽点校,天津古籍出版社 2008 年版,第 256 页。
⑨ 黄溍:《白云许先生(谦)墓志铭》,《黄溍全集》,王珽点校,天津古籍出版社 2008 年版,第 462,460 页。
⑩ 黄溍:《前承务郎王公(昌世)墓志铭》,《黄溍全集》,王珽点校,天津古籍出版社 2008 年版,第 449 页。
⑪ 黄溍:《白云许先生(谦)墓志铭》,《黄溍全集》,王珽点校,天津古籍出版社 2008 年版,第 462 页。
⑫ 黄溍:《白云许先生(谦)墓志铭》,《黄溍全集》,王珽点校,天津古籍出版社 2008 年版,第 460 页。
⑬ 黄溍:《赠承事郎,同知奉化州事叶府君(应咸)墓志铭》,《黄溍全集》,王珽点校,天津古籍出版社 2008 年版,第 522 页。

读,"靡所不通",所以能够造就"其文涵肆演迤,春容绵馀,才完而气充,事详而词覈,蔚然成一家言"①。在强调学习书本知识的同时,黄溍也主张广泛游历,培植浩气。他说,明州慈溪人黄彦石,年少时,便"溯采石、上汉江,西游荆、襄,历观用武关要、荒榛废垒,犹有能言昔时得失,益慷慨自振"②。对于游历山水而成诗文,黄溍的观点是"地必以人而重,人必以文而显"③。或者出游一地,"愿有闻以自壮","非徒以极视听之娱而已"。④ 他特别以司马迁为例来说明游历的重要,说道:"有如司马迁之南游江淮,上会稽、探禹穴、窥九疑,浮于沅、湘,北涉汶、泗,讲业齐、鲁之都,观孔子之遗风,乡射邹、峄,阨困番、薛、彭城,过梁、楚以归。其阅山川之形胜,而考废兴之陈迹,有以见往昔君臣盛衰得失之由,涉圣贤之故里,而博习于稽古礼文之事,有以见君子之泽,弥久不衰。而其旧俗,犹有存者,即所见以证所闻,而撰定成一家之言,千载而下,可徵不诬。"⑤这就说明了广泛游历对于读书人的意义,更不待说他自己践行游历而在其笔下留下的那些被人称为"如洪波巨泽,风浪不惊,湛然一碧"⑥的诗文巨作了。

黄溍说过:"器必琢而后成,道必学而后知。玉之不琢,不失其为玉;人之不学,不失其为人也几希。是以有志之士,莫不务学而求师。"⑦务学与求师,确实是展开读书学习所不可或缺的。在这方面,黄溍也有许多深刻的论述。由于他本身就是老师,所以在为师、从师的问题上,他是别有一番见地的。他推崇"读书务明大义,教子必延名师"⑧。他认为,作为老师,自身首先应该有好的学行,同时又要热衷从教,就像金溪曾严卿那样,"平居不汲汲于生事,视势利漠如也。读书日有常程,务求之圣贤微言大旨,而不徒事记览。为文主于理,未始与人较其短长。而一时负才气者,皆自以为不及;同里以士名者,无不受业焉"。同时,还要因材施教,诲人不倦,"随才诱掖,以成其美,而不病以其所不能"。对于受业者,"君(指曾严卿)接之,色温而庄,恒以经书教授诵说,若不能出诸口,及有所问难,分章别句,类数辨名,无不究尽"。⑨黄溍更是推崇金华许谦这一位"学高为师、身正为范"的一代师表。他说:许谦"天资高嶷",又学习勤奋,"五岁就学,庄重如成

---

① 黄溍:《翰林待制柳公(贯)墓表》,《黄溍全集》,王珽点校,天津古籍出版社 2008 年版,第 725 页。
② 黄溍:《黄彦实(叔英)墓志铭》,《黄溍全集》,王珽点校,天津古籍出版社 2008 年版,第 485 页。
③ 黄溍:《云门集后序》,《黄溍全集》,王珽点校,天津古籍出版社 2008 年版,第 231 页。
④ 黄溍:《送任时仲游金陵序》,《黄溍全集》,王珽点校,天津古籍出版社 2008 年版,第 253—254 页。
⑤ 黄溍:《送任时仲游金陵序》,《黄溍全集》,王珽点校,天津古籍出版社 2008 年版,第 253—254 页。
⑥ 谢肃:《长林先生文集序》,《黄溍全集》,王珽点校,天津古籍出版社 2008 年版,第 877 页。
⑦ 黄溍:《学轩赞》,《黄溍全集》,王珽点校,天津古籍出版社 2008 年版,第 123 页。
⑧ 黄溍:《秦君(士龙)墓志铭》,《黄溍全集》,王珽点校,天津古籍出版社 2008 年版,第 572 页。
⑨ 详见《金溪曾君(严卿)墓志铭》。

人","稍长,侨居城堙,借书于人,以四部分而读之,虽疾恙不废。所涉向博,知解且至",为人则"制行甚严,而所以应世者,不膠于古,不流于俗,介而不骄,通而不随,身在草莱,而心存当世","素志冲淡,以道自乐",所以读书人"翕然赢粮笥书而从之"①,"远而幽、冀、齐、鲁,近而荆、扬、吴、越,皆百舍重孪而至"。至于在施教过程中,许谦则能"以五性人伦为本,以开明心术、变化气质为先,以为己为立心之要,以分辨义利为处事之制。至诚谆悉,内外殚尽","或有所问难,而辞不能自达,则为之言其所欲言,而解其所惑,讨论讲贯,终日无倦,摄其骕疏,入于密微。闻者方倾耳听受,而其出愈真切,惰者作之,锐者抑之,拘者开之,放者约之,为学者师垂四十年,著录殆千余。人随其才分,咸有所得,达官富人之子,望闾而骄气自消,践庭而礼容自饬,四方之士,无贤不肖,以不及门为耻"。平时,"搢绅先生至于是邦,必即其家存问焉。或访以典礼政事,先生观其会通,而为之折衷,闻者无不厌服"②。另外,在师道方面,黄溍是崇尚"严师"的,推崇"师严道尊"③,认为教育学生"当以圣人为准的,至于进修利钝,则视己之力量如何,然必得圣人之心,而后可学圣人之事"④。他笔下的董秉彝,鄞县人,只活了三十三岁,就英年早逝了,而且家庭非常贫困,但是在他短暂的生命中,"少嗜书,不以贫辍其学",学贯"经、史、百氏之言,鈎微摘隐,而求其根砥"。鄞县有胡姓父子向来与董秉彝友善,知道他的为人与学问,就专门为他修整了校舍,让当地的子弟拜他为师,而董秉彝也能"深自刻苦",与他的学生们相互"摩励激切,夜参半,隔墙灯火明灭,犹隐隐闻读书声,虽惫不自休"⑤,最后竟积劳成疾。可以说,董秉彝既是一位严师,也是一位良师。同时,黄溍提倡"师友"之论,说"古之为师友者,非徒有所严惮切磋,其相与之际,至亲且乐也"⑥,是严师,也是良友。但是,成为"师友",也是有条件的。黄溍认为,"师友"要德高而学博,"考师友源流之自,务合乎圣人之本统,以壹诸生之道德",这是"学校之重事"⑦。黄溍谈到,在当时,还有些家庭,"父子自为师友",如婺州金华县的叶审言就是"父子自为师友"的。黄溍说叶审言"明达而畜有知,于书无不读",加之能"由家传之端绪,溯儒先之源委",故而能够"卓然自立",晚年,为照顾年老的母亲,居家服侍,一边教子,一边"以种墅为事",

---

① 黄溍:《白云许先生(谦)墓志铭》,《黄溍全集》,王珽点校,天津古籍出版社 2008 年版,第 459 页。
② 黄溍:《白云许先生(谦)墓志铭》,《黄溍全集》,王珽点校,天津古籍出版社 2008 年版,第 460 页。
③ 黄溍:《白云许先生(谦)墓志铭》,《黄溍全集》,王珽点校,天津古籍出版社 2008 年版,第 462 页。
④ 黄溍:《白云许先生(谦)墓志铭》,《黄溍全集》,王珽点校,天津古籍出版社 2008 年版,第 461 页。
⑤ 黄溍:《董秉彝(复礼)墓志铭》,《黄溍全集》,王珽点校,天津古籍出版社 2008 年版,第 597 页。
⑥ 黄溍:《送应教谕诗序》,《黄溍全集》,王珽点校,天津古籍出版社 2008 年版,第 243 页。
⑦ 黄溍:《送曹顺甫序》,《黄溍全集》,王珽点校,天津古籍出版社 2008 年版,第 237 页。

即便收入微薄,"不足自给",也"处之晏如",待其"易箦之日",家里仅仅"有书数卷、田数亩而已"。① 黄溍认为,家庭教育是成就一个人成才的条件之一,比如他的《奉训大夫、婺州知州致仕程公墓志铭》就说到湖州人程郁,"幼聪慧,又生于名家,耳濡目染,能蚤有知"②。鄞县人王昌世也是这样,他是宋末著名学者王应麟的儿子,宋亡之后,王应麟"杜门不出,朝夕坐堂上,取经史诸书,讲解论辩",当时,王昌世才十岁,就"帖帖听受无倦。自是先贤名理之言、群公经制之说,至世变之推移、治道之体统、古今礼典之因革,殊闻异见,靡不究悉"③。而元代著名学者、书法家吴兴牟应龙(1247—1324),也是出于名门之后,"居家庭之间,父子自为师友,日以经学道义相切磨",故能"于前朝制度之损益、故家文献之源流,历历如指诸掌",且"白首穷经,孳孳矻矻而忘其老",凡所撰著,"言必有实,而要其归,一本于理"。④

---

① 黄溍:《叶审言(谨翁)墓志铭》,《黄溍全集》,王颋点校,天津古籍出版社 2008 年版,第 483—484 页。

② 黄溍:《奉训大夫,婺州知州致仕程公墓志铭》,《黄溍全集》,王颋点校,天津古籍出版社 2008 年版,第 469 页。

③ 黄溍:《前承务郎王公(昌世)墓志铭》,《黄溍全集》,王颋点校,天津古籍出版社 2008 年版,第 449 页。

④ 黄溍:《龙山牟先生文集序》,《黄溍全集》,王颋点校,天津古籍出版社 2008 年版,第 229—230 页。

第七章　明代学风

第一节　明代学风概说

　　元没明兴。明朝是在元朝统治一百多年之后重新恢复汉民族在中国统治地位的大一统王朝,实行的是皇权高度垄断的中央集权。

　　元明易代之际,连年战乱,民生凋敝,朱明王朝甫一登台,首先要关注的是如何让百姓休养生息、恢复农耕的问题,其次是要恢复曾经遭到破坏的中华文化以及制定稳固江山、统治国家的典章制度问题。文化兴复,始于教育;政权巩固,首在人才。明朝的开国皇帝朱元璋虽然自己出身贫寒,当过和尚,没有多少高深的文化,但是他深深懂得"可以马上打天下,但不能马上治天下"这一基本的道理,因此,开国伊始,就十分重视鼓励读书、兴办学校,并尊重仁人志士。早在元至正十九年(1359)春正月,其义军还未尽取浙东诸路时,朱元璋就"命宁越知府王宗显立郡学"①。元至正二十五年(1365)秋,朱元璋即吴王位才一年又九个月之时,"九月丙辰,建国子学"②。可以说是国未立而学已先行。到了洪武二年(1369)夏四月,"己巳,诸王子受经于博士孔克仁。令功臣子弟入学"。③ 同年冬十月,"辛卯,诏天下郡县立学"。④ 洪武五年(1372)冬"十二月甲戌,诏以农桑、学校课有司"⑤,不仅把办学放到了与农桑本业并举的地位,而且列入对官吏的考核,可见对于教育的重视。洪武十三年(1380),"秋八月,命天下学校师生,日给廪膳"⑥,连师生的饮食也由官府来解决,从而免除了他们的生计之忧。正是由于开国皇帝的奠基立业,明朝形成了从中央到乡学、从官学到私学的完备的教育体系,"天

---

① 张廷玉:《明史·本纪第一·太祖一》,中华书局 1974 年版,第 7 页。
② 张廷玉:《明史·本纪第一·太祖一》,中华书局 1974 年版,第 13 页。
③ 张廷玉:《明史·本纪第一·太祖一》,中华书局 1974 年版,第 22 页。
④ 张廷玉:《明史·本纪第一·太祖一》,中华书局 1974 年版,第 23 页。
⑤ 张廷玉:《明史·本纪第一·太祖一》,中华书局 1974 年版,第 28 页。
⑥ 张廷玉:《明史·本纪第一·太祖一》,中华书局 1974 年版,第 35 页。

下府、州、县、卫所,皆建儒学,教官四千二百余员,弟子无算,教养之法备矣"①。同时,朱元璋还明令设立洙泗、尼山二书院,直至正德、嘉靖之后,书院一直兴盛,有人统计达1239所之多②。由朱元璋赐额"江南第一家"的浦江郑义门,其家族就是以重教崇学而著称的。

对于读书人,天下安宁,有学校可以上,有时间可以潜心于学问,这是一个方面,另一方面还要有仕途可走,有可以发挥"治国平天下"的聪明才智的机会。对此,明朝是两门同开,一是兴科举考试,一是荐举或铨选人才。《明史·选举志》说:"选举之法,大略有四:曰学校,曰科目,曰荐举,曰铨选。学校以教育之,科目以登进行之,荐举以旁招之,铨选以布列之,天下人才尽于是矣。"③又曰:"太祖起事,首罗贤才。吴元年设文武二科取士之令,使有司劝喻民间秀士及智勇之人,以时勉学,俟开举之岁,充贡京师。"④朱元璋在次第攻下婺州、衢州、处州以后不久回到应天(南京),就礼聘了宋濂、刘基、章溢、叶琛等著名文人,以辅佐他的基业。到了洪武三年(1370),朱元璋下诏:"自今年八月始,特设科举,务取经明行修、博通古今、名实相称者。"⑤后来虽然也曾经有过废除科举长达十年的时候,而且科举"弊窦既多,议论频数"⑥,但明朝的科举制度的确比唐宋时期更加完备。至于荐举,则一直"并行不废",仅仅是洪武年间,由"吏部奏荐举当除官者",就"多至三千七百余人,其少者亦至一千九百余人"⑦,可谓彬彬之盛,加上其他途径的推荐,"以故山林岩穴、草茅穷居,无不获自达于上,由布衣而登大僚者不可胜数"⑧,说山林隐逸、草茅穷居之士都能为世所用,虽然不免有些言过其实,但是,科举、举荐、铨选制度的实行,对于形成整个社会的读书向上之风,无疑是具有强大的推动作用的。

不过,朱明王朝从巩固自身"家天下"的统治出发,对待知识分子,从朱元璋开始,就可以说既喜又忌,一方面广泛搜罗并大加笼络,另一方面又大肆编织文字狱,乃至株连九族。即便不是因为文字狱,哪怕文人的主张或行为不合皇帝的

---

① 张廷玉:《明史·本纪第一·太祖一》,中华书局1974年版,第1686页。
② 详见孙培青:《中国教育史》,华东师范大学出版社2009年6月出版。
③ 张廷玉:《明史·志第四十五·选举一》,《明史·本纪第一·太祖一》,中华书局1974年版,第1675页。
④ 张廷玉:《明史·志第四十五·选举一》,《明史·本纪第一·太祖一》,中华书局1974年版,第1675页。
⑤ 张廷玉:《明史·志第四十六·选举二》,中华书局1974年版,第1695页。
⑥ 张廷玉:《明史·志第四十六·选举二》,中华书局1974年版,第1703页。
⑦ 张廷玉:《明史·志第四十七·选举三》,中华书局1974年版,第1713页。
⑧ 张廷玉:《明史·志第四十七·选举三》,中华书局1974年版,第1712页。

意,其结局也很有可能成为一个悲剧,比如前述宋濂(1310—1381)、刘基(1311—1375),一位是"自少至老,未尝一日去书卷,于学无所不通"①,屡被朱元璋称为"开国文臣之首"的大学士,一位是"博通经史,于书无不窥,尤精象纬之学"②,民间惯称的"刘国师",尽管他们为大明开国立国忠心耿耿,功劳卓著,但是,最后也都没能够善终。宋濂因孙子宋慎遭胡惟庸案而受牵连,贬"茂州(在今四川)安置",后来死在夔州。刘基为朱元璋出谋划策,尽忠尽责,进尽甄言,但终至老病而死在深山冷坞。宋、刘的悲剧结局,在明代知识分子中具有一定的典型性,其中虽然不乏深层的原因,但是,这并不影响我们对于明代崇教尚才、弘文向学之风的肯定。终有明一代,无论是朝中的文臣、武将,还是儒生与文学士人,乃至山林隐逸,都不乏勤学之人、博学之辈。比如,就明初文臣而言,与宋濂、刘基同时,"博学有才藻"的叶琛(1314—1362)③,"志圣贤学,天性孝友"的章溢(1314—1369)④,被宋濂称为"文武之才"的胡深(生卒年不详),"颖异有智略,通经史百家之学"。⑤ 他们都是浙江人,明初均为朱元璋所召,为安定天下建功颇多。尤其需要提到的是,"天姿异敏"的王守仁(1472—1529),"年十七谒上饶娄谅,与论朱子格物大旨。还家,日端坐,讲读《五经》,不苟言笑",后来创为"心学","学者翕然从之,世遂有'阳明学'云"⑥。又如"通识时变,勇于任事"的一代名相张居正(1525—1582),从小颖敏好学,关注并"日讨求国家典故",进言皇帝"亲万几以明庶政,勤讲学以资治理",而自己也是夙兴夜寐,"功在社稷",美誉流传至今。⑦

明代武将如岐阳王李文忠,打仗勇武,"临阵踔厉风发,遇大敌益壮",然又"颇好学问","通晓经义,为诗歌雄骏可观"⑧。再如一生"忧国忘家,身系安危,志存宗社"的杭州人于谦(1398—1457),幼即好学,"举永乐十九年进士",为人能文能武,能诗善作,后虽衔冤而死,但政声在民,"杭州、河南、山西皆世奉祀不绝"。⑨ 又如抗倭名将戚继光(1528—1588),"幼倜傥负奇气","家贫,好读书,通经史大义",出仕后,"更历南北,并著声","所著《纪效新书》《练兵纪实》,谈兵者遵用焉"。⑩ 他

① 张廷玉:《明史·列传第十六·宋濂》,中华书局1974年版,第3787页。
② 张廷玉:《明史·列传第十六·刘基》,中华书局1974年版,第3777页。
③ 张廷玉:《明史·列传第十六·叶琛》,中华书局1974年版,第3788页。
④ 张廷玉:《明史·列传第十六·章溢》,中华书局1974年版,第3789页。
⑤ 张廷玉:《明史·列传第二十一·胡深》,中华书局1974年版,第3889页。
⑥ 张廷玉:《明史·列传第八十三·王守仁》,中华书局1974年版,第5168页。
⑦ 张廷玉:《明史·列传第一百一·张居正》,中华书局1974年版,第5642、5649、5652、5653页。
⑧ 张廷玉:《明史·列传第十四·李文忠》,中华书局1974年版,第3741页。
⑨ 张廷玉:《明史·列传第五十八·于谦》,中华书局1974年版,第4551、4553页。
⑩ 张廷玉:《明史·列传第一百·戚继光》,中华书局1974年版,第5610—5617页。

如"清约爱士,得士死力"的周尚文(1475—1549),尽管入仕后有些看不起文官,"优将才,负气礌傲,所至与文吏竞",个性鲜明,但究其出身,也是"幼读书,粗晓大义。多谋略,精骑射"。①

文臣、武将皆好学,儒士多读圣贤书。诚如《明史·儒林传》所云:"明太祖起布衣,定天下,当干戈抢攘之时,所至征召者儒,讲论道德,修明治术,兴起教化,焕乎成一代之宏规。虽天亶英姿,而诸儒之功不为无助也。制科取士,一以经义为先,网罗硕学。嗣世承平,文教特盛,大臣以文学登用者,林立朝右。"②如,江西泰和人陈谟(生卒年不详),"幼能诗文,遂于经学,旁及子史百家,涉流探源,辨析纯驳,犁然要于至当"③。又如,诏赐祠名曰"正学"的理学名家薛瑄(1389—1464),"性颖敏,甫就塾,授之《诗》《书》,辄成诵,日记千百言",后来从人研学理学,"究心洛、闽渊源,至忘寝食",终成名家④。他如薛敬之(1435—1508),"五岁好读书,不逐群儿戏",长大后师从时人周蕙,"鸡鸣候门启,辄洒扫设座,跪而请教",富有"盛名"⑤;罗钦顺(1465—1547),"里居二十余年,足不入城市,潜心格物致知之学"⑥;吴兴弼(1392—1469),由于向慕伊洛之学,"遂罢举子业,尽读《四书》《五经》、洛、闽诸录,不下楼者数年"⑦。文学上称为"唐宋派"的代表人物茅坤(1512—1601),"美风姿,性渊颖,年十六以《尚书》补博士弟子,益发愤读书为文章。夏月纳双足瓮中,冬拥败絮读,率夜漏至五鼓"⑧。至如山林隐逸之人,则历朝历代不乏饱学多才者,明代也不例外。《明史·隐逸传》就说:"明太祖兴礼儒士,聘文学,搜求岩穴,侧席幽人,后至不为君用之罚,然韬迹自远者亦不乏人",这些人所以求隐归逸,境况不一,但其中确多"抱瑰才,蕴积学,槁形泉石,绝意当世者"⑨。比如,浙江义乌人陈洄,"幼治经,长通百家言。初欲以功名显,既而隐居"⑩。再如,云南人杨黼(1370—1450),"好学,读《五经》皆百遍。工篆籀,好释典","注《孝经》数万言,证群书,根性命,字皆小篆"⑪。又如,松江华亭人陈继儒(1558—1639),"工诗善文,短翰小词,皆极风致,兼能绘事。又博文强识,经史诸

① 张廷玉:《明史·列传第九十九·周尚文》,中华书局1974年版,第5580、5581、5583页。
② 张廷玉:《明史·列传第一百七十·儒林一》,中华书局1974年版,第7221页。
③ 张廷玉:《明史·列传第一百七十·儒林一·陈谟》,中华书局1974年版,第7227页。
④ 张廷玉:《明史·列传第一百七十·儒林一·薛瑄》,中华书局1974年版,第7228页。
⑤ 张廷玉:《明史·列传第一百七十·儒林一·薛敬之》,中华书局1974年版,第7231页。
⑥ 张廷玉:《明史·列传第一百七十·儒林一·罗钦顺》,中华书局1974年版,第7237页。
⑦ 张廷玉:《明史·列传第一百七十·儒林一·吴兴弼》,中华书局1974年版,第7240页。
⑧ 许孚远:《茅鹿门先生传》,《茅坤集》,张大芝、张梦新点校,浙江古籍出版社1993年版,第1361页。
⑨ 张廷玉:《明史·列传第一百八十六·隐逸》,中华书局1974年版,7623页。
⑩ 张廷玉:《明史·列传第一百八十六·隐逸·陈洄》,中华书局1974年版,第7626页。
⑪ 张廷玉:《明史·列传第一百八十六·隐逸·杨黼》,中华书局1974年版,第7629页。

子、术伎稗官与二氏家言,靡不校核。或刺取琐言僻事,诠次成书,远近竞相购写"①。他们即便隐逸,而对社会的影响并未泯灭。如此等等,不胜枚举,时人之专心向学,可见一斑。

同时,明代也是比较开放的一个时期,其开放程度也许难与李唐王朝相较,但是,它在中国古代史尤其是中外交往史上却也留下了"郑和下西洋"这一彪炳史册的佳话。"郑和,云南人,世所谓三保太监者也",永乐三年(1405)六月,"将士卒二万七千八百余人,多赍金币。造大舶,修四十四丈、广十八丈者六十二","经事三朝,先后七奉使",时间跨度近三十年,所历"凡三十余国"。② 下西洋,既结交了诸国,又传播了中华文化,交流了代表当时水平的科学技术,也带回了亚非各国的文化、科技和大批的"宝物"。除了"郑和下西洋"之外,中西方文化的交流也有了比较大的飞跃,其领域涉及自然科学与社会科学的诸多方面,这对于国人广开视野,丰富知识,扩充学风的内涵,是不无裨益的。③

读书学习之风,既为大明王朝提供了一大批治国理政、帅军护国的人才,又为当时文化的发展提供了"作家"这一最为基本而重要的条件,因此,明代文学艺术的创作,继宋元之后,别开生面,"文士卓卓表见"④,诗歌、辞赋虽然总体上难及唐宋,但作家作品众多,"胜代遗逸,风流标映,不可指数,盖蔚然称盛已"⑤。其时,诗文创作,流派众多,如以宋濂、刘基为代表的浙东文人,以高启(1336—1373)为首的吴中诗人,以刘菘(1321—1381)为代表的江西文人,公安"三袁"(袁宗道、袁宏道、袁中道)为代表的"公安派",前后七子,唐宋派,竟陵派,等等,虽然艺术成就高下不一,但也是作品纷现,兴盛一时。音韵学的著作、诗话等,明代也有明显的发展。戏曲的创作风气南移,继元杂剧而勃兴的是明代的戏文——传奇,涌现了像汤显祖(1550—1616)的《牡丹亭》这样彪炳千古的妙品杰作。小说创作在前代耕耘的基础上更是成熟完善,至今仍然脍炙人口的《三国演义》《水浒传》《西游记》《金瓶梅》等长篇章回小说,就是代表这一时期高度艺术成就的鸿篇巨制。以"三言""二拍"为代表的拟话本小说和瞿祐(1341—1427)的《剪灯新话》等文言短篇小说的出现,则承继前代,独步当时,在中国短篇小说史上留下了鲜明的印记。

知识能够充实心胸,向学有益科技进步。农业科学、医学科学、建筑技术等,

---

① 张廷玉:《明史·列传第一百八十六·隐逸·陈继儒》,中华书局1974年版,第7631页。
② 张廷玉:《明史·列传第一百九十二·宦官一·郑和》,中华书局1974年版,第7766—7768页。
③ 详见南炳文,何孝荣:《明代文化研究》,人民出版社2006年版。
④ 张廷玉:《明史·列传第一百七十三·文苑一》,中华书局1974年版,第7307—7308页。
⑤ 张廷玉:《明史·列传第一百七十三·文苑一》,中华书局1974年版,第7307—7308页。

明代也是成就辉煌,比如,被南炳文、何孝荣先生称为"集大成的农学著作"——《农政全书》①,就是由明人徐光启(1562—1633)撰就的。《明史·徐光启传》云:"徐光启,字子先,上海人。万历二十五年举乡试第一,又七年成进士。由庶吉士历赞善。从西洋人利玛窦学天文、历算、火器,尽其术。遂遍习兵机、屯田、盐策、水利诸书。""雅负经济才,有志用世",其卒后,崇祯皇帝"念光启博学强识,索其家遗书",于是,徐光启儿子徐骥"进《农政全书》六十卷",后传世。② "好读医书"的李时珍(1518—1593),他的《本草纲目》,"穷搜博采,芟烦补缺,历三十年,阅书八百余家,稿三易而成书",在前人的基础上,"增药三百七十四种,厘为一十六部,合成五十二卷。首标正文为纲,余各附释为目,次以集解详其出产、形色,又次以气味、主治附方"③。在建筑技术方面,比如今天仍然得以著称于世的宏伟建筑——万里长城,就是明代在秦后历代修建的基础上,投入巨大人力、物力和财力续修起来的,从朱元璋开始,"二百多年中几乎一直没有停止过对长城的修筑活动","所修长城西起嘉峪关,东至鸭绿江,全长一万二千七百多里"④,可谓煌煌大观。

说到明代的学风,还要说说徐霞客这位被钱谦益称为"千古奇人"的旅行家和探险家。他年幼即嗜学,尤其喜欢阅读历史、地理等方面的书籍,二十多岁就开始离家出游。他以坚强的毅力,好学爱记的精神,历三十多年的旅行生涯,在游览名山大川的同时,穿险山、越恶水,写下了40多万字的游记,其中所表现出来的知识之广博,观察之精细,概括之准确,文字之优美,"令读者在阅读过程中有一种身临其境之感","呈现给读者的不仅是文字上的享受,更有一种文化和艺术美感上的提升"。⑤

第二节　宋濂与学习

宋濂(1310—1381),字景濂,《明史》本传载:"其先金华潜溪人,至濂乃迁浦江。幼英敏强记,就学于闻人梦吉(1293—1362,字应之,金华人),通《五经》,复往从吴莱(1297—1340,浦江人)学。已,游柳贯(1270—1342,浦江人)、黄溍之

---

① 南炳文、何孝荣:《明代文化研究》,人民出版社2006年版,第24页。
② 张廷玉:《明史·列传第一百三十九·徐光启》,中华书局1974年版,第6493—6495页。
③ 张廷玉:《明史·列传第一百八十七·方伎·李时珍》,中华书局1974年版,第7653页。
④ 南炳文、何孝荣:《明代文化研究》,人民出版社2006年版,第58页。
⑤ 详见李肇翔:《徐霞客游记·编者的话》,万卷出版公司2009年版。

门,两人皆逊逊濂,自谓弗如。"①史料记载,宋濂父亲早逝,家庭贫困,但他能够自立,自幼喜欢读书,虽酷暑严寒,手不停编,"性多勤,他无所嗜,惟攻学不怠"②。他在《送东阳马生序》③里这样自述其学:

> 余幼时即嗜学,家贫,无从致书以观,每假借于藏书之家,手自笔录,计日以还。天大寒,砚水坚,手指不可屈伸,弗之怠。录毕,走送之,不敢稍逾约。
>
> 以是人多以书假余,余因得遍观群书。既加冠,益慕圣贤之道,又患无硕师名人与游,尝趋百里外,从乡之先达执经叩问。先达德隆望尊,门人弟子填其室,未尝稍降辞色。余立侍左右,援疑质理,俯身倾耳以请。或遇其叱咄,色愈恭,礼愈至,不敢出一言以复。俟其欣悦,则又请焉。故余虽愚,卒获有所闻。当余之从师也,负箧曳屣,行深山巨谷中。穷冬烈风,大雪深数尺,足肤皲裂而不知。至舍,四支僵劲不能动,媵人持汤沃灌,以衾拥覆,久而乃和。寓逆旅主人,日再食,无鲜肥滋味之享。同舍生皆被绮绣,戴朱缨宝饰之帽,腰白玉之环,左佩刀,右备容臭,烨然若神人;余则缊袍弊衣处其间,略无慕艳意,以中有足乐者,不知口体之奉不若人也。盖余之勤且艰若此。

宋濂的学习态度,可以用"酷爱"两字来形容,因为爱学而一心向学,抄书以学;因为爱学所以不畏严寒,虚心求师;因为爱学,所以视艰苦生活而淡然恬然,以苦为乐,"不知口体之奉不若人也"。有文献称,宋濂是早产儿,"在妊七月即生",因此,"为婴儿时,苦多病",但"幼时即嗜学","年六岁,入小学,授以李翰《蒙求》,一日而尽。自后日记二千言"。"九岁为诗歌,有奇语,人异之呼为神童",年十五六,"受业于闻人梦吉先生。授以《春秋》三《传》之学",又先后师承吴莱、柳贯、黄溍学习德行、诗歌与古文辞,"据证古今,准酌时宜,以成一家之言"。④ 从师学习时,既能跟老师虚心向学,又能与同学"昼摩切经义,晚则捉手同游衍","或纵谈","或联诗","昏鼓动咚咚,始归。日以为常"。⑤ 他强调,读书要持之以恒,

---

① 张廷玉:《明史·列传第十六·宋濂》,中华书局 1974 年版,第 3784 页。

② 宋濂:《白牛生传》,《宋濂全集》,罗月霞主编,浙江古籍出版社 1999 年版,第 80 页。

③ 宋濂:《白牛生传》,《宋濂全集》,罗月霞主编,浙江古籍出版社 1999 年版,第 1679 页。

④ 郑楷撰《翰林学士承旨,嘉义大夫知制诰,兼修国史,兼太子赞善大夫致仕潜溪先生宋公行状》,浙江古籍出版社 1999 年版,第 2350—2351 页。

⑤ 宋濂:《哭王架阁辞序》,《宋濂全集》,罗玉霞主编,浙江古籍出版社 1999 年版,第 1915 页。

认为"须知九仞山,功或少一篑",要求"学功随日新,慎毋中道废"。①

宋濂不仅勤学苦学,而且学广见多,"于学无所不通",大凡四书、五经、诸子百家、《史记》《汉书》,或者历代诗文,天文、地理,书法字画,佛学、音韵,乃至医家经方,谱学、家乘,几乎无所不读,而且往往能精研究究,探理析微,正如他赞扬别人时说的那样——"似尔才思多,堪为世珍宝","下则陈姬周,上复述轩皞。古今万沿革,毫发无不考"②,所以也成就了他作为明代大师硕儒的地位。他笔下所称许的人,大批是苦读多读、广阅博览之人,比如,前述元代的王冕,"七八岁时,父命牧牛陇上,窃入学舍听诸生诵书,听已,辄默记。暮归忘其牛,或牵牛来责蹊田,父怒挞之,已而复如初",为此,其母提出任王冕自主读书,"冕因去依僧寺以居,夜潜出坐佛膝上,执策映长明灯读之,琅琅达旦"③,后来成了著名的画家、诗人。再如元时婺州路儒学教授季仁寿,"为学至勤,群书无不历览","摛文自耀兮,出史入经","敷绎六艺兮,蔚为人师"④。又如仙居人陈自得"性嗜学,幼时厄于单箪,昼则注意米盐细务,夜则爇薪诵书"⑤。即便谈到作诗,宋濂也主张要以"稽古之功审诸家之音节体制",因此,他赞扬明初的诗人刘崧"自为童子时,辄有惊人之句。比长,益淬砺弗懈。上自《诗》《骚》,下从魏晋以来迄于唐宋,凡数十百家皆钻研考核,穷其所以言。用功既深,精神参会,绝无古今之间",故诗成之后,"凌厉顿迅,鼓行无前,所谓缓急丰约,隐显出没,皆中乎绳尺。至其所自得,则能随物赋形,高下洪纤,变化有不可测。置之古人篇章中,几无可辨者"。⑥ 其中说的苦读、多读,也是不言自明的。所谓"尔绎尔思,志须刻苦"⑦,"达人大观,……小夫浅知"⑧,"宏衍深博,靡所不窥"⑨,都是这个意思。

宋濂的学习,有一个明确的目的,就是"授于人,用于世"。他说过:"士之生斯世也,其有蕴于中者,必因物以发。"⑩读书做学问,有自得于心,只是一个方面,对于儒学继承者来说,另一方面就是要将学问用于修身、齐家、治国、平天下,因

---

① 宋濂:《静室二首》,《宋濂全集》,罗月霞主编,浙江古籍出版社1999年版,第1962页。
② 宋濂:《示吕生》,《宋濂全集》,罗月霞主编,浙江古籍出版社1999年版,第1954页。
③ 宋濂:《王冕传》,《宋濂全集》,罗月霞主编,浙江古籍出版社1999年版,第1473页。
④ 宋濂:《元故婺州路儒学教授季公墓铭》,《宋濂全集》,罗月霞主编,浙江古籍出版社1999年版,第897—898页。
⑤ 宋濂:《故仙居陈府君墓志铭》,《宋濂全集》,罗月霞主编,浙江古籍出版社1999年版,第1378页。
⑥ 宋濂:《刘兵部诗集序》,《宋濂全集》,罗月霞主编,浙江古籍出版社1999年版,第608—609页。
⑦ 宋濂:《师古斋箴并序》,《宋濂全集》,罗月霞主编,浙江古籍出版社1999年版,第922页。
⑧ 宋濂:《夹注辅教编序》,《宋濂全集》,罗月霞主编,浙江古籍出版社1999年版,第940页。
⑨ 宋濂:《元故樗巢处士储君墓铭》,《宋濂全集》,罗月霞主编,浙江古籍出版社1999年版,第1529页。
⑩ 宋濂:《喻俒传》,《宋濂全集》,罗月霞主编,浙江古籍出版社1999年版,第2042页。

此,他主张读书要实在,即"读书不为口耳学,必欲见之实践"①,读书要为应用,而不是以此来装点门面。宋濂身历元明两代,目睹了元末的腐败昏暗与天下大乱,也亲身经历了明朝初起时的勃勃生气与兴旺景象,元时他曾经力辞朝廷征召,以读书、授徒、著书为务,写下了《诸子辩》《龙门子凝道记》《浦阳人物记》《燕书》等著作。入明后,受荐于明朝开国皇帝朱元璋,以其饱学之工,"首用文学受知,恒侍左右,备顾问",教授太子,总撰《元史》,"在朝,郊社宗庙山川百神之典,朝会宴享律历衣冠之制,四裔贡赋赏劳之仪,旁及元勋巨卿碑记刻石之辞,咸以委濂,屡推为开国文臣之首。士大夫造门乞文者,后先相踵,外国贡使亦知其名,数问宋先生起居无恙否,高丽、安南、日本至出重金购文集","一代礼乐制作,濂所裁定者居多"②。明朝文化包括政治、法律制度的建设,宋濂可以说是奠基人之一,而对于古时的读书人来说,这大概也就是"学而大用于世"或者说是"经世济用"了。

宋濂读书做学问的"经世济用"思想也表现在对"道"的捍卫与传播、实践上。对于"道",不同时代有不同的含义,在宋濂那个时代,则主要是对于以朱熹为代表的"宋元理学"的坚持与发展,"理学家"又被称为"道学家"。元朝统治时期,对中华文化虽有过排斥与破坏,但是,并没有禁止理学,反而把它定为官学,到了恢复科举制度时,朱熹所注的《四书》《五经》甚至成了答题的标准。浙东向来是理学思想的重地,宋濂的家乡婺州在南宋和元朝时期俨然已成为理学的中心,尽管宋濂对于佛学道学都有很深的研究与领悟,但他所师承、所树立的学术思想的核心是理学,更确切一点说,是构成理学的根本思想渊源的儒学。宋濂无书不读,无学不通,然而尤所刻意钻研、用心实践、不懈张扬的还是儒学,是代表儒学思想的诗、书、礼、乐、易、春秋——亦即"六经","存诸心,著诸书六经;与人言,亦六经",并说:"吾舍此不学也。六经其曜灵乎,一人无直则冥冥夜行矣。"③在宋濂看来,"六经"出于孔子,因此,他孜孜不倦地学儒、学孔子。他自己这样说过:在各种儒学之中,"我所愿则学孔子也。其道则仁、义、礼、智、信也,其伦则父子、君臣、夫妇、长幼、朋友也。其事易知且易行也,能行之则身可修也,家可齐也,国可治也,天下可平也"④。他所表彰的,也往往是学为勤、人为慈、官守道、医为仁、事亲孝、事友信的"君子"。比如,他说元朝上虞人黄植"为学以'六经'为本,以躬行

---

① 宋濂:《喻偓传》,《宋濂全集》,罗月霞主编,浙江古籍出版社1999年版,第2042页。
② 宋濂:《明史·列传第十六·宋濂》,《宋濂全集》,罗月霞主编,浙江古籍出版社1999年版,第3784页。
③ 宋濂:《白牛生传》,《宋濂全集》,罗月霞主编,浙江古籍出版社1999年版,第80页。
④ 宋濂:《七儒解》,《宋濂全集》,罗月霞主编,浙江古籍出版社1999年版,第71页。

为务,以文艺为末"①;说宋时武义人刘滂"好学,善属文。与人交,终始如一。闻有急,倾财赴之。居官嫉恶如仇,毅然不可回夺,以及于难云"②;说先学经后学医的义乌人贾思诚"性醇介,有士君子之行"③;说合肥余廷心"家贫,年十三始能就学。嗜欲甚浅,不知有肉味,惟甘六艺学若饴,岁环攻之","为人刚简有智,无职不宜为,为即有赫赫名","每解政,开门授徒,萧然如寒士。五经悉为之传注,多新意。诗文篆隶皆精致可传",等等。④

在强调精读儒家经典的同时,宋濂特别注重向师友学习。他在为时人刘楚的诗集作序时提出,论诗要具备五个条件,包括自身的基础才能、会揣摩百家、能雕琢吟诵、会从大自然中获得感悟,还有就是要有"良师友示之以轨度",换句话说,就是要有良师益友的切磋指点。因为宋濂本身就接受过闻人梦吉、吴莱、黄溍、柳贯等良师的教诲,自己后来也做过老师,所以对于向"良师友"学习有着很深的体会。他指出:"兴学在乎明经,明经在乎选傅",选择好老师才能授经扬道,说是"得良傅则正鹄设而射志定,土范齐而铸器良,声流教溢,俗转风移"⑤,否则,连政道都要被毁坏。那么,什么样的人才算是"良师友"呢?宋濂认为首先是要合乎"道"的,也就是说是要具有高尚道德品行的人。用他与从弟宋景清说的话,就是:"必也学为圣贤有用之学,达则为公为卿,使斯道行;不达则为师为友,使斯道明。"⑥"达为卿相、穷为良师",为圣贤效力。具体说,就是像东阳蒋季高那样,"恂恂儒者,非其道弗言也,非其道弗为也","交朋友则信而贞"⑦;像江夏人詹同文,"襟韵潇洒",具有"雄博之学"的人⑧;像浦江郑仲涵那样,好读书,为子尽孝,为兄弟尽悌,为人以义,为事尽责,为友尽诚,"义则师友,情如父子"⑨,等等,有这些人"为师友",与他们相处学习,自然于人于己善莫大焉!

同时,在古代,读书又往往是和"立言"联系在一起的。"立言"是除"立德""立功"之外,读书人最重要、最基本的实践。宋濂对于写诗作文的要求,既以做人作文相一致为要求,希望"其出言可为世则,其制行可为世范"⑩,又一贯希望以

---

① 宋濂:《元故处州路青田县儒学教谕黄君墓志铭》,《宋濂全集》,罗月霞主编,浙江古籍出版社1999年版,第1582页。

② 宋濂:《刘滂传》,《宋濂全集》,罗月霞主编,浙江古籍出版社1999年版,第2036页。

③ 宋濂:《赠医师贾生序》,《宋濂全集》,罗月霞主编,浙江古籍出版社1999年版,第55页。

④ 宋濂:《余左丞传》,《宋濂全集》,罗月霞主编,浙江古籍出版社1999年版,第245—247页。

⑤ 宋濂:《答郡守聘五经师序》,《宋濂全集》,罗月霞主编,浙江古籍出版社1999年版,第253页。

⑥ 宋濂:《送从弟景清还潜溪序》,《宋濂全集》,罗月霞主编,浙江古籍出版社1999年版,第107页。

⑦ 宋濂:《蒋季高哀辞》,《宋濂全集》,罗月霞主编,浙江古籍出版社1999年版,第258页。

⑧ 宋濂:《詹学士文集序》,《宋濂全集》,罗月霞主编,浙江古籍出版社1999年版,第482页。

⑨ 宋濂:《詹学士文集序》,《宋濂全集》,罗月霞主编,浙江古籍出版社1999年版,第482页。

⑩ 宋濂:《题栲栳山人诗集后》,《宋濂全集》,罗月霞主编,浙江古籍出版社1999年版,第1376页。

"六经"为依归,以雅正为追随,以有教化意义为出发点,要求像圣人贤人那样,"学其大不学其细",然后能以诗文明"道",辅予教化,利于清风正俗。试看他的《文说赠王生黼》:

> 明道之谓文,立教之谓文,可以辅俗化民之谓文。斯文也,果谁之文也? 圣贤之文也,非圣贤之文也? 圣贤之道充乎中,著乎外,形乎言,不求其成文而文生焉者也。不求其成文而文生焉者,文之至也。

> 圣贤非不学也,学其大不学其细也。穷乎天地之际,察乎阴阳之妙,远求乎千载之上,广索乎四海之内,无不知矣,无不尽矣,而不止乎此也。及之于身以观其诚,养之于心而欲其明,参之于气而致其平,推之为道而验其恒,蓄之为德而俟其成。德果成矣,道果至矣,视于其身俨乎其有威,烨乎其有仪,左礼而右乐,圆规而方矩,皆文也。听乎其言,温恭而不卑,皎厉而不亢,中律而成章,亦皆文也。察乎其政,其政莫非文也;徵乎其家,其家莫非文也。夫如此又从而文之,虽不求其文,文其可掩乎:此圣贤之文所以法则乎天下,而教行乎后世也。

他批评当今之作文者大异圣贤之道,"伪焉以驰其身,昧焉以汩其心,扰焉以乖其气,其道德蔑如也,其言行梦如也,家焉而伦理谬,官焉而政教泯,而欲攻乎虚辞以自附乎古,多见其不察诸本而不思也",于是,他又接着说:

> 文者果何由而发乎? 发乎心也。心乌在? 主乎身也。身之不修而欲修其辞,心之不和而欲和其声,是犹击破缶而求合乎宫商,吹折苇而冀同乎有虞氏之箫韶也,决不可致矣。

> 圣贤之心浸灌乎道德,涵泳乎仁义,道德仁义积而气因以充,气充,欲其文之不昌不可遏也。

> 然则何为而后可为文也? 盖有方焉。圣贤不可见矣,圣贤之为人,其道德仁义之说存乎书,取而学焉,不徒师其文而师其行,不徒识诸心而徵诸身,小则文一家、化一乡,大则文被乎四方,渐渍生民,贲及草木,使人人改德而易行,亲亲而尊尊,宣之于简册,著之于无穷,亦庶几明道而立教,辅俗而化民者乎![1]

---

① 宋濂:《文说赠王生黼》,《宋濂全集》,罗月霞主编,浙江古籍出版社1999年版,第1568—1570页。

宋濂在这篇文章中所论及的文章功能、做人与作文、修身与修辞、和心与和声、文义与文气、读古人书与作今日文等关系，不仅切中了当时的流弊，有着较强的现实意义，而且对于我们现在的读书作文，也是不无启迪的。

宋濂还强调读书学习要有严谨的态度，"刻苦专笃"，"精索""详究"①，"必至精熟乃已"②，"为文词，不事剽窃，而自成一家"③。对于学问，主张"有弗核焉，核必详也；有弗择焉，择必精也"，并常常痛恨于"近代多籍（文章）为哗世取宠之具"，"组织绮丽，张浮驾诞"④。他自云"虽不知医，而医之诸书颇尝读之"，并曾经把医生的高明与粗浅做了比较，发现高明者其实也往往在于从医用药的严谨，"诊而治之，必察其根本枝末。其实也，从而损之；其虚也，从而益之。阴平阳秘，自适阙中"，而"粗工或昧乎此，实实虚虚，损不足益有余，其病之能起者鲜矣"⑤，这其实对于学习也是颇有借鉴之益的。宋濂还讲到浦江郑景彝和金华胡翰拜吴莱为师学习古文，"吴公品评至严，一辞稍不修，辄以为诟病，故景彝之文幅尺弘而体式备，胡君之文意度密而波澜张，皆烨烨有光于时云"⑥，正所谓严谨出华章。在宋濂看来，只有严谨，读书学习才能登堂入室，由浅而深，"欲褆其身，必人其户。中唐坦然，由户及庭。有宦有奥，以次而升。惟学亦然，惧画于浅。日造其深，所见乃远"⑦，故以此来诚勉他的学生。

第三节　王阳明与学习

王阳明（1472—1529），名守仁，字伯安，自号阳明子、阳明山人，死后朝廷追赠新建侯，谥号"文成"，浙江余姚人。"阳明学"研究专家吴光先生在《王阳明全集》的"编校说明"中对王阳明作了如下概括：王阳明是中国历史上一位杰出的政治家、军事家、思想家。他一生文治武功俱称于世，对传承与发展儒学的贡献尤为卓著。其学上承孟子，中继陆象山，而成为风靡明代中后期并与程朱理学分庭抗礼的阳明心学，或曰阳明学、王学。其学说影响，不仅及于我国

---

① 宋濂：《汪先生墓铭》，《宋濂全集》，罗月霞主编，浙江古籍出版社1999年版，第1526页。
② 宋濂：《元故秘书少监揭君墓碑》，《宋濂全集》，罗月霞主编，浙江古籍出版社1999年版，第1514页。
③ 宋濂：《元故婺州路儒学教授季公墓铭》，《宋濂全集》，罗月霞主编，浙江古籍出版社1999年版，第896页。
④ 宋濂：《守斋类稿序》，《宋濂全集》，罗月霞主编，浙江古籍出版社1999年版，第917—918页。
⑤ 宋濂：《赠惠民局提领仁斋张君序》，《宋濂全集》，罗月霞主编，浙江古籍出版社1999年版，第932页。
⑥ 宋濂：《郑景彝传》，《宋濂全集》，罗月霞主编，浙江古籍出版社1999年版，第1480页。
⑦ 宋濂：《吕府君墓铭》，《宋濂全集》，罗月霞主编，浙江古籍出版社1999年版，第923页。

明清两代以至近现代,而且波及日本、朝鲜等东亚国家,成为东方文化的一个重要组成部分。王阳明之所以能够取得如此崇高的地位并产生深远影响,与其自小就立志读书学习是密不可分的。查继佐就说王阳明是五岁"辄读书敏记"①。从此,无论是出仕为官,还是闲适居家,也无论是顺境悠游,还是身处逆境,王阳明都始终坚持读书学习,探索学问,授徒论学,切磋砥砺。比如,他自己在贬谪贵州龙场时所作的《五经臆说序》里就有记载说:"龙场居南夷万山中,书卷不可携,日坐石穴,默记旧所读书而录之。意有所得,辄为之训释。"②逆境和条件艰苦之时尚能如此,则顺境与条件较好之时,他的努力奋发便更可知之矣。

王阳明论述学习时,有一个著名的观点,就是"知行合一"。他认为"知而不行,只是未知"③,说"知是行的主意,行是知的功夫;知是行之始,行是知之成"④;"知之真切笃实处,便是行;行之明觉精察处,便是知"⑤。这一"知行合一"的主张,如同"心即理"一样,也是他"心学"的主要思想之一。他明确提出:"圣学只一个功夫,知行不可分作两事。"⑥可以说,他的许多关于学习的思想,其实就是这一"知行合一"观点的具体展开。

王阳明十分强调立志,把"立志"放在学习的首位,即"立志者,为学之心也;为学者,立志之事也"⑦,认为"学本于立志,志立而学问之功已过半矣"⑧,反之,"志不立,天下无可成之事"⑨,"学患不知要,知要矣,患无笃切之志"⑩,所以,"苟

① 查继佐:《王守仁传》,《王阳明全集》(吴光"编校说明"),吴光,钱明,董平,姚延福等编校,上海古籍出版社2014年版,第1712页。
② 王守仁:《五经臆说序》,《王阳明全集》(吴光"编校说明"),吴光,钱明,董平,姚延福等编校,上海古籍出版社2014年版,第966页。
③ 王守仁:《传习录》,《王阳明全集》(吴光"编校说明"),吴光,钱明,董平,姚延福等编校,上海古籍出版社2014年版,第4—5页。
④ 王守仁:《传习录》,《王阳明全集》(吴光"编校说明"),吴光,钱明,董平,姚延福等编校,上海古籍出版社2014年版,第4—5页。
⑤ 王守仁:《答友人问》,《王阳明全集》,吴光,钱明,董平,姚延福等编校,上海古籍出版社2014年版,第234页。
⑥ 王守仁:《传习录上》,《王阳明全集》,吴光,钱明,董平,姚延福等编校,上海古籍出版社2014年版,第15页。
⑦ 王守仁:《书朱守谐卷》,《王阳明全集》,吴光,钱明,董平,姚延福等编校,上海古籍出版社2014年版,第307页。
⑧ 《家书墨迹四首·与克彰太叔》,《王阳明全集》,吴光,钱明,董平,姚延福等编校,上海古籍出版社2014年版,第1083页。
⑨ 王守仁:《立志》,《王阳明全集》,吴光,钱明,董平,姚延福等编校,上海古籍出版社2014年版,第1073页。
⑩ 王守仁:《答舒国用》,《王阳明全集》,吴光,钱明,董平,姚延福等编校,上海古籍出版社2014年版,第211页。

志往不懈,未有不达于通衢大路者也"①,这也就是"为学之方"。他告诉儿子说:"植根可如何?愿汝且立志。"②他跟学生们说:"大抵吾人为学紧要大头脑,只是立志,所谓困忘之病,亦只是志欠真切。"③王阳明认同孟子关于"人皆可以为尧舜"的思想,因此,他所说的"立志",换言之,就是要"立为圣人之志","立为君子之志",即"士之学也,以学为圣贤。圣贤之学,心学也"④,"身可益民宁论屈,志存经国未全灰"⑤,是"经国"之志。但是,他也明白,对于一般人说来,立志其实又很不容易,所以他说"有志者甚可喜;然志之难立而易坠也,则亦深可惧也"⑥。为此,他提出,立志,一是要真切,立"真切"之志,"但恐为学之志不真切耳"⑦,"此心真切,见善即迁,有过即改,方是真切工夫"⑧。二是要专一,"养心莫善于义理,为学莫要于精专"⑨,"如读书,便一心在读书上;接事,便一心在接事上"⑩,他还以种树为喻,说是"种树者必培其根,种德者必养其心","我此论学是无中生有的工夫,诸公须要信得及,只是立志",如同种树一样,"勿助勿忘,只管培植将去,自然日夜滋长,生气日完,枝叶日茂","初学时亦然,故立志贵专一"⑪。他还说:"但能立志坚定,随时尽道,不以得失动念,则虽勉习举业,亦自无妨圣贤之学。若是原无求为圣贤之志,虽不举业,日谈道德,亦只成就得务外好高之病而已"⑫,反对志

---

① 王守仁:《与毛古庵宪副》,《王阳明全集》,吴光,钱明,董平,姚延福等编校,上海古籍出版社 2014 年版,第 244 页。

② 王守仁:《书扇示正宪》,《王阳明全集》,吴光,钱明,董平,姚延福等编校,上海古籍出版社 2014 年版,第 872 页。

③ 王守仁:《启问通道书》,《王阳明全集》,吴光,钱明,董平,姚延福等编校,上海古籍出版社 2014 年版,第 65 页。

④ 王守仁:《应天府重修儒学记》,《王阳明全集》,吴光,钱明,董平,姚延福等编校,上海古籍出版社 2014 年版,第 991 页。

⑤ 王守仁:《游瑞华二首》,《王阳明全集》,吴光,钱明,董平,姚延福等编校,上海古籍出版社 2014 年版,第 795 页。

⑥ 王守仁:《与戴子良》,《王阳明全集》,吴光,钱明,董平,姚延福等编校,上海古籍出版社 2014 年版,第 180 页。

⑦ 王守仁:《传习录上》,《王阳明全集》,吴光,钱明,董平,姚延福等编校,上海古籍出版社 2014 年版,第 34 页。

⑧ 王守仁:《传习录上》,《王阳明全集》,吴光,钱明,董平,姚延福等编校,上海古籍出版社 2014 年版,第 31 页。

⑨ 王守仁:《与徐仲仁》,《王阳明全集》,吴光,钱明,董平,姚延福等编校,上海古籍出版社 2014 年版,第 1084 页。

⑩ 王守仁:《传习录上》,《王阳明全集》,吴光,钱明,董平,姚延福等编校,上海古籍出版社 2014 年版,第 38 页。

⑪ 王守仁:《传习录上》,《王阳明全集》,吴光,钱明,董平,姚延福等编校,上海古籍出版社 2014 年版,第 37 页。

⑫ 王守仁:《寄闻人邦英邦正》,《王阳明全集》,吴光,钱明,董平,姚延福等编校,上海古籍出版社 2014 年版,第 189 页。

向不坚,好高骛远。

勤奋,是学习的必由之路。王阳明也是非常注重勤学的。他在贵州龙场时,对他的学生提出四条要求:"一曰立志;二曰勤学;三曰改过;四曰责善。"并希望学生"慎听毋忽"①。他说:"已立志为君子,自当从事于学。凡学之不勤,必其志之尚未笃也。"要求学生能"谦默自持,无能自处,笃志力行,勤学好问,称人之善,而咎己之失,从人之长,而明己之短,忠信乐易,表里一致"。在他看来,只有勤学,才"可以知所从事于学"②。对儿子,他所反复叮咛的,首先也是"勤学",说"幼儿曹,听教诲:勤读书,要孝弟"云云。③ 他自己就是以勤学著称的,即使身处图圄,仍然读书不停,因而有诗说是"累累图圄间,讲诵未能辍"④;即使迁谪龙场,仍然守道不辍,"我诵穷索篇,于子既闻命","讽诵意弥远,期我濂洛间"⑤,勤勤之态,足以动人。他的一些写读书的诗歌,同样是视学习为快乐的,比如:"羊肠亦坦道,太虚何阴晴?灯窗玩古《易》,欣然获我情。起舞还再拜,圣训垂明明;拜舞讵逾节?顿忘乐所形。敛衽复端坐,玄思窥沉溟"⑥,勤学乐学,溢于言表。

关于学习,王阳明还有一个重要思想就是"自得",即"学贵得之心"⑦,也就是人们常说的"感悟"之道。王阳明在回答学生关于"看书不能明"的提问时说,如果只是在文义上"穿求",即便"看得多,解得去",不过,"只是他为学虽极解得明晓,亦终身无得,须于心体上用功"⑧。又说:"诸君要实见此道,须从自己心上体认,不假外求始得。"⑨他认为"道之全体,圣人亦难以语人,须是学者自修

①　王守仁:《教条示龙场诸生》,《王阳明全集》,吴光,钱明,董平,姚延福等编校,上海古籍出版社 2014 年版,第 1072—1073 页。

②　王守仁:《勤学》,《王阳明全集》,吴光,钱明,董平,姚延福等编校,上海古籍出版社 2014 年版,第 1073—1074 页。

③　王守仁:《示宪儿》,《王阳明全集》,吴光,钱明,董平,姚延福等编校,上海古籍出版社 2014 年版,第 829 页。

④　王守仁:《别友狱中》,《王阳明全集》,吴光,钱明,董平,姚延福等编校,上海古籍出版社 2014 年版,第 748 页。

⑤　王守仁:《赴谪诗五十五首》,《王阳明全集》,吴光,钱明,董平,姚延福等编校,上海古籍出版社 2014 年版,第 751 页。

⑥　王守仁:《杂诗三首》,《王阳明全集》,吴光,钱明,董平,姚延福等编校,上海古籍出版社 2014 年版,第 760 页。

⑦　王守仁:《答罗整庵少宰书》,《王阳明全集》,吴光,钱明,董平,姚延福等编校,上海古籍出版社 2014 年版,第 85 页。

⑧　王守仁:《传习录上》,《王阳明全集》,吴光,钱明,董平,姚延福等编校,上海古籍出版社 2014 年版,第 17 页。

⑨　王守仁:《传习录上》,《王阳明全集》,吴光,钱明,董平,姚延福等编校,上海古籍出版社 2014 年版,第 24 页。

自悟"①,"凡应物起念处,皆谓之意。意则有是有非,能知得意之是与非者,则谓之良知"②。他还说过:"学问也要点化,但不如自家解化者,自一了百当。"③因此,他在《别易仲》一诗的诗序里曾这样说道:"辰州刘易仲从予滁阳,一日问:'道可言乎?'予曰:'哑子吃苦瓜,与你说不得。尔要知我苦,还须你自吃。'易仲省然有悟。"④诗歌则云"至道不外得,一悟失群闇"⑤。他提出的"致良知"的门径,说到底也就是要求学者"自悟",所以,他有诗说:"人人自有定盘针,万化根源总在心。"⑥从心理学的角度说,"感悟"的确是人们在学习上所能常常遇到的现象。至于"顿悟",又是和"静心"有着紧密联系的。王阳明有诗说,"闲中书卷堪时展,静里工夫要日新"⑦,"最爱山僧能好事,夜堂灯火伴孤吟"⑧。都是说闲静为学的。

在师生关系上,王阳明是主张"严师"的。他写过一首"严师箴"。全文如下:

> 古之教者,莫难严师。师严道尊,教乃可施。严师维何?庄敬自持,外内若一,匪徒威仪。施教之道,在胜己私,孰义孰利,辨析毫厘。源之弗洁,阙流孔而。毋忽其细,慎独谨微;毋事于言,以身先之。教不由诚,日惟自欺。施不以序,孰云匪愚!庶予知新,患在好焉。凡我师士,宜鉴于兹。⑨

---

① 王守仁:《传习录上》,《王阳明全集》,吴光,钱明,董平,姚延福等编校,上海古籍出版社2014年版,第27页。

② 王守仁:《答魏师说》,《王阳明全集》,吴光,钱明,董平,姚延福等编校,上海古籍出版社2014年版,第242页。

③ 王守仁:《传习录下》,《王阳明全集》,吴光,钱明,董平,姚延福等编校,上海古籍出版社2014年版,第129页。

④ 王守仁:《别易仲》,《王阳明全集》,吴光,钱明,董平,姚延福等编校,上海古籍出版社2014年版,第803页。

⑤ 王守仁:《别易仲》,《王阳明全集》,吴光,钱明,董平,姚延福等编校,上海古籍出版社2014年版,第803页。

⑥ 王守仁:《咏良知四首示诸生》,《王阳明全集》,吴光,钱明,董平,姚延福等编校,上海古籍出版社2014年版,第870页。

⑦ 王守仁:《送诸伯生归省》,《王阳明全集》,吴光,钱明,董平,姚延福等编校,上海古籍出版社2014年版,第814—815页。

⑧ 王守仁:《化城寺六首》,《王阳明全集》,吴光,钱明,董平,姚延福等编校,上海古籍出版社2014年版,第738页。

⑨ 王守仁:《箴一首》,《王阳明全集》,吴光,钱明,董平,姚延福等编校,上海古籍出版社2014年版,第1138页。

这一篇"箴"，从为什么要有"严师"、什么是"严师"、怎样才能成为"严师"这三个问题，用诗一般的语言作了明确的阐述，其中说到所谓"严师"的内涵，十分丰富，概括也比较全面。归纳起来，就是：一要"庄敬自持，外内若一"，不徒仪表；二要去除私欲，明辨义利，正本清源；三要慎独谨微，注重细节，以身作则；四要诚信为教，循序施教；五要终身学习，不断求新。同时，他反对"师无可谏"的流行看法，而是希望真正地体现"教学相长"，认为"谏师之道，直不至于犯，而婉不至于隐耳。使吾而是也，因得以明其是；吾而非也，因得以去其非"①，这样的师生关系才是和谐的，因此，他提出，教育学生"责善"就应该从老师自己做起，说是"诸生责善，当自吾始"②。当然，"严师"也就是"良师"，而"良师"又往往体现在教学设计与教学方法上。王阳明在《训蒙大意示教读刘伯颂等》一文中指出："古之教者，教以人伦，""今教童子，惟当以孝、弟、忠、信、礼、义、廉、耻为专务。其栽培涵养之方，则宜诱之歌诗以发其志意，导之习礼以肃其威仪，讽之读书以开其知觉。"③把"立德成人"放在教育者的首要之务，即"每日工夫，先考德"，然后才是其他方面④。他还曾立过一份《教约》，也就相当于是我们今天的教学规范。在这份《教约》中，王阳明详尽论述了教学内容与教学方法问题，比如，"每日清晨，诸生参揖毕，教读以次"，提出了要检查爱亲敬长、温清定省、步趋礼节、言行心术等四大方面有否做到做好，要求"诸童子务要各以实对，有则改之，无则加勉"，然后才是回到各自座位上去温习功课，细加交代，不厌其烦。在方法上，王阳明提出既要精炼熟读，谨记于心，又要因材施教，启发悦读，他说："凡授书不在徒多，但贵精熟"，布置读书则要从学生实际出发，"量其资禀"，而诵诗读文时，则要"专心一志，口诵心惟，字字句句，纽绎反复，抑扬其音节，宽虚其心意"⑤，叮咛周至，落细落小。

学习，既要从严师、良师，"信哉学问功，所贵在得师"⑥，又要择益友、诤友，因

---

① 王守仁：《责善》，《王阳明全集》，吴光，钱明，董平，姚延福等编校，上海古籍出版社 2004 年版，第 1075 页。

② 王守仁：《责善》，《王阳明全集》，吴光，钱明，董平，姚延福等编校，上海古籍出版社 2004 年版，第 1075 页。

③ 王守仁：《训蒙大意示教读列伯颂等》，《王阳明全集》，吴光，钱明，董平，姚延福等编校，上海古籍出版社 2004 年版，第 99 页。

④ 王守仁：《教约》，《王阳明全集》，吴光，钱明，董平，姚延福等编校，上海古籍出版社 2004 年版，第 101 页。

⑤ 王守仁：《教约》，《王阳明全集》，吴光，钱明，董平，姚延福等编校，上海古籍出版社 2004 年版，第 101 页。

⑥ 王守仁：《守文弟归省携其手歌以别之》，《王阳明全集》，吴光，钱明，董平，姚延福等编校，上海古籍出版社 2004 年版，第 813 页。

为学习"必须得师友时时相讲习切劘,自然意思日新"①,所以,王阳明说:"自古有志之士,未有不求助于师友。"②"无师友之助者,志之弗立弗求者也"③。在他看来,一个人即使立志勤学,也一定要有师友之助,否则,"无师友之讲明,人气作理,冥悍自信,终身勤苦而卒无所得,斯诚可哀矣"④。在《与陈国英》的书信中,王阳明又进一步指出:"君子之学,非有同志之友日相规切,则亦易以悠悠度日,而无有乎激励警发之益。"⑤他还说过:"人在仕途,比之退处山林时,其工夫之难十倍,非得良友时时警发砥砺,则其平日之所志向,鲜有不潜移默夺,弛然日就于颓靡者。"⑥正是由于良友对于学习的重要意义,所以,王阳明也希望学生们要珍惜学友,虚心向学。他跟学生说过:"大凡朋友,须箴规指摘处少,诱掖奖劝意多,方是。"⑦这是对良友而言;又说:"与朋友论学,须委曲谦下,宽以居之。"⑧这是对学者而言。两相结合,语浅意深。

这里还需提及的是,王阳明作为驰名中外的大学问家,虽然一再强调学习的"从心顿悟"或"勤苦砥砺",但实际上他并非是那种只知坐在家里冥思苦想、传经布道的"学究",而是和历代以来的众多学者一样,热爱着生活,热爱着自然,同样地具有诗情与逸兴。他自己就有诗说道:"野性从来山水癖,直躬更觉世途难。"⑨是一个不缺"野性"的普通人。他说:"平生山水已成癖,历深探隐忘饥疲。"⑩"每逢山水地,便有卜居心。"⑪他深情地钟于山水,融于自然。弘治壬戌(1502),王阳

---

① 王守仁:《与陈惟濬》,《王阳明全集》,吴光、钱明、董平、姚延福等编校,上海古籍出版社2004年版,第247页。

② 王守仁:《与戴子良》,《王阳明全集》,吴光、钱明、董平、姚延福等编校,上海古籍出版社2004年版,第180页。

③ 王守仁:《别三子序》,《王阳明全集》,吴光、钱明、董平、姚延福等编校,上海古籍出版社2004年版,第252页。

④ 王守仁:《寄希渊》,《王阳明全集》,吴光、钱明、董平、姚延福等编校,上海古籍出版社2004年版,第178页。

⑤ 王守仁:《与陈国英》,《王阳明全集》,吴光、钱明、董平、姚延福等编校,上海古籍出版社2004年版,第197页。

⑥ 王守仁:《与黄宗贤》,《王阳明全集》,吴光、钱明、董平、姚延福等编校,上海古籍出版社2004年版,第244页。

⑦ 王守仁:《传习录下》,《王阳明全集》,吴光、钱明、董平、姚延福等编校,上海古籍出版社2004年版,第106页。

⑧ 王守仁:《传习录下》,《王阳明全集》,吴光、钱明、董平、姚延福等编校,上海古籍出版社2004年版,第106页。

⑨ 王守仁:《四明观白水二首》,《王阳明全集》,吴光、钱明、董平、姚延福等编校,上海古籍出版社2004年版,第801页。

⑩ 王守仁:《江施二生与医官陶野冒雨登山人多笑之戏作歌》,《王阳明全集》,吴光、钱明、董平、姚延福等编校,上海古籍出版社2004年版,第847页。

⑪ 王守仁:《寄隐岩》,《王阳明全集》,吴光、钱明、董平、姚延福等编校,上海古籍出版社2004年版,第798页。

明以刑部主事告病回到越州后又游楚地,诗兴颇浓,感慨万端,留下了三十多首诗作,如"胜游过眼俱陈迹,珍重新题满竹林"[①],"两到浮峰兴转剧,醉眠三日不知还。眼前风景色色异,唯有人声似世间"[②],对于家乡山水的热爱毫无掩饰。他的《西湖醉中漫书二首》,表达的是十年之后重来西湖的兴奋之情,诗曰:"十年尘海劳魂梦,此日重来眼倍清","掩映红妆莫漫猜,隔林知是藕花开。共君醉卧不须到,自有香风拂面来"[③],对西湖山水萦纡梦魂,一见则倍加亲切,但时隔十年,又不免顿生感慨。他后来到江西也有诗句说道:"随处看山随处乐,莫将踪迹叹萍蓬。"[④]人生飘萍、公务繁忙之际,仍然有随意观山的乐趣。也许是亲见亲闻亲历了官场的污浊所致,王阳明也时不时产生"归隐"的念头,说是"常苦人间不自由,每拼须是入山休"[⑤],"最羡渔翁闲事业,一竿明月一蓑烟"[⑥]。总之,他的诗歌都是随手写来,兴感而发,"良知"所致,让人不难体会到老先生对于生活与自然山水的娴雅态度和人生体验。

第四节　归有光与学习

归有光(1507—1571),字熙甫,号震川,学者称震川先生。江苏昆山人。明代著名文学家,诗文宗唐宋,是"唐宋派"的代表作家之一。

归有光一生专好读书向学,仅仅是佛教之书,就"曾尽读五千四十八卷之经藏,精求第一义谛"[⑦],而他读过的书,可以说是成千上万。同许多古人一样,归有光自少喜好读书学习,七岁时"(先姊)已教之《小学》"[⑧],他的多篇文章尤其是

①　王守仁:《游牛峰寺四首》,《王阳明全集》,吴光,钱明,董平,姚延福等编校,上海古籍出版社2004年版,第734页。
②　王守仁:《又四绝句》,《王阳明全集》,吴光,钱明,董平,姚延福等编校,上海古籍出版社2004年版,第735页。
③　王守仁:《西湖醉中漫书二首》,《王阳明全集》,吴光,钱明,董平,姚延福等编校,上海古籍出版社2004年版,第736页。
④　王守仁:《江边阻风散步至灵山寺》,《王阳明全集》,吴光,钱明,董平,姚延福等编校,上海古籍出版社2004年版,第845页。
⑤　王守仁:《宿净寺四首》,《王阳明全集》,吴光,钱明,董平,姚延福等编校,上海古籍出版社2004年版,第832页。
⑥　王守仁:《即事漫述四首》,《王阳明全集》,吴光,钱明,董平,姚延福等编校,上海古籍出版社2004年版,第833页。
⑦　钱谦益:《新刊震川先生文集序》,《震川先生集》,周本淳点校,上海古籍出版社1981年版,第8页。
⑧　王守仁:《请敕命事略》,《震川先生集》,周本淳点校,上海古籍出版社1981年版,第596页。

《项脊轩记》都有这方面的生动记载。项脊轩,其实只是一个既小又旧且破且暗的"阁子","室仅方丈,可容一人居。百年老屋,尘泥渗漏,雨泽下注,每移案,顾视无可顾者。又北向,不能得日,日过午已昏",可就在这样的房子里,归有光"自束发读书轩中",怡然自得,"借书满架,偃仰啸歌,冥然兀坐"①,徜徉在读书学习的快乐之中。他的这种喜学之性,至老而未衰,晚年曾到邢州公干,当时,半月过去尚无所事事,虽然"舍中落然无具,与妻子相对",感觉"殆不聊生",然而,归有光仍然"独自携书千卷,且暮呻吟",自觉已是"足度日月"②,"闭门少将迎,古书得校雠"③,"吕望老矣,尼父吾师"④。为了读书,甚至不惜四处访求,简直到了痴迷的地步,他说:"以余好书,故家有零落篇牍,辄令里媪访求,遂置书无虑数千卷。"⑤

归有光读书勤奋,求博求深,以学为乐。王世贞称其"生而美风仪,性渊沉,于书无所不读,而尤邃经术"。钱谦益在《震川先生小传》里也说他"九岁能属文。弱冠尽通《六经》、三史、八大家之书。浸渍演迤,蔚为大儒"⑥。王锡爵《明太仆寺寺丞归公墓志铭》则曰:"熙甫眉目秀朗,明悟绝人。九岁,能成文章,无童子之好。"通悉经、史、子、集"及濂、洛、关、闽之说",科场失利之后,"深探古人之微言奥旨,发为义理之文","读书谈道于嘉定之安亭江上,四方来学者常数十百人"⑦。归有光作《几铭》说道:"惟九经诸史,先圣贤所传。少而习焉,老而弥专,是皆吾心之所固然,是以乐之不知其岁年。"⑧有时与学生共读,竟至于"天寒日已西,尚未午飧"⑨,真正是废寝忘食了。即使卧病在床,他所担心的也是学业荒废的问题,"弥年沉痾,无一人强健。而学荒落,坐视岁月之去,惴惴焉恐有所失坠"⑩,可以说是勤奋向学,苦在其中,而乐也在其中矣。

归有光读书,既从书本学,也向师友和自然学,并由此而扩充知识,修养情性。他的老师周孺亨"积德累行","孝友温良,真乡里之矜式。读书养亲,岁不出

---

① 王守仁:《项脊轩记》,《震川先生集》,周本淳点校,上海古籍出版社1981年版,第429页。
② 王守仁:《与吴刑部梁》,《震川先生集》,周本淳点校,上海古籍出版社1981年版,第877页。
③ 归有光:《邢州叙述三首》,《震川先生集》,周本淳点校,上海古籍出版社1981年版,第949页。
④ 归有光:《顺德府几铭》,《震川先生集》,周本淳点校,上海古籍出版社1981年版,第652页。
⑤ 归有光:《世美堂后记》,《震川先生集》,周本淳点校,上海古籍出版社1981年版,第424页。
⑥ 钱谦益《震川先生小传》,《震川先生集》,周本淳点校,上海古籍出版社1981年版,第977页。
⑦ 王锡爵:《明太仆寺寺丞归公墓志铭》,《震川先生集》,周本淳点校,上海古籍出版社1981年版,第979—980页。
⑧ 归有光:《几铭》,《震川先生集》,周本淳点校,上海古籍出版社1981年版,第652页。
⑨ 归有光:《亡儿曾羽孙圹志》,《震川先生集》,周本淳点校,上海古籍出版社1981年版,第533页。
⑩ 归有光:《与吴三泉》,《震川先生集》,周本淳点校,上海古籍出版社1981年版,第899页。

于户阈。与古之笃行君子,实并驾而无惭色"①,对其一生影响颇深。又如,与他"相知为深"的吴纯甫,"生而奇颖,好读书。父为致书千卷,恣其所欲观","童髫入乡校。御史爱其文,封所试卷,檄示有司。他御史至,悉第先生高等",尽管做人有些不拘小节,但"笃于孝友,急人之难,大义落落,人莫敢以利动",且以管、鲍之义寄语归有光,《行状》就是其死后由归有光虔诚而作的②。至如山水怡人,他在文集中多有提及。他在《书斋铭》里指出:"余闻朱文公欲于罗浮山静坐十年,盖昔之名人高士,其学多得之长山大谷之中,人迹之所不至,以其气清神凝而不乱也。夫莽苍之际,小丘卷石,古树数株,花落水流,令人神思爽然。况天宓地藏,神区鬼奥邪?其亦不可谓无助也已。"③他后来回忆自己往年在太湖边读书的情境时也说:"予昔读书万峰山中……其山下瞰具区,猗拔水际。西南七十二峰,矗立于苍波浩淼之间。中有高堂古木,橘柚千章,梅竹茶茗,崇岗连被。""留都曹务清简,士大夫闭门高卧之外,相与游览赋诗,又称觞为寿。此布衣野老之所乐者,而仕宦者兼而有之,其不亦多乎?"④读书之处,濒临太湖,山清气郁,水波浩淼,人之胸襟不能不为之开阔舒展。又如,他自云"昔余读书邓尉山中,于郡西太湖边诸山,无所不陟"⑤,读书之余,得游山水之胜,修身养性,与书本之学相得益彰。

归有光不仅勤笃于学,而且主张静心为学,提出了"书斋可以市尘,市尘亦书斋"的观点,批评了那种"或静于外,不静于心"的浮躁心态,认为只要内心沉静,心无旁骛,即使是身处攘攘市井,也同样是可以静下心来读书学习的,"余居于喧,市肆纷那。欲逃空虚,地少天多。日出事起,万众憧憧。形声变幻,时时不同。蚊之声雷,蝇之声雨,无微不闻,吾恶吾耳。曷敢怀居?学颜(颜回)之志","左图右书,念念兢兢。人心之精,通于神圣。何必罗浮,能敬斯静"⑥。闹中取静,心闲求静,此情此境,实为可贵。

读书学习,固然可以求知识养性情,但根本目的在于用世为民。归有光在《家谱记》里说:"有光学圣人之道,通于六经之大指。虽居穷守约,不录于有司,而窃观天下之治乱,生民之利病,每有隐忧于心。"⑦置个人荣辱于度外,而能忧国

---

① 归有光:《祭周孺亨文》,《震川先生集》,周本淳点校,上海古籍出版社1981年版,第666页。
② 归有光:《吴纯甫行状》,《震川先生集》,周本淳点校,上海古籍出版社1981年版,第577—578页。
③ 归有光:《书斋铭》,《震川先生集》,周本淳点校,上海古籍出版社1981年版,第650页。
④ 归有光:《吏部司务朱君寿序》,《震川先生集》,周本淳点校,上海古籍出版社1981年版,第309页。
⑤ 归有光:《送陈子加序》,《震川先生集》,周本淳点校,上海古籍出版社1981年版,第266页。
⑥ 归有光:《书斋铭》,《震川先生集》,周本淳点校,上海古籍出版社1981年版,第650—651页。
⑦ 归有光:《家谱记》,《震川先生集》,周本淳点校,上海古籍出版社1981年版,第437页。

忧民,体现了归有光读书用世的崇高境界。在他六十岁中了进士之后,朝廷任命他作长兴县的县令,当时,长兴"县号难治"①,"地介湖山,盗贼公行,民间鸡犬不宁"②,加之"山乡久不除令,告讦讦成风,犴狱常满",他到任以后,尽力"治文书,至夜不得息","士民信其一念之诚,儿童妇女,皆知敬慕",于是,他更加勤谨,"每一听断,以诚心求之",自己也觉得内心"豁然清明",并得出了"仕与学,信非二事也"这样的结论③。他曾作《水利论》,自言其作意在于"望当事者行其言,以惠东南之民"④。正是由于心系民瘼,所以他在晚年常常感叹:"不得寄一命,空惭读五车。"⑤"奈何唐尧朝,不用贾生策。"⑥有志难伸,有才难用,着实是读书人的悲哀。有了这样一种为民为用的境界,学习就能自觉与闻道、卫道统一起来,在知识运用时也就能入乎其内,出乎其外。归有光指出:"盖尝谓士之所以成者,莫贵于学;学莫贵于闻道。知所以求道矣,而后知其所以为学;知其所以为学矣,而后能有以自成。其于修身、齐家、治国、平天下不难也。"⑦他还强调,读书人要讲求"才、识、诚"三者统一,"非才不足以达当世之务,非识不足以周事物之情,非诚不足以摅献纳之忠。务不达,则其几莫能中也;情不周,则其致莫能极也;忠不摅,则矫激以沽名,怀隐而多避,徇私而少公,怯懦而不尽,其言莫能信也"⑧。只有这样,才能避免死读书,也才能将知识化为做人、处世、为仕之道,变成入世用世之资。归有光生活的时代,科场上风衰气堕,对此,他深以为恶,于是常在文章之中予以揭露和批评。他指出:国家行科举,"盖欲学者深明圣人之经意,以施于世而已",然而,"至于久而天下靡然,习其辞而不复知其原,士以哗世取宠,苟一时之得以自负,而其为文,去圣人之经益以远",甚而至于弥漫着的是一股"柔曼、纫而、媚悦之辞以为式""以相夸"的不良风气。⑨ 又说:"天下之学者,莫不守国家之令式以求科举。然行之已二百年,人益巧而法益弊;相与剿剥窃攘,以坏烂熟软之词为工,而六经圣人之言,直土梗矣。"⑩文风的剿窃、萎靡,其根源还在于学风

---

① 归有光:《与周孺允二首》,《震川先生集》,周本淳点校,上海古籍出版社1981年版,第888页。
② 归有光:《回湖州府问长兴县土俗》,《震川先生集》,周本淳点校,上海古籍出版社1981年版,第922页。
③ 归有光:《与王子敬六首》,《震川先生集》,周本淳点校,上海古籍出版社1981年版,第890页。
④ 归有光:《与沈敬甫九首》,《震川先生集》,周本淳点校,上海古籍出版社1981年版,第872页。
⑤ 归有光:《淮阴舟中晚坐写怀二十四韵》,《震川先生集》,周本淳点校,上海古籍出版社1981年版,第948页。
⑥ 归有光:《壬戌南还作》,《震川先生集》,周本淳点校,上海古籍出版社1981年版,第947页。
⑦ 归有光:《浙省策问对二道》,《震川先生集》,周本淳点校,上海古籍出版社1981年版,第764页。
⑧ 归有光:《河南策问对二道》,《震川先生集》,周本淳点校,上海古籍出版社1981年版,第772页。
⑨ 归有光:《送国子助教徐先生序》,《震川先生集》,周本淳点校,上海古籍出版社1981年版,第263,264页。
⑩ 归有光:《陆允清墓志铭》,《震川先生集》,周本淳点校,上海古籍出版社1981年版,第473页。

的怠惰、取巧,归有光的评判标准固然没有脱离经与道,但是,其批判的目的同样是为了厘正学风,教人刻苦读书与严谨为文。

与他对于良好学风的一贯追求相一致的,是归有光笔下所表彰的人物也往往是不慕当世、潜心向学或守仁善道、专于技艺者。比如,他说昆山人顾梦圭"为人敦重,言不能出口。所至阖户读书,绝无他好,而自奉如寒素"①。他称许太仓陆允清:"之于《经》,盖学之而求其解;于中有所不自得,虽河洛、考亭之说,辄奋起而与之争,可谓能求得于其心者矣。至于当世之务,皆通解,而言之悉有条理。"虽然没能科举入第,但"江南人多延允清为师;允清独以师道自居,虽其门人有贵者,不肯少降其礼。流俗之人以为异,而允清行之自若。人尤以此重之"②。又如被他称为"尚有古人,抱术以槁"的王时举,"世居海上,而以医名家。少读书论,必求其解;不解,不肯已。有能者,辄就问之。以故治人疾多愈;然不自以为功。或誉之,辄言吾所以为术,乃神农、黄帝之传,神圣之道,顾非尽读天下书,通于天地之化以参合于人,不可为","及人有酬谢与否,未尝望之"③,可谓读书通透广博、医术高明精良而又医德高尚仁厚者。归有光称人为"贤人"的标准,也是把读书列为其内的,他说:"士之能自修饰,立功名于世以取富贵,世莫不称述之,若是而以为贤,不知此亦其外焉者耳。"天下"立功名于世以取富贵"是大多数的人所梦寐以求的,但归有光认为这是不能称为贤人的,而真正的贤人往往是"有高行,多大节","在于隐微幽独之间,而不可诵言于人","于书强记","寄兴清远"④。在他看来,所谓"贤人"的最基本的标准就是读书并能"强记"的人,然后看其他方面的表现。

---

① 归有光:《中奉大夫江西右布政使致仕雍里顾公权厝志》,《震川先生集》,周本淳点校,上海古籍出版社1981年版,第527页。

② 归有光:《陆允请墓志铭》,《震川先生集》,周本淳点校,上海古籍出版社1981年版,第473、474页。

③ 归有光:《王君时举墓志铭》,《震川先生集》,周本淳点校,上海古籍出版社1981年版,第492页。

④ 归有光:《玄朗先生墓碣》,《震川先生集》,周本淳点校,上海古籍出版社1981年版,第563—564页。

第八章　清代学风

第一节　清代学风概说

　　清朝是继元朝之后又一个由异族入主中原的大一统帝国,也是中国历史上最后一个封建王朝。清朝立国近300年,曾经有过十分辉煌的历史。在它立国之后,逐渐告别战乱,开始重视农业、畜牧业,同时发展商业、手工业以及海上贸易,使当时的经济一度位居世界的前列,人口也曾经一度到达三亿左右。《清史稿·食货志》云:"明末,苛政纷起,筹捐增饷,民穷财困。有清入主中国,概予蠲除,与民更始。逮康、乾之世,国富民殷。凡滋生人丁,永不加赋,又普免天下租税,至再至三。"①又说:"盖清承明季丧乱,户口凋残。经累朝休养生息,故户口之数,岁有加增。""光绪元年,三万二千二百六十五万五千七百八十一口。"②但是到了晚期,国势日渐衰微,朝廷因集权而孱弱,官吏腐败,民生凋敝,生产力遭到了极大的破坏,与沙俄帝国等列强国家不断地签订割地赔款、丧权辱国的条约,以至于引狼入室,搞得偌大一个帝国四分五裂,国而不国,最后在孙中山先生发动的辛亥革命中犹如巍巍大厦一夜之间而轰然倾覆。

　　纵观清朝近300年的历史,为了巩固其皇权,统治者一方面大兴文字狱,士子动辄得咎,且株连九族,残酷至极,为历史之最。康熙朝时期的庄廷鑨案、戴名世案都是著名的文字狱,受牵连的少则近百人,多则300余人。有专家统计,清朝文字狱竟有160余起③。雍正朝浙江桐乡吕留良案发时,吕留良已经过世,但是雍正竟然下令"戮尸",亲属则被流放。另一方面,为了证明其皇权的正统性,清王朝又采取怀柔政策,大肆拉拢顺从于其的知识分子。王朝一方面重视教育事业,兴办官学,鼓励私学,另一方面则提倡尊孔读经,同时,又以《四书》《五经》

---

① 赵尔巽:《清史稿·志九十五·食货一》(缩印本),中华书局1998年版,第933页。

② 赵尔巽:《清史稿·志九十五·食货一》(缩印本),中华书局1998年版,第935页。

③ 吴小如:《中国文化史纲要》,北京大学出版社2001年版,第171页。

为范本,大举进行开科取士,体现"开明",当然也促进了当时士人的读书向学之风。对此,《清史稿·儒林传》序文就当时的儒学传承作了极简要的概括,并指出:"清兴,崇宋学之性道,而以汉儒经义实之。御纂诸经,兼收历代之说,四库馆开,风气益精博矣。国初讲学,如孙奇逢、李颙等,沿前明王、薛之派,陆陇其、王懋竑等,始专守朱子,辨伪得真。高愈、应㧑谦等,坚苦自持,不愧实践。阎若璩、胡渭等,卓然不惑,求是辩诬。惠栋、戴震等,精发古义,诂释圣言。后如孔广森之于《公羊春秋》,张惠言之于孟、虞《易》说,凌廷堪、胡培翚之于《仪礼》,孙诒让之于《周礼》,陈奂之于《毛诗》,皆专家孤学也。且诸儒好古敏求,各造其域,不立门户,不相党阀,束身践行,阇然自修。周、鲁师儒之道,可谓兼古昔所不能兼者矣。"[1]由此可见出学术繁荣之大概境况了。

　　清王朝在极力保存与宣扬满族文化的同时,也大力张扬中华文化,因此,其文化也是相当辉煌,语言文字,历史研究,医药、技术、自然科学,都有了极大的发展。文学创作更是一派繁荣,小说、散文、诗词、戏曲,数量恢宏巨富,作家耿如星河,尤其是小说、戏曲,蒲松龄的《聊斋志异》、吴敬梓的《儒林外史》都分别代表了中国古代文言短篇小说和讽刺小说的辉煌成就;洪升的《长生殿》和孔尚任的《桃花扇》"借离合之情,寓兴亡之感",在古代戏曲史上别开了生面;曹雪芹的《红楼梦》更是把中国古代现实主义文学推向了最高峰。建筑、绘画等古代艺术,到了清代也是大放异彩。以"盛世"的康熙朝为例,康熙御极初期,天下尚未安宁,亲明人士的反抗时有发生,但是一旦扫平,便着手兴复文教,尊祭孔子,《清史稿·圣祖本纪》就有这样的记载:康熙二十五年(1686),二月,"己酉,文华殿成。壬子,告祭至圣先师于传心殿。癸丑,上御经筵"[2]。可谓接二连三。到了康熙二十八年(1689),夏四月,乙亥朔,又亲"制孔子赞序及颜、曾、思、孟四赞,颁于学宫"[3]。他不仅本人酷爱读书,而且开馆编撰《四库全书》《康熙字典》。以《四库全书》为例,这其中固然有"寓禁于征"的文化专制的原因,正如专家们所说,"乾隆中禁毁的书籍就有300余种六七万卷之多。所以说《四库全书》是功魁祸首,既有保存文献的重要作用,同时也是典籍史上一大劫难"[4],而在客观上则毕竟搜罗和保存了天下之书和民族文化。

　　读书学习,向来与一代知识分子的坚守及传承有着密切关系,这甚而至于可

---

① 赵尔巽:《清史稿·列传二百六十七·儒林一》(缩印本),中华书局1998年版,第3355页。
② 赵尔巽:《清史稿·本纪七·圣祖本纪二》(缩印本),中华书局1998年版,第112页。
③ 赵尔巽:《清史稿·本纪七·圣祖本纪二》(缩印本),中华书局1998年版,第114页。
④ 吴小如:《中国文化史纲要》,北京大学出版社2007年版,第187页。

以称之为一代学人挥之不去的基因和性格特征,因此,即使在清王朝尤其是雍、乾时期的残酷文字狱的背景下,有清一代士人仍然割舍不了心中之理想,但另一方面又不得不在学术上另辟蹊径,用以保护自己,于是考据之风为之兴盛,以考据、训诂见长的朴学也便应运而生,"乃致力于校勘;致力于辑佚;对于解释古书的工具,即训诂,尤为尽心。"①刘大杰则言:"所谓古典学派的朴学,可与先秦哲学、两汉经学、魏晋玄学、隋唐佛学、宋明理学,前后辉映,各为一个时代学术思潮的代表。"又说:"朴学家都以严肃的态度,刻苦的精神,孜孜不息的努力,在学问上用工夫。"②顾炎武、钱大昕、戴震、江永、阮元(1764—1849)、段玉裁、王念孙、王引之、俞樾、孙诒让、章学诚、王国维等一批学问家,相继而起,成就斐然,其中乾隆、嘉庆年间,"考据逐渐占据学术统治地位,在经学、史学、文献学以及一切相关的治学领域,无不弥漫着将考证作为时尚的空气,以至于后世提到乾嘉学术,即每每径直与考据学等同起来"③。即使如龚自珍、魏源诸人也在朴学方面深有建树。黄宗羲的学问既开了风气之先,又恪守实事求是的精神。以方苞、刘大櫆、姚鼐为代表的"桐城派"不仅崇尚朴学,而且提出了"义理、辞章、考据"三者合一的文学创作要义。如此种种,可以说,考据之风的背后,是当时中国知识分子苦读求实、求是深研的学风。

所有这些,都从一个个侧面映照出了清一代的学习之风。

第二节　刘大櫆与学习

刘大櫆(1697—1780),字才甫,一字耕南,号海峰,安徽桐城(今安徽枞阳)人。姚鼐《刘海峰先生传》云:"桐城东乡滨江地曰陈家洲,刘氏数百户居之,为农业,多富饶。独海峰生而好学,读古人文章,即知其意而善效之。"④吴定《海峰先生墓志铭》也说:"(刘大櫆)其才之雄,兼及庄、骚、左、史、韩、柳、欧、曾、苏、王之能,瑰奇恣睢,铿锵珣斓。""诗亦孕育百氏,""元明以来,辞章之盛,未有盛于先生者也。"⑤清代古文家吴汝伦则说:"海峰之文,亦贯乎六经、子、史、百家传记之书,

---

①　吕思勉:《中国文化史》,北京大学出版社 2010 年版,第 174 页。

②　刘大杰:《中国文学发展史》(下册),上海古籍出版社 1982 年版,第 1108 页。

③　张国刚,乔治中等:《中国学术史》,东方出版中心 2002 年版,第 514 页。

④　姚鼐:《刘海峰先生传》,《刘大櫆集》,吴孟复标点,上海古籍出版社 1990 年版,第 622 页。

⑤　吴定:《海峰先生墓志铭》,《刘大櫆集》,吴孟复标点,上海古籍出版社 1990 年版,第 623 页。

而得力史尤深,故气韵一出于史。"①刘大櫆是古文大家方苞的及门弟子,方苞称其"天资超越,所为古文,颇能去离世俗蹊径"②。刘大櫆的《论文偶记》提出了"神气"说,是古代文论史上的著名理论。在清代文学史上,刘大櫆与方苞、姚鼐一起被称为"桐城三祖"。

关于读书向学,刘大櫆也多次说到自己是那种苦心为学、专心致志而又热心向学的人,在《与某翰林书》中即有云:"櫆,舒州之鄙人,而憔悴屯僵之士也。率其颛愚之性,牢键一室,不治他事,惟文史是耽。"③在《与左君书》里也说:"櫆之从事于此(按:指读书作文之事),不可谓不久。方其尽心力而求之,轩皇以来,圣经贤传,以及百氏诸家之辞章,为日星、川岳、牛鬼、蜉蝣,种种形神,世既有其书无不求;求而得之,不知其解者盖寡。"④在《答周君书》里他也说到自己家里"藏书三千卷,朝吟夕讽,声中宫商","吾不知天地之大,一室之小,而披褐以歌咏乎先王"⑤。在《章大家行略》一文中,刘大櫆还回忆说:"櫆七岁,与伯兄、仲兄从塾师在外庭读书。每隆冬,阴风积雪,或夜分始归。"⑥可见幼时读书之勤奋刻苦。他的《故书叹》一诗同样以形象的语言表现了自己一生爱书、读书与作文的甘苦,诗曰:"平生爱书如蠹鱼,食书身在书中居。朝披夕玩总忘倦,三季得见羲皇初。洪河滔天波荣嚼,小舟敧侧书沾渥。文斗神灵尚郁森,纸遭鬼物成斑驳。手亲抄写兴烂漫,冬日呵冰夏挥汗。辨析曾披往圣心,丹黄屡辱良朋叹。钩章摘句与谁论? 浪激涛翻糟粕存。揣摩未得见施设,空对残编梦古人。"⑦刘大櫆一生好学,"朝从农家务,夜读古人书。瑶琴日相对,无声和有余。悠然此时心,已在羲皇初"⑧,"日长无事坐读书"⑨,"端坐读书史,悠哉终百年"⑩。然而,在那个以八股取士的年代,他又始终科场不遇,数次名落孙山,最后则以教书和写作诗文度过余生,但尽管如此,他仍然是"老去气犹壮"⑪,以前代贤士来律己、教人,推崇"好

---

① 吴汝纶:《与杨伯衡论方刘二集书》,《刘大櫆集》,吴孟复标点,上海古籍出版社1990年版,第632页。
② 方苞:《与魏中丞定国手书》,《刘大櫆集》,吴孟复标点,上海古籍出版社1990年版,第627页。
③ [清]刘大櫆:《与某翰林书》,《刘大櫆集》,吴孟复标点,上海古籍出版社1990年版,第111页。
④ [清]刘大櫆:《与左君书》,《刘大櫆集》,吴孟复标点,上海古籍出版社1990年版,第113页。
⑤ [清]刘大櫆:《答周君书》,《刘大櫆集》,吴孟复标点,上海古籍出版社1990年版,第124页。
⑥ [清]刘大櫆:《章大家行略》,《刘大櫆集》,吴孟复标点,上海古籍出版社1990年版,第161页。
⑦ [清]刘大櫆:《故书叹》,《刘大櫆集》,吴孟复标点,上海古籍出版社1990年版,第362页。
⑧ [清]刘大櫆:《闲居书怀》,《刘大櫆集》,吴孟复标点,上海古籍出版社1990年版,第399页。
⑨ [清]刘大櫆:《西溪草堂图为沈侍御茶园题》,《刘大櫆集》,吴孟复标点,上海古籍出版社1990年版,第426页。
⑩ [清]刘大櫆:《抒怀二首》,《刘大櫆集》,吴孟复标点,上海古籍出版社1990年版,第431页。
⑪ [清]刘大櫆:《星云》,《刘大櫆集》,吴孟复标点,上海古籍出版社1990年版,第609页。

学笃志"的"君子"之风①,孜孜不倦地弘扬勤奋向上的学习精神。他的《陆宣公文集注序》一文,就由古及今,称赞时任歙县知县的张荪圃为"唐代名公"陆贽文集作注"昭揭""陆公之学"的美德,序文说:(张荪圃)"平生读书,穷极幽远,于古之硕德名贤嘉言美行,无不跂而望之,以为不可及。"②所以能花力气注陆文。他的《江若度文序》说江若度"幼即颖异,好读书,其为人质悫,其学无所不窥,其文章湛深而有本",虽然一生"困不得志",但有遗稿刊行,"江君于是为不死"矣!③ 他在为《罗西园诗集》作序时也说是:"罗君西园平生嗜学,造次之间未尝释手,尤喜为诗,流连景物,不懈以勤。"④而他的同乡友人倪司城,则"于书无所不读,而尤详于圣人之经,必究极其根乃止",当刘大櫆拿自己的文章与他讨论时,"司城虽心以为善,而未尝有面谀之言,其刻求于一字一句之间,如酷吏之治狱,必不稍留余地"⑤,学风可谓是勤苦严谨。其他如叶书山,"志甚确,行甚方,不妄与人交。冬寒雨雪,依灯火坐读礼经,门外雪深犹不辍",与刘大櫆深夜畅谈读书体会,"僮仆候者皆已垂头睡,两人更自取烛继之,不知夜之如何也"⑥。他所认识的浙江乌程人闵振武,历试不举,以教书授徒为生,"性嗜古,授徒所得谷俸,辄以购买书籍。闻人有异书,则必诣门借取抄录,手所录书常盈满箱箧",以至于姑苏、淮扬、徐州的"搢绅大夫之家,争延迎以考疑问业",而他又能"循循善教,出其门者多知名之士"⑦。与刘大櫆有亲戚关系的茧斋先生左文韩,是明代名将左光斗之后,虽然家道由贫俭而丰裕,但"为山人野服,数年不一至城市,而读书慕义,日孳孳焉"⑧。同为桐城人严绅,"特励志读书,夜读常至鸡鸣"⑨。徽州人方栢林,"为童子时,从塾师读书,颖悟已异于常儿。虽其后业在贸迁,而读书好学,至老死不倦"⑩。如此等等,在刘大櫆笔下,不胜一一列举。值得一提的是,在他所写的人物中,有许多是苦读一生,但又不得仕进、终老困顿的,堪称吴敬梓《儒林外史》的最好注脚,但即便如此,其人仍能嗜读乐学,典型的如江永(字慎修,1681—1762),可谓经纶满腹,但始终"穷不见用于世",尽管这样,江慎修"益专其心于远稽遐览,终身乐

① [清]刘大櫆:《删录荀子序》,《刘大櫆集》,吴孟复标点,上海古籍出版社1990年版,第44页。
② [清]刘大櫆:《陆宣公文集注序》,《刘大櫆集》,吴孟复标点,上海古籍出版社1990年版,第45页。
③ [清]刘大櫆:《江若度文序》,《刘大櫆集》,吴孟复标点,上海古籍出版社1990年版,第55页。
④ [清]刘大櫆:《罗西园诗序》,《刘大櫆集》,吴孟复标点,上海古籍出版社1990年版,第72页。
⑤ [清]刘大櫆:《倪司诚诗序》,《刘大櫆集》,吴孟复标点,上海古籍出版社1990年版,第81页。
⑥ [清]刘大櫆:《叶书山诗文序》,《刘大櫆集》,吴孟复标点,上海古籍出版社1990年版,第105页。
⑦ [清]刘大櫆:《赠大夫闵公传》,《刘大櫆集》,吴孟复标点,上海古籍出版社1990年版,第174页。
⑧ [清]刘大櫆:《茧斋先生传》,《刘大櫆集》,吴孟复标点,上海古籍出版社1990年版,第186页。
⑨ [清]刘大櫆:《蝙巢翁传》,《刘大櫆集》,吴孟复标点,上海古籍出版社1990年版,第187页。
⑩ [清]刘大櫆:《方栢林墓表》,《刘大櫆集》,吴孟复标点,上海古籍出版社1990年版,第225页。

之无休暇"，留下了《礼经纲目》《近思录集注》等，"凡书二十余编，共百余卷"①，这也就是当时学风的主流之一。

刘大櫆有一个明确的主张，就是要求读书应该和一个人的立志、修德紧密联系起来，则既"蓄吾之知"，又"尚吾之志"，读其书而修其德。他说道："君子者修其在我而已。日月不为黎老之忧悲，而稽其躔度；雷电不为婴儿之恐惧，而匿其声光；都梁、苏合不为服媚之无人，而移其臭味；君子乐天知命，不为愚氓之冷暖，而惰其操持。猎姚、姒之精，咀《盘》《诰》之华，所以蓄吾之知；坐思行追，默识乎黄帝、尧、舜、孔子，所以尚吾之志；居穷履困，毫毛不敢取于人，所以坚吾之守；见物之生，不忍见其死，所以长吾之恩；由义以生，其气浩然充塞而无所曲挠，所以全吾之勇。"②他在《赠张清少序》也谈到，只有读书与"修德"结合在一起，才可以在出入前人经典的同时，效仿古圣贤之人，实现立志与学问同时进步。他认为，"饥寒不能迫，富贵非所望"③，而学习读书，即是要教人向善，进而让社会与天下都和顺起来，"一身憔悴不自惜，但愿风俗还庞淳"④，所以，他在《问政书院记》一文中借古史说了一番读书教人、学习做人的道理，曰："古之君子，盖将使四海之广、兆民之众，无一人之不同归于善也，于是立学以教之。学也者，所以循序优游，使深入其中而不自觉也。故自国中以及党遂闾巷之间，莫不有学；自天子诸侯之子，以及凡民之秀，莫不入于学之中。弦歌以和其心，诵读以探其义，养老以深其爱敬，乡射以正其容止，饮酒以劝其温恭，受成献馘以亲其武勇。养其知，以至无不通；养其能，以至无不当。一旦举之在位，而治国平天下之道，莫不措之而裕如。"⑤他还说过："夫人之所以为学，将以知性而尽心，心尽则命可立也。"⑥所有这些，都说的是读书做人、立志修身的关系与道理。

同时，与历来论学之人一样，刘大櫆也十分强调读书学习的游历之功与师友之道。他的《王天孚诗序》就在探讨了王天孚的诗歌后说道："余读其诗，稽其平生之履迹：入巴蜀，探峨眉，下三峡，走金陵，泛秦淮，涉桃叶之渡，至于燕京，上黄金台，睹宫阙之宏壮。挈箧担囊，重茧而累跖，计其所经行不啻万里，则其胸中之有所称是可知。"⑦说明只有游历广博，方能开阔心胸，从而提高诗文创作的水平。

---

① ［清］刘大櫆：《江先生传》，《刘大櫆集》，吴孟复标点，上海古籍出版社1990年版，第165页。

② ［清］刘大櫆：《答吴殿麟书》，《刘大櫆集》，吴孟复标点，上海古籍出版社1990年版，第119—120页。

③ ［清］刘大櫆：《抒怀二首》，《刘大櫆集》，吴孟复标点，上海古籍出版社1990年版，第431页。

④ ［清］刘大櫆：《送张根石归丹徒学舍》，《刘大櫆集》，吴孟复标点，上海古籍出版社1990年版，第425页。

⑤ ［清］刘大櫆：《问政书院记》，《刘大櫆集》，吴孟复标点，上海古籍出版社1990年版，第309页。

⑥ ［清］刘大櫆：《方氏学舍记》，《刘大櫆集》，吴孟复标点，上海古籍出版社1990年版，第328页。

⑦ ［清］刘大櫆：《王天孚诗序》，《刘大櫆集》，吴孟复标点，上海古籍出版社1990年版，第68页。

同样,刘大櫆笔下的浙江慈溪人周东五也是如此,他"读书穿贯今古,以流为韵藻,卓荦辉光,称其胸中之志意。"尽管"屡试于乡不得举",但是,仍然周行天下,"西之秦、陇,度函谷关,上慈恩之塔,历鸿门楚、汉交争之地,南浮江湘,过巴陵、洞庭,登岳阳楼以望君山,则所谓山川淑灵之气,尽寓之于目而得之于心矣"。在刘大櫆看来,周东五的诗歌写得好,就是因为他肯读书、游历广,因此,周君是堪称"天下之才"的①。至于师友之道,刘大櫆则在《张宏勋诗序》中提出:"天下之达道五,而其一曰朋友之交。朋友者,所以析疑、劝善,相切磋以进于道,故为人者必取友。一理之未明,读书十年之久而不能贯,咨之于友,一朝而豁如;无友则虽终至于悟,而日月亦已淹矣。凡人之为善,独为之则怠,共为之则精力以相感而生;将为不善,然惧吾友之知,亦或逡巡而中止。"②又说,朋友之间应该"有善则相旌,有不善则相訾",而且,朋友也未必要常常见面或相聚,而是要像张宏勋与自己的交往那样,十天半月一见,"相见则必有书一幅、画一卷、诗数篇袖而出之以共赏"③,得以相互切磋,以文会友,以至于学业日益精深,诗歌日益工致,这可谓是典型的交友之道了。他的《送沈维涓序》也谈到自己"客游京师,而使人忽忽不知有羁旅之苦,以忘其室家之思者",就是因为有朋友,沈维涓就是其中之一,其人"才出寻常,而又勤于问学",而且"为人温良而岂弟,与人交,言论未尝不信,而谋未尝不忠"④,是属于孔夫子称道的那种朋友,因此,确实可以称为挚友。刘大櫆也强调要"学有师传"⑤,肯定歙县巴维琪"生而性嗜读书",又能谦逊拜师,"闻南溪有吴申令先生者,最为老师",于是"徒步请业数十里外,一月必数往返不稍懈。而君学自此日进,为歙邑名诸生"⑥,可见拜师学习的必要。而刘大櫆自己也是热衷于为师授徒的人,尽管曾说过自己是"所患好为师",但实践中又亲身感受到了授徒之乐,为此还写了一首题为《授徒》的诗歌以表其心迹,诗曰:"授徒一室内,少长各有仪。童子听弗问,冠者学安诗。欣欣日相对,足以忘朝饥。我生累代下,窃言怀皋夔。望古每兴慨,流涕及今兹。岂第托空言,行将见设施。天命不吾与,吾徒其共之。自强在知困,所患好为师。"⑦具体而形象地表达了为师之乐。

---

① [清]刘大櫆:《海日楼诗序》,《刘大櫆集》,吴孟复标点,上海古籍出版社1990年版,第69页。
② [清]刘大櫆:《张宏勋诗序》,《刘大櫆集》,吴孟复标点,上海古籍出版社1990年版,第69—70页。
③ [清]刘大櫆:《张宏勋诗序》,《刘大櫆集》,吴孟复标点,上海古籍出版社1990年版,第69—70页。
④ [清]刘大櫆:《送沈维涓序》,《刘大櫆集》,吴孟复标点,上海古籍出版社1990年版,第133页。
⑤ [清]刘大櫆:《严遥青诗序》,《刘大櫆集》,吴孟复标点,上海古籍出版社1990年版,第74页。
⑥ [清]刘大櫆:《渔溪巴君墓志铭》,《刘大櫆集》,吴孟复标点,上海古籍出版社1990年版,第259页。
⑦ [清]刘大櫆:《授徒》,《刘大櫆集》,吴孟复标点,上海古籍出版社1990年版,第353页。

学贵"独造"。刘大櫆也主张读书学习要有"独造"的精神,他说:"凡人之业,精于其所独造,而敝于其所共趋。与众明其理,而已独有所获焉,是知之至也。与众习其事,而已独有所优焉,是能之至也。"①他认为,只有精于独造,才能在众人之中"独有所获""独有所优"。正是如此,他自己在学术上也是努力追求独抒己见的,在其《夕争》一文中就明确指出:"吾以为天地之气化,万变不穷,则天下之理亦不可以一端尽。"这对于"天不变,道也不变"的成说,无疑是一种异见。接着,他又说:"夫未尝深究其言之是非,见有稍异于己者,则众起而排之,此不足以论人也。人貌之不齐,稍有巨细长短之异,遂斥之以为非人,岂不过哉!"主张论人要从实际出发,从"大道"出发,"是故知道者视天下之岐趋异说,皆未尝出于吾道之外,故其心恢然有余"。② 这种追求"独造"的精神,也体现在他对于附会经书的不良风气与当时科举制度的批判上,在《侑经精舍记》里,他一针见血地指出:"及秦有天下,李斯焚烧之,而经以亡。汉之群儒,区区掇拾,白首而不治他事,然后章句粗明。然其凿空附讬,以至丧失其真者,盖十四五矣。"认为"学者之于经,亦在善取之而已",并由此进而指出:"夫士必通经,然后可以出而友天下之士。今世之士,惟知决科之为务,其有以经术倡导于人,则人皆笑之。"批评了科举制度"以决科之为务"而轻忽"以经术倡导于人"的本末倒置之况,接着则充满感慨地说:"科举之制,比之秦火,抑又甚焉。"③可谓振聋发聩,也体现了刘大櫆对于"独造"精神的身体力行。

第三节　龚自珍与学习

"在中国近代史的门槛上,站着一位启蒙思想家,这就是一个多世纪以来人们一直未能忘怀的龚自珍。"④龚自珍(1792—1841),字璱人,号定庵,一名易简,字伯定,更名巩祚,仁和(今杭州)人。"髫龀早慧",年幼时,其母段驯便授之以《吴梅村诗歌》等。八岁时,父亲即抄写《文选》为他讲授。十一岁时,拜从建德宋璠为师而学(按:宋璠,1778—1819,字鲁珍,严州人,即下文所称"严江宋先生")。十二岁,得外祖父、清代著名语言学家段玉裁授之以《许氏说文部目》,此后,段玉

---

① ［清］刘大櫆:《徐笠山时文序》,《刘大櫆集》,吴孟复标点,上海古籍出版社1990年版,第93页。

② ［清］刘大櫆:《息争》,《刘大櫆集》,吴孟复标点,上海古籍出版社1990年版,第16—17页。

③ ［清］刘大櫆:《侑经精舍记》,《刘大櫆集》,吴孟复标点,上海古籍出版社1990年版,第323页。

④ 陈铭:《龚自珍评传·后记》,南京大学出版社1998年版,第314页。

裁又陆续寄书给他,供他学习。同时,他自己也有机会得阅读诗书经史包括《四库全书总目提要》等,愈学愈深。长大后,又有机会周游各地,增广见识,对社会、民生以及家国之事有着切身认识,从而指陈弊端,疾呼改革,俨然是一位"箫心剑气"之人,自云"一箫一剑平生意,负尽狂名十五年"①,堪称卓越于一个时代、流芳于万古千秋的著名思想家和文学家。

龚自珍曾有诗《因忆两首》说道:"因忆横街宅,槐花五丈青。文章酸辣早,知觉鬼神灵。"《龚自珍全集》自注云:"年十三住横街宅,严江宋先生评其文曰:'行间酸辣。'"又:"作《知觉辨》一首,是文集之托始。"这篇《知觉辨》就是被宋璠称为"行间酸枣"的早期文章。诗又说:"亦具看花眼,难忘授《选》时。"《全集》自注云:"年八岁是为嘉庆己未,住斜街宅,宅有山桃花。""家大人于其放学后,抄《文选》授之。"②幼年就认真为学,崭露头角。他在《黄山铭》中说:"予幼有志,欲遍览皇朝舆地,铭颂其名山大川。"③这就不仅仅是幼而好学,而是幼而有志了。龚自珍家里本身就富有藏书,可以供他阅读、钻研,父亲又一直对他严格要求,并在出仕之时带他出行,领引他读书。对此,他自己有记载,说:"国家以苏州、松江、太仓州为一道,睿皇帝朝,命家大人分巡之,自珍实侍任。凡关甄综人物,搜辑掌故之役,大人未尝不以使自珍焉。"④这对于他从中养成读书学习的好习惯无疑又提供了一个极其有利的条件,因此,无论居家还是后来外出行旅、为官,他都始终爱书、读书而不辍。他在《题王子梅盗诗图》一诗里就曾说道:"岁丁酉初秋,龚子为逐客。室家何抢攘,朝士亦龃龉。古书乱千堆,我书高一尺。"⑤他的《己亥杂诗》也多有这方面的描述,其中如"此去东山又北山"一首里就写自己是"独往人间竟独还",然后特地注明:"予不携眷属僚从,雇两车,以一车自载,一车载文集百卷出都。"⑥他的词《浪淘沙·书愿》也有句子说是"整我图书三万轴,同上兰舟"⑦。他在丁亥年(1827)所作的《述怀呈姚侍讲》一诗的序文里也说:"忆在江左之岁,喜从人借书,人来借尤盛。钮非石树玉、何梦华元勋助其搜讨。凡文渊阁未著录者,及流传本之据善本校者,必辗转录副归。辛巳(1821)之京师,则有程大理同

① 龚自珍:《漫感》,《龚自珍全集》,王佩诤校,上海古籍出版社 1975 年版,第 467 页。
② 龚自珍:《因忆两首》,《龚自珍全集》,王佩诤校,上海古籍出版社 1975 年版,第 445 页。
③ 龚自珍:《黄山铭》,《龚自珍全集》,王佩诤校,上海古籍出版社 1975 年版,第 415 页。
④ 龚自珍:《邵子显校刊娄东杂著序》,《龚自珍全集》,王佩诤校,上海古籍出版社 1975 年版,第 197—198 页。
⑤ 龚自珍:《题王子梅盗诗图》,《龚自珍全集》,王佩诤校,上海古籍出版社 1975 年版,第 504 页。
⑥ 龚自珍:《己亥杂诗》,《龚自珍全集》,王佩诤校,上海古籍出版社 1975 年版,第 509 页。
⑦ 龚自珍:《浪淘沙·书愿》,《龚自珍全集》,王佩诤校,上海古籍出版社 1975 年版,第 571 页。

文、秦编修恩复两君,皆与予约,每得一异书,互相借抄,无虚旬。"①可谓是嗜书如命的人。在《拟进上蒙古图志表文》中,他曾说道:"臣伏处下士之列,纵观史册之盛,翘首昭代之迹,游心官书之府,仰天章之有烂,测地舆之至赜。"②这固然是职责所使,但又是他用心阅读之所为。即便是除夕之夜,人们因为忙碌了一年,这时伴着声声爆竹,大都是用来欢度新年以优游卒岁的,而龚自珍却用来读书,并"读之竟夜",他有一首诗歌的题目(姑且当作序文看)就明确说道:"辛巳(1821年)除夕,与彭同年蕴章同宿道观中,彭出平生诗,读之竟夜,遂书其卷尾。"③可见其读书之勤奋与用功。同时,他对于读书学习的喜好又是至老而不衰的,比如,他说:"日课四百字可矣。唐高达夫五十学诗,我今四十学书,亦未晚也。"④四十而学书,且每天写四百个字,其勤可知。

龚自珍不仅一生好读书,而且涉猎广泛,"读百家,好杂家之言","事天地东西南北之学"⑤,大凡经史子集、书法佛经、正史野史,只要入手,他都一一读来,学而不倦。正如他在《对策》一文中所说:"人臣欲以其言裨于时,必先以其学考于古。不研乎经,不知经术之为本源也;不讨乎史,不知史事之为鉴也。"⑥所以他一辈子手不停编,广读深学,不耻下问,"朝诵圣贤文,夕诵圣贤文"⑦,"田夫、野老、犓卒之所习熟,今学士大夫谢之,以为不屑之,自珍获知之,而以为创闻"⑧。而他向挚友吴虹生请教琴谱也是典型一例,他的《与吴虹生书》(之九)说:"琴谱凡有几种?尊斋现有者几种?均求开示借阅为幸。"⑨求学的急迫之情、恳挚之心见于言表。在广泛阅读的同时,他也主张要用心力来读书,而不是潦草从事。他认为"心无力者,谓之庸人",并举例说"报大仇,医大病,解大难,谋大事,学大道,皆以心之力"⑩,认为读书明道和从事其他职业一样,都是需要用心用力的。他在记叙自己的老师宋璠时就说过:"其治经也,总群书并进,天且而起,漏四下而寝,不接

① 龚自珍:《述怀呈姚侍讲》,《龚自珍全集》,王佩诤校,上海古籍出版社1975年版,第489页。

② 龚自珍:《拟进上蒙古图志表文》,《龚自珍全集》,王佩诤校,上海古籍出版社1975年版,第305页。

③ 龚自珍:《辛巳除夕,与彭同年蕴章同宿道观中,彭出平生诗,读之竟夜,遂书其尾卷》,《龚自珍全集》,王佩诤校,上海古籍出版社1975年版,第456页。

④ 龚自珍:《书文衡山小真书诸葛亮出师表后》,《龚自珍全集》,王佩诤校,上海古籍出版社1975年版,第303页。

⑤ 龚自珍:《古史钩沉论三》,《龚自珍全集》,王佩诤校,上海古籍出版社1975年版,第25页。

⑥ 龚自珍:《对策》,《龚自珍全集》,王佩诤校,上海古籍出版社1975年版,第114页。

⑦ 龚自珍:《奴史问答》,《龚自珍全集》,王佩诤校,上海古籍出版社1975年版,第456页。

⑧ 龚自珍:《乙丙之际箸议第十九》,《龚自珍全集》,王佩诤校,上海古籍出版社1975年版,第10页。

⑨ 龚自珍:《与吴虹生书(九)》,《龚自珍全集》,王佩诤校,上海古籍出版社1975年版,第351页。

⑩ 龚自珍:《壬癸之际胎观第四》,《龚自珍全集》,王佩诤校,上海古籍出版社1975年版,第15页。

宾客,瘁志撰述,大书如棋子,小书如蚊脚,墨书或浓或淡,朱书如桃华,日罄五十纸。"①可以说,在龚自珍心目中,宋璠既是他的老师,又正是一个用心用力读书学习的楷模。而龚自珍也是一个在学习上非常用心用力的士人学者,且不说他留下来的诸如《古史钩沉论》《六经正名》《五经大义终始论》《京师乐籍说》《释魂魄》等数十百篇深研细读之后而写就的宏文大著,即便是一篇仅仅两三百字的《金坛方言小记》,也足以见出他的所学之广和读书为学的竭心尽力。

学无师友学难成。龚自珍虽然说过自己是"一事平生无齮龁,但开风气不为师(自注:予平生不蓄门弟子)"②,但在学习上却十分提倡拜师结友,"夜思师友泪滂沱,光影犹存急网罗",并自注云"近撰平生《师友小记》百六十一则"③。他的《二哀诗》序文就明确记载了谢阶树、陈沆两人"辛巳冬讫癸未夏,数数枉存余,求师友",以及"有造述,皆示余,余僭疏古近学术源流,及劝购书,皆大喜"④的往事。龚自珍确信:"儿童敢笑诗名贱,元气终须老辈扶。"⑤因此,他热情结交师友,"习闻智者之言"⑥,对师友也是向来敬而仰之的。他在《投宋于庭翔凤》一诗中就写道:"游山五岳东道主,拥书百城南面王。万人丛中一握手,使我衣袖三年香。"⑦宋翔凤(1779—1860),江苏长州(今苏州)人,字于庭,是晚清著名经学家和著名考据学家,为学勤奋,著作等身,所以龚自珍对其如此钦敬与感佩。他在《与秦敦夫书》里更是阐明了一个人拜师交友的重要,指出:"士大夫多瞻仰前辈一日,则胸中长一分丘壑;长一分丘壑,则去一分鄙陋;潜移默化,将来或出或处,所以益人家邦与移人风俗不少矣。"⑧虽然说的是秦敦夫,但放之于所有德高而饱学的宿儒身上也是该有普遍意义的。当然,龚自珍之所以这样说,不仅仅是因为他对秦敦夫素所敬仰,而且是亲身受教所致,他在《柬秦敦夫编修二章》诗的序文里就这样说道:"辛巳秋,始辱编修惠访余居,岁余,无三日不相见。编修固乾隆朝耆旧也,阅人多,心光湛然,而气味沉厚,温温然耐久长,适其家有汉物二(按:古镜与古熏炉),故遂假譬喻之词,为二诗以献,亦翼读余诗者,想见其为人。"⑨诗里还有

① 龚自珍:《宋先生述》,《龚自珍全集》,王佩诤校,上海古籍出版社1975年版,第173页。

② 龚自珍:《附录某生与友人书》,《龚自珍全集》,王佩诤校,上海古籍出版社1975年版,第519页。

③ 龚自珍:《己亥杂诗》,《龚自珍全集》,王佩诤校,上海古籍出版社1975年版,第517页。

④ 龚自珍:《二哀诗》,《龚自珍全集》,王佩诤校,上海古籍出版社1975年版,第477页。

⑤ 龚自珍:《赵晋齐魏,顾千里广圻,钮非石树玉,吴南芗文徵,江铁君沅,同集虎丘秋宴作》,《龚自珍全集》,王佩诤校,上海古籍出版社1975年版,第447页。

⑥ 龚自珍:《纵难送曹生》,《龚自珍全集》,王佩诤校,上海古籍出版社1975年版,第172页。

⑦ 龚自珍:《投宋于庭翔凤》,《龚自珍全集》,王佩诤校,上海古籍出版社1975年版,第462页。

⑧ 龚自珍:《与秦敦夫书》,《龚自珍全集》,王佩诤校,上海古籍出版社1975年版,第355页。

⑨ 龚自珍:《柬秦敦夫编修二章》,《龚自珍全集》,王佩诤校,上海古籍出版社1975年版,第462页。

"三日不相见,思之心徊徨"这样的双关语,可见龚自珍对于师友的尊崇与珍惜。结交师友自然离不开师从名臣,龚自珍认为:"木无二本,川无二源,道无二岐;请以一贯之,名臣是师(按:这里的名臣,指唐代名公陆贽)。"①纵观龚自珍的笔下,能为师为友者,大要皆是学问精深、德行高尚的。其中,为民族凛然大义的林则徐、与自己一样开当时变革风气之先的魏源等,都是他视为同道知己的良师益友。又如,他称许福建人、名儒梁章钜(1775—1849),不仅有"大蓄古训,六籍百氏,浩胸周知"的"文德",而且有"以邃于里,躬履实蹈,不暴其外"的"愨德","以蒞其外,正视绳行,无间其里"的"矩德","其躬颙颙,其行简简,其言明且清,其醉饱珩珩以无失"的"肃德","被服儒者"的"俭德","察物处事"的"聪德","日治数事,或数十事"的"敏德","啬取丰予"的"恬德",以及"与吏民为坦易"的"良德",最后还总括言之这是梁氏"上信于天子,下信于朋友"的"孚德"(按:为人所信服所钦佩的崇高道德)。② 如此师友,不可谓不高尚。他在《江子屏所著书序》里也讲到江氏所著之书所以能够做到"义显""词高",是因为江氏既"生于典籍之区,少为方闻士",又于"乾隆朝,佐当道治四库、七阁之事,于乾隆名公卿老师宿儒,毕上下齮龁,万闻千睹"③。龚自珍说及这些人这些事,其实都在说明一个道理:读书学习是一定要讲求从师交友的。这也是孔夫子时代就给读书人提出的师友之道。

龚自珍生当民族危难之时,清王朝由盛而衰,各种弊端早就已经露出端倪,败亡之势日见突出,每当看到和想到这些,他总是心存忧患乃至愤愤不平,其诗句"避席畏闻文字狱,著书都为稻粱谋"④,就是这种心情的写照。但是,即便如此,他仍然是"躬行且践,壮所学兮"⑤,以关心民瘼的情怀和改革家的精神,身体力行,大力张扬读书救国、出仕行道的正确主张。在著名的《明良论》里,他就借远古近古的大量事例,呼唤读书救国,实现君明臣良。他说:"内外官吏皆忘其身家以相为谋,则君民上下之交,何事不成?何废不举?"⑥这其实是在告诉士大夫们要明白读书、求仕到底为了什么,所以,他说:"不研乎经,不知经术之为本源也;不讨乎史,不知史事之为鉴也。不通乎当世之务,不知经、史施于今日之孰

---

① 龚自珍:《同年生吴侍御杰疏请唐陆宣公从祀瞽宗,得俞旨行,侍御属同朝为诗,以张其事,内阁中书龚自珍献侑神之乐歌》,《龚自珍全集》,王佩诤校,上海古籍出版社1975年版,第485页。

② 龚自珍:《送广西巡抚梁公序三》,《龚自珍全集》,王佩诤校,上海古籍出版社1975年版,第167,168页。

③ 龚自珍:《江子屏所著书序》,《龚自珍全集》,王佩诤校,上海古籍出版社1975年版,第194页。

④ 龚自珍:《咏史》,《龚自珍全集》,王佩诤校,上海古籍出版社1975年版,第471页。

⑤ 龚自珍:《铭座诗》,《龚自珍全集》,王佩诤校,上海古籍出版社1975年版,第495页。

⑥ 龚自珍:《明良论一》,《龚自珍全集》,王佩诤校,上海古籍出版社1975年版,第30页。

缓、孰殿、孰可行、孰不可行也。"①希望把"研乎经""讨乎史"与"通乎当世之务"紧密结合起来,而不是为读经而读经。因此,他在教育自己儿子的时候也是说要"多识前言蓄其德,莫抛心力贸才名"②,强调把读书蓄德放在首位,而不是去博取毫无实际意义的所谓"空名"。他在为江苏武进庄存与撰写的神道碑铭里同样提出卿大夫要"能以学术开帝",能"学足以开天下","以学术自任,开天下知古今之故",而不是"自韬污受不学之名"③。在《吴市得旧本制举之文,忽然有感,书其端》组诗中,他也这样写道:"家家饭熟书还熟,羡杀承平好秀才。"(其一)"耆旧辛勤伏案成,当年江左重科名。"(其二)"国家治定功成日,文士关门养气时。"(其三)④二首绝句,一气呵成,足见其对读书救国的渴望与看重。在那风雨如磐的年代,龚自珍在倡导读书的同时,更重视对于行道的呼唤。他说过:"文采之泽薄,不如忠孝之踬远且长也。"⑤他的《送夏进士序》是写给钱塘人夏璜的,夏璜到京师求官,怕人说他是书生,龚自珍"恐其信道之不笃,行且一前而一却也",就作此文以开导他,希望他笃信良道古训⑥。而龚自珍自己则始终心怀天下,心系百姓,他的《己亥杂诗》就深感于当时"七里虹桥腐草腥,歌钟词气两飘零","不论盐铁不筹河,独倚东南涕泪多。国赋三升民一斗,屠牛那不胜栽禾?"等国家与民众凋敝零落的现实状况,内心激起万千波澜,从而一发怒吼:"九州生气恃风雷,万马齐喑究可哀!我劝天公重抖擞,不拘一格降人才。"⑦

在治学方面,龚自珍一贯提倡的是严谨求实、追求真理的精神,而他本身即是清代"新经学派"的代表。他说过:"语言即文字,文字真韬匮。""清词不须多,好句亦须割,剥蕉层层空,结绳字字实。"⑧用"剥蕉""结绳"做比喻,形象地提出了读书学习所需要的求实之风。他认为阮元的"典章制度之学"所以能够形成"天下宗之"的原因,就是阮元具有"莫遁空虚,成就绳墨,实事求是"的学风。同时,龚自珍主张读书要能质疑解困,读出自己的发现、提出自己的见解来,即"著书不为丹铅误,中有风雷老将心"(自注:订裴骃《史记集解》之误),可见严肃与认真⑨。

---

① 龚自珍:《对策》,《龚自珍全集》,王佩诤校,上海古籍出版社1975年版,第114页。
② 龚自珍:《附录某生与友人书》,《龚自珍全集》,王佩诤校,上海古籍出版社1975年版,第537页。
③ 龚自珍:《资政大夫礼部侍郎武进庄公神道碑铭》,《龚自珍全集》,王佩诤校,上海古籍出版社1975年版,第141页。
④ 龚自珍:《吴市得旧本制举之文,忽然有感,书其端》,《龚自珍全集》,王佩诤校,上海古籍出版社1975年版,第457页。
⑤ 龚自珍:《顾学士像题辞》,《龚自珍全集》,王佩诤校,上海古籍出版社1975年版,第160页。
⑥ 龚自珍:《送夏进士序》,《龚自珍全集》,王佩诤校,上海古籍出版社1975年版,第165页。
⑦ 龚自珍:《己亥杂诗》,《龚自珍全集》,王佩诤校,上海古籍出版社1975年版,第520—521页。
⑧ 龚自珍:《题王子梅盗诗图》,《龚自珍全集》,王佩诤校,上海古籍出版社1975年版,第505页。
⑨ 龚自珍:《己亥杂诗》,《龚自珍全集》,王佩诤校,上海古籍出版社1975年版,第515页。

在《上大学士书》里,他就这样说道:"自珍少读历代史书及国朝掌故,自古及今,法无不改,势无不积,事例无不变迁,风气无不改易,所恃者,人才必不绝于世而已。"从历代史书中看到了国家人才辈出的事实。又说:"夫有人必有胸肝,有胸肝则必有耳目,有耳目则必有上下百年之见闻,有见闻则必有考订同异之事。"①提出了读史见疑进而"考订同异"的学习路径。由于受外祖父段玉裁的影响,龚自珍同样是擅长于考据的,其考据之细致、翔实,下语之准确、谨严,在他的诸多文章中不难见到,而从中所展示的正是他读书学习的严谨精神。

① 龚自珍:《上大学士书》,《龚自珍全集》,王佩诤校,上海古籍出版社 1975 年版,第 319 页。

主要参考与引用书目

一、古代史籍

[1] 司马迁.史记[M].北京:中华书局,1982.

[2] 班固.汉书[M].颜师古,注.北京:中华书局,1962.

[3] 范晔.后汉书[M].张道勤,点校.杭州:浙江古籍出版社,2000.

[4] 陈寿.三国志[M].裴松之,注.金名,周成,点校,杭州:浙江古籍出版社,2000.

[5] 房玄龄等.晋书[M].北京:中华书局,1974.

[6] 李延寿等.南史[M].北京:中华书局,1975.

[7] 李延寿等.北史[M].北京:中华书局,1974.

[8] 姚思廉.梁书[M].北京:中华书局,1973.

[9] 魏徵等.隋书[M].北京:中华书局,1997.

[10] 刘昫等.旧唐书[M].北京:中华书局,1975.

[11] 欧阳修.新五代史[M].徐无党,注.北京:中华书局,1974.

[12] 脱脱等.宋史[M].北京:中华书局,1985.

[13] 脱脱等.金史[M].北京:中华书局,1975.

[14] 宋濂等.元史[M].北京:中华书局,1976.

[15] 张廷玉等.明史[M].北京:中华书局,1974.

[16] 赵尔巽等.清史稿[M].北京:中华书局,1998.

二、古人编注古代文集

[1] 桓宽.盐铁论[M].上海:上海人民出版社,1974.

[2] 董诰等.全唐文[M].上海:上海古籍出版社,1990.

[3] 钱谦益.钱注杜诗[M].上海:上海古籍出版社,1958.

[4] 王夫之.庄子解[M].北京:中华书局,1964.

[5] 何文焕辑.历代诗话[M].北京:中华书局,1981.

[6] 丁福保辑.历代诗话续编[M].北京:中华书局,1983.

三、今人编校释之古代文集

[1] 张道勤.书经直解[M].杭州:浙江文艺出版社,1997.

[2] 任平.礼记直解[M].杭州:浙江文艺出版社,2000.

[3] 杨伯峻.论语译注[M].北京:中华书局,1980.

[4] 杨伯峻.孟子译注[M].北京:中华书局,1960.

[5] 梁启雄.荀子简释[M].北京:中华书局,1983.

[6] 老子.道德经[M].陈忠,译.吉林文史出版社,1999.

[7] 王焕镳.韩非子选[M].上海:上海人民出版社,1974.

[8] 陈奇猷校.韩非子集释[M].上海:上海人民出版社,1974.

[9] 中国人民解放军军事科学院战争理论研究部《孙子》注释小组.孙子兵法新注[M].北京:中华书局,1977.

[10] 王范之.吕氏春秋选注[M].北京:中华书局,1981.

[11] 郑天挺.左传选[M].北京:中华书局,1963.

[12] 王伯祥.史记选[M].北京:人民文学出版社,1982.

[13] 郑天挺.汉书选[M].北京:中华书局,1962.

[14] 王充.论衡校注[M].张宗祥,校注.郑绍昌,标点.上海:上海世纪出版股份有限公司,上海古籍出版社,2013.

[15] 张仲景.伤寒论[M].王叔和,撰次.钱超尘,郝万山整理.北京:人民卫生出版社,2005.

[16] 安徽亳县《曹操集》译注小组.曹操集译注[M].北京:中华书局,1979.

[17] 诸葛亮.诸葛亮集校注[M].张连科,管淑珍.天津古籍出版社,2008.

[18] 陶渊明.陶渊明集[M].逯钦立,校.北京:中华书局,1979.

[19] 范文澜.文心雕龙注[M].北京:人民文学出版社,1958.

[20] 颜之推.颜氏家训[M].檀作文,译.北京:中华书局,2007.

[21] 吴兢.贞观政要[M].骈宇骞,齐立洁,李欣,译.北京:中华书局,2009.

[22] 陆贽.陆宣公集[M].刘泽民,校点.杭州:浙江古籍出版社,1988.

[23] 朱熹.四书集注[M].陈戍国,标点.长沙:岳麓书社,2004.

[24] 王若虚.滹南遗老集校注[M].胡传志,李定乾,校.沈阳:辽海出版社,2006.

[25] 元好问.元好问全集[M].姚奠中,主编.李正民,增订.太原:山西古籍出版社,2004.

[26] 王冕:王冕集[M].寿勤泽,点校.杭州:浙江出版联合集团,浙江古籍出版

社,2012.

[27] 黄溍.黄溍全集[M].王颋,点校.天津:天津古籍出版社,2008.

[28] 宋濂.宋濂全集[M].罗月霞,主编.杭州:浙江古籍出版社,1999.

[29] 归有光.震川先生集[M].周本淳,点校.上海:上海古籍出版社,1981.

[30] 王守仁.王阳明全集[M].吴光,钱明,董平,姚延福,编校.上海:上海世纪出版股份有限公司,上海古籍出版社,2014.

[31] 刘大櫆.刘大櫆集[M].吴孟复,标点.上海:上海世纪出版股份有限公司,上海古籍出版社,1990.

[32] 龚自珍.龚自珍全集[M].王佩诤,校.上海:上海世纪出版股份有限公司,上海:上海古籍出版社,1975.

[33] 茅坤.茅坤集[M].张大芝,张梦新,点校.杭州:浙江古籍出版社,1993.

[34] 殷孟伦.汉魏六朝百三家题辞集注[M].北京:人民文学出版社,1960.

[35] 北京大学中国文学史教研室.先秦文学史参考资料.[M].北京:中华书局,1962.

[36] 北京大学中国文学史教研室.两汉文学史参考资料.[M].北京:中华书局,1962.

[37] 北京大学中国文学史教研室.魏晋南北朝文学史参考资料(上下册).[M].北京:中华书局,1962.

四、近人今人之著作

[1] 钱穆.国史大纲[M].北京:商务印书馆,1996.

[2] 钱穆.国学概论[M].北京:商务印书馆,1997.

[3] 杨荣国.中国古代思想史[M].北京:人民出版社,1954.

[4] 游国恩等.中国文学史[M].北京:人民文学出版社,1963.

[5] 刘大杰.中国文学发展史[M].上海:上海古籍出版社,1982.

[6] 胡佩韦.司马迁和史记[M].上海:上海古籍出版社,1979.

[7] 陈百刚.六朝剡东文化[M].上海:上海书店出版社,1995.

[8] 周群.刘基评传[M].南京:南京大学出版社,1995.

[9] 侯外庐.中国思想史纲[M].上海:上海世纪出版集团,上海书店出版社,2004.

[10] 吕思勉.中国文化史[M].北京:北京大学出版社,2010.

[11] 吴小如.中国文化史纲要[M].北京:北京大学出版社,2001.

[12] 万斌.浙学研究集萃[M].上海:上海古籍出版社,2005.

[13] 张岱年,方克立.中国文化概论[M].北京:北京师范大学出版社,2004.

[14] 张国刚,乔治中等.中国学术史[M].上海:中国出版集团东方出版中心,2002.

[15] 陈铭.龚自珍评传[M].南京:南京大学出版社,1998.

[17] 王日南,赵映林.宋濂 方孝孺评传[M].南京:南京大学出版社,1998.

[18] 吕立汉.千古人豪——刘基传[M].杭州:浙江人民出版社,2005.

[19] 葛兆光.古代中国文化讲义[M].上海:复旦大学出版社,2006.

[20] 南炳文,何孝荣.明代文化研究[M].北京:人民出版社,2006.

[21] 卢敦基.人文龙虎——陈亮传[M].杭州:浙江人民出版社,2006.

[22] 邓绍基,杨镰.中国文学家大辞典:辽金元卷[M].北京:中华书局,2006.

[23] 王日根.中国科举考试与社会影响[M].长沙:岳麓书社,2007.

[24] 王炳照等.简明中国教育史:修订本[M].北京:北京师范大学出版社,1994.

[25] 孙培青.中国教育史:修订版[M].上海:华东师范大学出版社,2000.

[26] 张彬,周谷平.中国教育史导论[M].杭州:浙江大学出版社,2007.

[27] 胡小林,袁伯诚.中国学习思想通史[M].北京:人民出版社,2007.

[28] 王慧玉.王充文学思想研究[M].长沙:岳麓书社,2007.

后 记

我有幸曾经先后在两所高校工作了三十多年。在我的工作生涯里，大量的时间是从事学生工作，特别是学生的思想政治工作，其中自己用力比较多的是学生的理想信念、道德风貌、身心健康，而学生以学习为主，因此学风问题是我一直以来倾心关注的问题，用我自己的话来说，这是办学校、搞教育的永恒课题。令我常常感动的是，两所学校里曾经支持我并与我共抓共管学生学风的各位领导、同事、老师乃至于同学们自身，他们才是优化学风、提供学风建设经验的主力军。我想，即便是为了报答他们的厚爱，我也应该再为学风建设做一点奉献。这首先是我写这本小书的一个动力和出发点。

我写这本小书的另外一个动力，则来自为高校思政人员上岗培训班开设讲座时的备课需要。我要感谢当年省委教育工委、省教委(教育厅)的几任领导，感谢当时先后担任省委教育工委、省教委宣教处处长的丁东澜同志、夏鲁杭同志、金一斌同志和薛晓飞同志，是他们特地给了我一个为当年新上岗的思政人员主要是政治辅导员们开设讲座的机会，他们给我出的专题的题目就是《如何优化大学生的学风问题》。这就使得我有直接的动力思考和关注在新时代如何继承和弘扬我们民族优良的学风传统的问题，并在备课前有意识地浏览了古人关于学习的一些论述和故事。这个讲座一开开了三四年，手头便也积累了一些材料。

我写这本小书的再一个动力，就是省社科联提出的社科普及要求。2010年，学校党委和杜卫校长提议让我担任新成立的校社科联首任主席，校社科联的其中一项任务就是组织开展社科普及工作，我就想自己也应该响应省社科联的号召，身体力行带头做一点社科普及的工作。于是在主持开展学校社科普及的相关讲座、活动的同时，就有了想为大学生——我的青年朋友们写一本社科普及读物的念头，考虑到自己一段时间以来对古代学风问题的兴趣，就确定把它作为主题，这样，前前后后又在原先积累的基础上读了一些书，开始边读边写，居然也凑成了十多万字，最终便形成了现在这本小书。

文章千古事，甘苦寸心知。虽然只有十多万字的一本小书，但是蕴含于其中的许多东西确是最让我所珍视的。除了上述已经说到的上级与两校领导的关心、支持之外,我还必须郑重表示,没有古今大量贤者学人、专家前辈的思想引导、观点启示,我自然写不出这本小书。这在书中的引文、注释以及所列参考引用书目里便可见出,这是我要在这里诚心言谢的。此外,我要感谢我的同事易翔宇、张施娟老师,是他们在自己业务繁忙和家务碌碌的同时,帮助我写作了"两宋学风"这一章,并为"金元学风"一章提供了智慧;要感谢同样是我同事的李玉英老师,是她在工作紧张和家务琐细之余,帮助我完成了全书书稿的整编修饰;要感谢学校图书馆的老师们以及王新华老师为我的写作提供的各种方便。最后,尤其要感谢省社科联的领导、朋友们,是他们把这本小书列入了出版资助,并给了我以热情的鼓励。当然,还要十分感谢浙江工商大学出版社的领导与编辑老师王耀的指导、帮助及辛勤编校,从而使得这本小书得以面世。

为了能让我写成这本小书,家人给予了理解、支持与帮助。而今出版了,也算是给了她们一个报答吧!

我庆幸自己虽已年过花甲而将奔七十,但还能赶上一个高扬文化和文化自信与文化自强的时代。我想,如果这本小书能为当今的大学生学风建设续上一把柴,添进一把火,那就是本人的最好愿望和最大福分了。

写出一本小书,于我虽然已是多有辛苦,但是其中终归还会有许多疏漏与不足之处,这就只能留待方家与读者们的批评指教了。

2017 年酷暑,于杭州下宁桥畔听雨斋